马大建 编著

校长成长 教师成长

（修订本）

中原出版传媒集团
大地传媒

大象出版社

图书在版编目(CIP)数据

校长成长　教师成长 / 马大建编著. — 修订本. —
郑州 : 大象出版社, 2022. 5
ISBN 978-7-5711-1420-6

Ⅰ. ①校…　Ⅱ. ①马…　Ⅲ. ①中小学-校长-学校管理-中国-问题解答　Ⅳ. ①G637. 1-44

中国版本图书馆 CIP 数据核字(2022)第 065311 号

校长成长　教师成长(修订本)

XIAOZHANG CHENGZHANG　JIAOSHI CHENGZHANG(XIUDINGBEN)

马大建　编著

出 版 人　汪林中
责任编辑　郑强胜
责任校对　张绍纳　万东辉
书籍设计　王　敏

出版发行　大象出版社(郑州市郑东新区祥盛街 27 号　邮政编码 450016)
发行科　0371-63863551　总编室　0371-65597936
网　址　www.daxiang.cn
印　刷　郑州市毛庄印刷有限公司
经　销　各地新华书店经销
开　本　720 mm×1020 mm　1/16
印　张　25. 5
字　数　386 千字
版　次　2022 年 6 月第 1 版　2022 年 6 月第 1 次印刷
定　价　56. 00 元

印厂地址　郑州市惠济区新城办事处毛庄村南
邮政编码　450044　　电话　0371-63784396

前言

在成长中找到幸福

于丹老师说过，“一个人一辈子都在成长，一个教师更是这样，如果你拒绝成长，那么就意味着你真的老了”。当然这里的“成长”主要指的是精神成长。一个老师只有在不断成长中，才能意识到自己还年轻，才会有幸福感。“教育就是成长。当教师体会到与学生一起成长的幸福，与学校一起成长的快乐时，才会从琐屑的教学生活中发现教育的价值，生命的意义。”（朱永新语）“教师的幸福，一定不仅仅取决于自身。我们期盼政府重教的政策越来越实，我们期盼社会尊师的氛围越来越浓，我们期盼学校的管理更加民主，我们期盼每一个学生都能成才……所有这些，都可能让你发自内心地感到幸福。但是，反观自身，在通往幸福的路上，我们校长和教师自己能做什么？又需要做什么？对幸福的不同理解，使得每位教育工作者感受到的幸福都不尽相同。但可以肯定的是，如果你只满足于照本宣科，对于教书育人的事业，不想也不愿有所建树，那么你便很难在工作中感受到持久的幸福。”热爱教育，热爱生活，不断成长，这是教师幸福的起点；游刃有余与学生共同成长，这是教师幸福的内在动力。“艺术家注目的是美，经济学家注目的是利润，教育工作者注目的当是人的成长。”校长和教师的幸福不仅来自学生的成长，同时也来自自身的成长。这就是本书以“成长”为名的缘由，希望每个教师和校长在教育教学中与孩子们共同成长，在成长中获得幸福。

教师专业化、教育标准化、办学规范化、管理精细化是基础教育发展的必然趋势。2012年以来，特别是党的十八大和十八届三中、四中全会以来，教育综合改革和依法治教的步伐进一步加快，教育部先后颁发了许多关于教育治理体系现代化和关于建立教育标准的文件。如颁发了《关于全面深化课程改革，落实立德树人根本任务的意见》《小学教师专业标准》《中学教师专业标准》《中等职业学校教师专业标准》《义务教育学校校长专业标准》《普通高中校长专业标准》《中等职业学校校长专业标准》《幼儿园园长专业标准》（以下简称“专业标准”）《义务教育学校管理标准》（以下简称“管理标准”）等。这些标准为我国教师专业化成长、教育标准化建设、学校规范化管理，提供了基本的依据。今后一段时期，教育工作的重点任务是坚持依法治教，建立现代学校制度，而教育的规范化、标准化、专业化将是落实这些任务的必然选择，当然也是校长和教师成长的重要途径。

为了帮助一线的校长和教师学习领会“专业标准”和“管理标准”，不断提高自己的专业素养和管理水平，我们结合自己的学习，参阅了大量的文献，收集和整理了许多一线校长、教师的意见和建议，多易其稿编辑成本书。本书共分六篇：第一篇校长篇，共分三章，第一章校长教育理念、第二章校长管理理念、第三章校长专业知识与专业能力。该篇就校长专业成长的教育理念、管理理念、专业知识和专业能力及其相关的概念设计了100个问答。第二篇教师（班主任）篇，共分四章，该篇就教师成长基本理念、教师专业理念、教师专业知识与专业能力和班主任专业能力，设计了193个问答。第三篇模式篇，该篇共分两章，就教育模式、教学模式、课程模式、育人模式和教师培训模式，设计了59个相关问题，并通过简答和列表的方式介绍了50多种模式。第四篇标准篇，该篇分两章，主要解答关于规章制度、教育标准、教育规范、教育常规以及标准化、制度化、规范化等34个相关问题。第五篇细节篇，该篇就教师个人修养、教师服装、课堂管理、教学卫生、班主任工作、教师禁忌、教师一日工作、教师习惯等八个方面提出了应该注意的细节问题，并予以解释。第六篇歌诀篇，为了帮助大家记忆一些关于教育和教师成长的内容要点，我们依据中外经典和有关文件编写了20首歌诀，并附注释帮助理解。最后是附录部分，包括参考书目和参考文件目录，便于查找或网上查阅。

本书以“专业标准”和“管理标准”为纲，以“标准”中涉及的概念为目，以简明问答为主要形式，辅之以图表，力求简明扼要，尽可能让基层校长、教师看得懂、记得住、理得清，又便于根据需要检索和选读。本书可以作为教育培训机构校长、教师培训的读本，也可以作为校长和教师自学“专业标准”和“管理标准”的辅助读本，还可以作为教师资格考试和新教师岗前培训的学习读本。

基层校长和老师工作繁忙，没有太多的时间集中读书，可以根据自己的需要和实际情况，选择以下读法：一是读目录，通过读目录，理解问题之间、概念之间的关系；二是读摘要或关键词，每个问题回答前或回答中，都有关键词或摘要性文字，通过概括句或加黑字得以体现；三是读文本框，一些重要的理念或名言通过文本框体现；四是读表格，一些内容（如各种教学模式）会通过表格体现，读表格可以一目了然；五是通读全书，可以比较系统地了解校长、教师专业成长应该掌握的基本内容。

教育家雅斯贝尔斯说：“教育的本质意味着一棵树摇动另一棵树，一朵云推动另一朵云，一个灵魂唤醒另一个灵魂。”可灵魂与灵魂之间的相互唤醒，谈何容易？我们的教育还有许多不尽如人意之处，埋怨和牢骚毫无意义。它需要你、需要我、需要他，需要更多的教育人的相互唤醒和共同努力。本人从事基础教育教学管理和教育督导工作30多年，经常到学校听课和走访，接触过很多的校长和老师，对他们和对教育事业有很深的感情，很想为基础教育事业做出一些应有的贡献。根据自己的观察和了解，认为“人的成长”应该是每一个校长和老师最为关心的事情之一。因此仅以本书作为自己学习和体会的总结，献给大家，希望能给大家一些启发和思考。

发现教育的价值，享受教育的乐趣，感悟教育的魅力，这是校长、教师以及所有教育工作者幸福的钥匙。把学校带向光明、把师生带向幸福，这是所有校长、教师神圣的使命。下面我想引用张志勇先生的，也是我非常欣赏的一段话作为“前言”的结束语与大家共勉：“对于每一位教育工作者来讲，我们应该不应该扪心自问，我们应该如何做教育？如何当老师和校长？做教育应该有一种情怀，一种对教育与生俱来的爱，一种对教育与生俱来的敏感，一种对孩子与生俱来的心灵的守护与培育，一种与生俱来的、让教育的阳光照耀每一个孩子成长与进步的能量。”

此次修订，增加了部分内容，对原有的一些内容做了修改，不当之处，敬请批评。

2021年11月于开封

唐代韩愈说："师者，所以传道授业解惑也。""传道"是第一位的。一个老师，如果只知道"授业""解惑"而不"传道"，不能说这个老师是完全称职的，充其量只能是"经师""句读之师"，而非"人师"。古人云："经师易求，人师难得。"一个优秀的老师，应该是"经师"和"人师"的统一，既要精于"授业""解惑"，更要以"传道"为责任和使命。

——习近平

目　录

校长篇

教师(班主任)篇

模式篇

标准篇

细节篇

歌诀篇

教师的赞赏，教师的激动，更是超越了知识的本身，赋予知识以人文的特性。教育的艺术就在于，要让受教育者把周围的东西加以人化……从这些物品中感到人性的东西——人的智慧、才干和人对人的爱。

——苏霍姆林斯基

校长篇

“有没有明确而先进的教育理念，有没有对教育理想的孜孜追求，有没有不断改进工作的意识和能力，是一个优秀教育工作者和一个平庸教育工作者的根本区别。”本篇以教育理念为主，兼顾管理理念，主要就校长专业成长的教育理念、管理理念、专业知识和专业能力及其相关的概念设计了99个问题并给予简明扼要的解答。共分三章：第一章校长教育理念、第二章校长管理理念、第三章校长专业知识和专业能力。

做一个学校校长，谈何容易！说的小些，她关系千百人的学业前途；说的大些，她关系国家与学术之兴衰……

——陶行知

第一章　校长教育理念

1. 什么是校长的专业成长？

关键词：素养、发展、完善。校长作为学校改革发展的带头人，担负着引领学校发展和师生成长的重任。因此，校长自己首先要不断成长。那么什么是校长的专业成长呢？校长专业成长是指校长作为学校专业的管理人员，在专业精神、专业知识、专业行为能力、专业理论素养等方面不断发展和完善的过程，即是专业新手到专家型校长的过程。由此，校长的专业成长至少应该包括校长的专业素养（含专业精神、专业知识和专业行为能力）、理论素养和政治素养三个方面的提高。

2. 什么是校长的核心素养？

关键词：专业素养、理论素养、政治素养。素养是指一个人的修习涵养。校长素养就是指校长的修习涵养，简称“修养”。从广义上讲，它包括思想政治素养、文化素养、人文素养、科学素养、理论素养、专业素养、身心素养等各个方面。校长的“核心素养”是指校长较为重要的、必备的、关键的素养，突出强调个人修养、教育情怀，更加注重专业素养和终身发展。校长的核心素养至少包括校长专业素养（专业知识、专业能力、专业精神）、理论素养和政治素养三大素养，它们也是校长专业成长的三大支柱。

3. 什么是校长的理论素养？

要点有两方面：教育理念和管理理念。校长的理论素养主要是指教育理论素养和管理理论素养。教育理论素养主要是指，校长在掌握教育理论、遵循教育规律，具有先进的教育理念方面的修养，其中，教育理念是教育理论素养的核心。它是校长的灵魂，决定着学校办学的方向。教育思想包括教育认知、教育观念、教育理念三个层次。教育思想从教育认知开始，包括感性认识和理性认识。在教育认知的基础上形成的对教育的看法和见解便是教育观念，而教育理念则是教育思想的最高层次，它是校长关于教育的价值取向以及教育的理想、信念、信仰、信条等的观念。

管理理论素养，是校长在掌握学校管理理论、遵循管理规律，具有先进的管理理念方面的修养。其中，学校管理理念是核心，是人们对于学校管理活动的理性认识、理想追求及其所形成的管理思想观念和管理哲学观点，是校长在管理实践、思维活动及文化积淀和交流中所形成的学校管理价值取向与追求，是一种具有相对稳定性、延续性和指向性的学校管理认识、理想的观念体系。

> 一、我心中理想的校长，应该是一个能够清晰认识到自己的价值与使命，具有奉献精神和人文关怀的校长。二、我心中理想的校长，应该是一个不断追求自己人生理想和办学理念，具有独特办学风格的校长。三、我心中理想的校长，应该是一个具有海纳百川的宽广胸怀，具有极强的感召力和凝聚力的校长。四、我心中理想的校长，应该是一个善于协调上下左右关系，能调动一切可以调动的力量以促进学校发展的校长。五、我心中的理想校长，应该是一个能够给教师创造一个辉煌舞台，善于让每一位教师走向成功的校长。
>
> ——朱永新

4. 什么是校长的专业素养？

要点有三个：专业精神、专业知识和专业能力。校长专业素养是指校长在长期的专业发展过程中所形成的素质和人格修养，是从事学校管理和教育教学工作所必须具备的素养。校长应该具备的专业素养包括校长的专业精神、专业知识和专业能力。首先，是校长的专业精神。一所学校的发展，一个校长的成长，校长专业精神的重要性是显而易见的。如果说“校长是一个学校的灵魂”，那么校长的专业精神就是一个校长的灵魂。专业精神就是校长在对教育意义充分理解的基础上，不把校长仅仅当成一种职业在做，而是有更高的精神追求。专业精神体现在校长的职业品质、职业形象和职业魅力之中。校长的专业精神包括两个方面。一是爱心，爱心表现在对学校、对教育、对工作、对师生的态度上，主要指校长对学校、对教育工作的无比热爱，对工作、对教师、对学生及其家长无比负责，其核心是爱心与责任心。二是高雅，高雅表现在校长的个性品质修养中，校长要坚持修身养性，不断优化个性品质，形成高尚的人生追求，兼容并包的胸怀，诚实正直、严格的品质，友善宽容的态度，乐观开朗的性格，求真务实的作风，善于反思与探索的习惯和积极健康的兴趣爱好等，其核心是高尚和儒雅。正如陈玉琨教授所讲，“现代社会对校长的要求”可以概括为九个字：识大势、明大事、成大师。识大势，即具备战略发展思想，了解社会发展的趋势，了解社会对教育的需求，培养对教育发展的敏锐思维和深刻的洞观力，紧紧把握学校的发展。明大事，即善于用正确的教育理念和先进的管理理念引领学校的发展，积极开展学校的教育改革，做到学校发展高起点、高规格、高品位，把学校打造成响亮的品牌。成大师，即具有本我的教育教学思想，既会管理，又会教学，成为教育的“大师”、教学的“大师”和管理的“大师”，成为教育改革的探索者和先行者，在本地区乃至全省、全国具有引领和示范作用。

> 校长的深度决定着学校的高度。所有学校的成就绝对不可能超过校长所期望达到的目标。学校是船，老师是帆，校长是风。
>
> ——朱永新

其次，要具备必需的专业知识。一个专业化的校长，必须博学多识，知识宽广。很多人认为一个好教师就可以成为一个好校长，这是一个误区。好教师和好校长的要求和素养是不同的。一个校长应该有自己的专业特色，并能在自己的专业方

> 校长学术领导力，我认为，至少包括四个方面，办学方向的引领者，课程建设的规划者，教学变革的推动者，以及教师发展的示范者。校长最重要的角色是要做学校教育理念的引领者。
>
> ——杨振峰

面具有高深的造诣，但这只是走向校长岗位的起点。校长专业化需要知识的专业化。一个专业化校长应该是通识型、通才型、一专多能的，需要具有完善的知识结构。

三是必备的专业能力。校长的专业能力包括三个层级。第一层次是基础能力，包括演讲鼓动与表达说服能力，理解他人与他人沟通、交往、合作能力，以及情势判断能力、团队组织能力、公关协调能力、计划决策能力等。第二层次是职业能力，主要包括规划学校发展的能力、领导课程与教学的能力、构建校园育人文化的能力、引领教师发展的能力、优化内部管理的能力和调适外部环境的能力。第三个层次是管理智慧和艺术，这是校长专业化的最高境界，包括管理诊断与反思、处理问题的机智、发展机遇的把握、教育与管理时机的选择等。

5. 什么是校长的政治素养？

关键词：政治性、实际性、一致性、教育性。一个校长，如果没有一定的政治素养，就很难全面理解党的路线方针政策，也就更难以做到正确贯彻执行。较高的政治素养，包括有明确的政治方向，有坚定的政治立场，有正确的政治观点，有敏锐的政治鉴别力，有严格的政治纪律。最主要的是四个方面：一是要讲政治，始终保持政治上的清醒和坚定，必须熟悉教育政策法规。二是要理论联系实际，结合学校实际，贯彻党的教育方针，坚持正确的办学方向，严格执行教育法规，规范办学。三是要坚持同党中央保持高度一致，同上级教育行政机关保持高度一致，在执行政策法规方面，做到令行禁止，不能阳奉阴违、说一套做一套。四是要切实维护党的政治纪律，校长一定要有大教育观，既要努力把所在学校办好，又要维护教育的整体利益，要服从和服务于教育的改革发展。

6. 什么是校长教育理念？校长专业发展基本理念有哪些？

关键词：理想信念、基本理念、专业理念。校长教育理念是校长对教育问题和现象在理性认识的基础上所形成的观念和准备付诸行动的理想与信念，是校长关于教育行为的价值取向、指导思想和心理倾向，是教育主体行为的先导和调控机制。校长教育理念包括办学基本理念和校长专业理念。

根据十八届三中全会精神、《义务教育学校校长专业标准》及《普通高中校长专业标准》，校长专业发展至少应该掌握六个基本理念："立德树人""以德为先""育人为本""能力为重""引领发展"和"终身学习"。

7. 什么是"立德树人"？学校应该怎样落实立德树人的根本任务？

要点有两个：一是认识到位，二是措施到位（德育为首、全面发展、健全人格、面向全体）。首先，要统一思想，提高认识，让全体教职工理解什么是立德树人，为什么要坚持立德树人。党的十八大报告"把立德树人作为教育的根本任务"，是在党的全国代表大会报告中首次提出。中华民族是历来重视德育和志趣高尚的民族。"立德"为我国古代所谓"三不朽"之一，《左传》载有"太上有立德，其次有立功，其次有立言，虽久不废，此之谓不朽"。意思是，人生最高的境界是立德有德、实现道德理想，其二是事业追求、建功立业，其三是有知识有思想、著书立说，这三者是人生不朽的表现。把"立德"摆在第一位，是因为万事从做人开始。"一年之计，莫如树谷；十年之计，莫如树木；终身之计，莫如树人。"《管子》中的这段话说明我们的先贤已充分认识到培养人才是长远之计。"立德树人"也几乎是我国历代教育共同遵循的理念。"立德树人"，抓住了教育的本质要求，明确了教育的根本使命，符合教育规律和人才培养规律，进一步丰富了人才培养的深刻内涵。

> **在我看来，教育家要心系学生的发展，心系教师的发展，心系自己的发展，进而心系整个教育的发展。**
>
> **——冯恩洪**

其次，校长要知道怎样做到立德

校长的九个字要求：

现代社会对校长的要求可以概括为："识大势"，认清社会要求，"明大事"，知道现阶段自己要做什么，只有做到这两点，才能真正做到"成大师"。

——陈玉琨

树人。一是"立德树人"要求我们必须坚持德育为先。德育为先，要把德育放在首位，把社会主义核心价值体系融入教育全过程，引导和教育学生自觉践行社会主义核心价值体系。二是"立德树人"要求我们必须着眼促进学生全面发展。教育作为实现人的全面发展的重要途径，必须以学生为本，关注学生的全面发展、和谐发展、持续发展、终身发展和健康成长。（1）要形成"爱学习、爱劳动、爱祖国"教育活动的有效形式和长效机制，增强学生的社会责任感、创新精神、实践能力。（2）要强化体育课和课外锻炼，促进青少年身心健康、体魄强健。（3）要改进美育教学，提高学生审美和人文素养。（4）要采取多种措施减轻学生过重课业负担。三是"立德树人"要求我们必须坚持培育学生健全人格。要培养学生积极的心理品质和乐观向上的品格，学会创造幸福，分享快乐。关注学生的内心世界，塑造学生纯真完美的心灵。高度重视对学生的人文关怀，营造良好的师生关系、同学关系，为培育学生健全人格提供良好氛围。要焕发学生的生命活力，把学生发展从知识层面提升到生命发展层次。四是"立德树人"要求我们必须致力于"让每个孩子都能成为有用之才"的教育理想。"让每个孩子都能成为有用之才"，党中央提出关怀"每个"、培养"每个"，是教育的重大命题。这就要求我们要尊重教育规律和学生身心发展规律，为每个学生提供适合的教育，为每个学生提供公平的受教育机会、满足每个学生的学习需要，促进每个学生都主动地、生动活泼地发展。

8. 什么是学生的核心素养？为什么要提出核心素养？

什么是学生的核心素养？关键词：正确价值观、必备品格、关键能力。2014年《教育部关于全面深化课程改革落实立德树人根本任务的意见》指出："各级各类学校要从实际情况和学生特点出发，把核心素养和学业质量要求落实到各学科教学中。”那么，什么是核心素养呢？核心素养是指学生应具备的适应终身发展和社会发展需要的正确价值观、必备的品格和关键能力，突出强调个人修养、社会关爱、家国情怀，更加注重自主发展、合作参与、创新实践。从价值取向上看，“它反映了学生终身学习所必需的素养与国家、社会公认的价值观”。从指标选取上看，它既注重学科基础，也关系个体适应未来社会和个人终身发展所必备的素养，不仅反映社会发展的最新动态，同时注重未来历史文化特点和教育现状。我国社会主义核心价值观包含国家、社会、公民三个层面的价值准则。因此，从结构上看，基于中国国情的“核心素养”模型，应该以社会主义核心价值观为圆心来构建。

为什么要提出核心素养？关键词：立德树人、世界趋势。首先，构建核心素养体系是落实社会主义核心价值观、落实立德树人根本任务的客观需要。党的十八大提出，要把立德树人作为教育的根本任务。立德树人的任务靠什么来落细落实呢？以社会主义核心价值观为圆心构建核心素养体系，势在必行。其次，是国际核心素养研究的趋势与启示，也是从“知识核心时代”走向“核心素养时代”的必然要求。近年来，世界教育改革浪潮中，教育标准的形式逐步发展变化，以个人发展和终身学习为主体的核心素养模型逐渐代替了以学科知识结构为核心的传统课程标准体系。世界各国（地区）与国际组织相继构建了学生核心素养模型。

9. 走向核心素养教育，学校和教师应该做什么？

关键词：核心素养、学科本质。未来中国教育，需要核心素养这个新支点，去撬动质量体系的重构；需要掌握核心素养这把钥匙，解开困扰基础教育多年的枷锁。那么学校和教师应该做什么？对学校来说，首先要处理好核心素养与学科课程教学的关系。一方面，核心素养指导、引领、辐射学科课程教学，彰显学科教学的育人价值，使之自觉为终身发展服务，“教学”升华为“教育”。另一方面，核心素养的达成也依赖于各个学科独特的育人功能的发挥、学科本质魅力的发掘，只有乘上富有活力的学科教学之筏，才能顺利到达核心素养的彼岸。其次，研究探索实施学科统筹。核心素养还是学科避雷带、溶化剂。以核心素养体系为基础，各学科教学将实现统筹统整。对于教师来说，首先是观念转型，即从学科教学转向学科教育。学科教师要明白自己先是“做人的教师”，然后才是“学科的教师”，就是首先要明白作为人的核心素养有哪些，学科本质是什么，才会明白教学究竟把学生带向何方。其次，是在教育教学实践中，身体力行，依据核心素养体系，积极丰富教育内容，改革方式方法，引导学生成为全面而个性发展的人。

10．中国学生核心素养的形成过程是怎样的？其基本框架是什么？

关键词：自主发展、社会参与、文化基础。核心素养联合课题组由北京师范大学等多所高校的近百名研究人员组成。经过“精心开展研究，提出素养框架”“开展转化研究，对接课标修订”“广泛征求意见，认真修改完善”等过程，历时三年提出总体框架。2016年9月13日上午，中国学生发展核心素养研究成果发布会在北京师范大学举行。中国学生发展核心素养以培养“全面发展的人”为核心，分为文化基础、自主发展、社会参与三个方面，综合表现为人文底蕴、科学精神、学会学习、健康生活、责任担当、实践创新等六大素养（见图），具体细化为国家认同等18个基本要点。各素养之间相互联系、互相补充、相互促进，在不同情境中整体发挥作用。为方便实践应用，将六大素养进一步细化为18个基本要点（详细内容可上网查阅），并对其主要表现进行了描述。根据这一总体框架，可针对学生年龄特点进一步提出各学段学生的具体表现要求。

中国学生核心素养体系框架图表

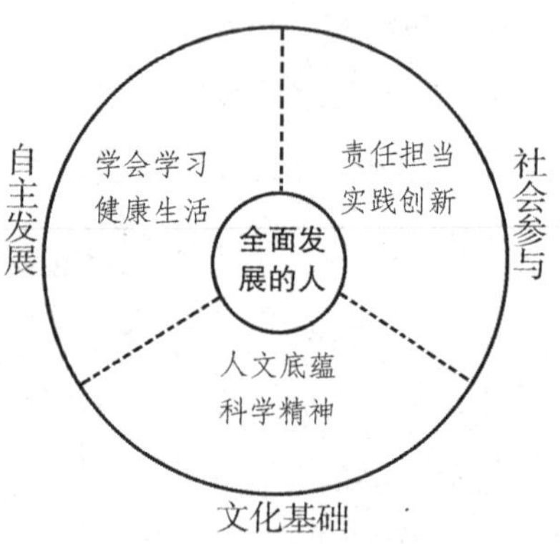

11．怎样理解“以德为先”的基本理念？当前加强德育工作的重点是什么？

要点是“三为先”“五重点、六途径”。 校长“以德为先”的理念可以概括为“三为先”；德育工作的重点可概括为“五重点、六途径”。“三为先”，即“教育德为先”“管理德为先”和“履职德为先”三个方面，具体表述为：一是坚持社会主义办学方向和党对教育工作的领导，贯彻党和国家的教育方针政策，积极培育和践行社会主义核心价值观，将社会主义核心价值体系融入学校教育全过程，依法履行法律赋予的权利和义务；二是热爱教育事业和学校管理工作，具有服务国家、服务人民的社会责任感和使命感；三是履行职业道德规范，为人师表，公正廉洁，关爱师生，尊重师生人格。

> 作为一个确定的人，现实中的人，你就有规定，就有使命，就有任务，至于你是否意识到这点，那是无所谓的。这个任务是由于你的需要及其与现存世界的真实联系而产生的。
>
> ——马克思

德育工作的“五个重点、六个途径”。依据教育部《中小学德育工作指南》，学校德育工作要明确“五个重点内容、六个实施途径”。首先是“五个重点内容”，一是理想信念教育，二是社会主义核心价值观教育，三是中华优秀传统文化教育，四是生态文明教育，五是心理健康教育。其次是“六个实施途径”，一是课程育人，二是文化育人，三是活动育人，四是实践育人，五是管理育人，六是协同育人。（详见教育部《中小学德育工作指南》）

12. 怎样理解校长的使命感与责任感?

关键词：对教育、对学校、对教师、对学生、重大责任。首先，要知道何为使命？使命，《现代汉语词典》解释为“重大责任”；《辞海》解释为“重大任务”。使命感与责任感两个词语总是连在一起来说，其实二者并没有本质的区别，有时候可以通用或者连用。“使命感”一般常用于较大、较为长远的事业或事情，“责任感”常用于较为具体、较为近期的事业或事情。

其次，做人，是一定要有使命感和责任感的。一个有使命感和责任感的人，就会珍惜人生，珍惜生命，珍惜工作，珍惜生活，珍惜一切；相反，如果一个人缺乏使命感，那么他就缺少了做人的内在激情与动力。作为校长更是如此。

最后，什么是校长的使命感和责任感呢？所谓的校长使命，就是校长对教育事业、

> 校长使命意识：
>
> 教育家校长的使命意识是由以下内容所决定的：教育梦——教育理想；教育魂——价值取向；教育情——神圣情怀；教育味——文化味道。
>
> ——程红兵

对学校、对学生、对教师的重大责任。所谓的校长使命感和责任感，就是一个校长对自己的教育使命和教育责任的认识。这种认识越到位，他的教育使命感和责任感就会越强烈。

其实，校长的教育使命主要就是校长的责任与义务。按照马克思的观点，每个人都是有自己的使命的。而且这种使命是客观存在的，无论你是否愿意接受，无论你是否意识到，是否感觉到它的真实存在，这种使命伴随人出生而降临到每个人身上。校长的使命也是随着你当校长的第一天就降临到你身上的。

由此可见，每位校长都是有自己的使命的。如果校长没有使命感，也就缺乏做人的激情与动力，缺乏做校长的责任心与感恩精神。校长的使命感是校长的内在的核心动力。一个校长的使命感越是强烈，那么他对教育的理想也就越明晰，他的教育工作激情与生活热情越强烈，他的人生责任感也就越强烈。有强烈教育使命感的校长，是一种自觉的人，是一种奋斗的人，是一种百折不挠的人，是一种任劳任怨的人，是一种坚强不屈的人。

13. 有强烈使命感与责任感的校长有哪些特征？

要点十个：一是忍得住孤独，二是耐得住寂寞，三是挺得住痛苦，四是顶得住压力，五是挡得住诱惑，六是经得起折腾，七是受得起打击，八是丢得起面子，九是担得起责任，十是提得起精神。

一是忍得住孤独。有使命感和责任感的校长，一定忍得住孤独，尤其是在任职之初，初步成功之后，很多时候为了达成更远大的目标，可能别人在休息或娱乐时，我们还一个人在默默无闻地付出，这种过程是非常孤独的，但如果能挺得过去，我们将会比别人取得更大的成功。

二是耐得住寂寞。为了学校，为了事业，为了教育，往往很多时候我们都不能陪在亲人朋友的身边，而是必须占用很多的休息时间和与家人团聚的时间。有使命感和责任感的校长，必须能够耐得住这种寂寞。

三是挺得住痛苦。办学的道路不会一帆风顺，一路上难免会有很多坎坷、泪水、痛苦。痛苦之后往往会有两种结果：一是萎靡不振；二是更加强大。我们在经历了痛苦之后究竟是萎靡不振还是更加强大？这取决于我们是否能挺得住痛苦。

四是顶得住压力。没压力就会没动力，大家都知道这个简单的道理，但是很多人却在遇到压力时选择了逃避和放弃。只有当我们摆正心态，坦然地面对压力时，我们才会给自己的成长和学校的发展注入无限动力。

五是挡得住诱惑。搞教育必须坚守自己的教育理想和信念。只要我们所坚守的是正确的事情，哪怕会有短暂的痛苦，也应该坚持下去；如果我们所做的是错误的事情，哪怕会得到短暂的快乐，也应该坚决拒之！生活中处处都存在着各种各样的诱惑，如果定力不强，这些诱惑会随时影响并阻碍我们前进的步伐，甚至会让自己迷失前进的方向，陷入短暂利益的旋涡中。在种种诱惑面前我们要一如既往地坚持自己坚定的教育理想和信念。

六是经得起折腾。每一次的失败、每一滴的泪水和汗水总是在不断地折腾着我们，因此让我们的成长和发展道路充满荆棘，但经过无数次的折腾才会让我们从中深刻地体会到生活的真谛，我们试问自己能一而再、再而三地经得起折腾吗？当经历无数次的折腾后，我们还能坚持吗？

七是受得起打击。当面对他人一次又一次的冷嘲热讽、当面对来自家长和社会各方面对我们一次又一次的打击时，我们能经受得起吗？我们是否还能保持最初的激情，同时坚守自己的目标？我们是否还能保持不下降指标而是持续不断地增加措施？当家长或老师毫不客气地指责我们时，我们会保持一种什么样的心态呢？无论是个人还是集体，不在打击中成长，就在打击中消亡！

> 管理是修己安人的历程，孔子说：“修己以安人。”管理者先把自己修养好了，再去安定员工，使他们身安心乐，而又安居乐业。这样的管理，看似简单，实际上并不容易。
>
> ——曾仕强

> 对自己人生的责任心是其余一切责任心的根源。一个人唯有对自己的人生负责，建立了真正属于自己的人生目标和生活信念，他才可能由之出发，自觉地选择和承担对他人和社会的责任。我不能想象，一个在人生中随波逐流的人会坚定地负起生活中的责任。
>
> ——周国平

八是丢得起面子。面子是自己给自己的，不是别人给的。害怕丢面子会让自己丢一辈子的面子，害怕失败会失败一辈子！害怕丢面子往往带来的结果是打肿脸充胖子，会让自己更加痛苦，从而丢掉更大的面子，让自己陷入一种恶性循环！

九是担得起责任。“责任”一词在生活、工作中都随时被我们挂在嘴边，屡见不鲜。《新华词典》对“责任”的解释是：分内应做而未做或者未做好应当为此承担的过失。责任分为三种：家庭责任、学校责任、社会责任。在家庭中我们扮演着儿女、父亲、丈夫、妻子等角色；在学校中我们扮演着员工、管理者、领导或者校长的角色；在社会中我们扮演着公民、老师、教育家等角色，总之每个人在不同的场合都扮演着不同的角色，然而我们是否能真正地用行动来承担起自己在各种场合下的角色？

十是提得起精神。我们在连续多天加班、超负荷工作、经受一次次打击后，是否能提起精神为了学校和教育的目标而继续冲刺？世界是修炼之房，学校是修炼之场；天空是修炼之志，大地是修炼之胸。

14. 怎样理解“育人为本”的基本理念？

“育人为本”包含三个要点：面向全体学生、全面提高质量、全面实施素质教育。具体表述为：一是坚持育人为本的办学宗旨，充分认识立德树人是培养社会主义建设者和接班人的本质要求。把促进每个学生健康成长作为学校一切工作的出发点和落脚点，扶持困难群体，推动平等接受教育（高中：为学生发展提供多样化的选择，积极探索培养创新人才的途径）；二是遵循教育规律，注重教育内涵发展，始终把全面提高义务教育质量放在重要位置（高中：始终把全面提高学生综合素质放在重要位置），使每个学生都能接受有质量的教育；三是树立正确的人才观和科学的质量观，全面实施素质教育，为每个学生提供适合的教育，促进学生全面而有个性地发展。

> 历史是发展的，思想是流动的。教育是要发生变化的，一成不变的教育和不思变革的教育思想是缺乏生命力的。
>
> ——袁振国

15. 怎样理解“引领发展”的基本理念？

关键词：发展责任、发展途径。

校长“引领发展”的基本理念，要从承担发展责任（学校发展、教师发展及学生发展）和明确发展途径（秉承先进理念、健全制度、完善机制、科学与民主管理、可持续发展）两个方面理解，具体表述为：一是校长作为学校改革发展的带头人，担负着引领学校和教师发展，促进学生全面发展与个性发展的重任；二是树立正确的学校发展观，将发展作为学校工作的第一要务，秉承先进教育理念和管理理念，建立健全现代学校制度，完善学校管理机制，依法治校，实施科学管理、民主管理，推动学校可持续、有特色地发展。

> 加强思想引领，创设良好氛围，集聚催人奋进、进取向上的正能量，唤醒、激发和释放每个师生的智慧和潜能，让人人都有梦想和追求，是教育和教育者的神圣使命。
>
> ——刘金水

> 有没有明确而先进的教育理念，有没有对教育理想的孜孜追求，有没有不断改进工作的意识和能力，是一个优秀教育工作者和一个平庸的教育工作者的根本区别。
>
> ——袁振国

16. 怎样理解“能力为重”的基本理念？

关键词：管理创新、提高能力、实践反思。“能力为重”的基本理念，可以从“管理与创新、提高专业能力（规划学校发展、营造育人文化、领导课程教学、引领教师成长、优化内部管理和调适外部环境六方面）和实践与反思”三个方面理解，具体表述为：一是将教育管理理论与学校管理实践相结合，重在实践，勇于创新；二是不断提高与完善规划学校发展、营造育人文化、领导课程教学、引领教师成长、优化内部管理和调适外部环境等方面的专业能力；三是坚持实践、反思、再实践、再反思，强化专业能力提升。

17. 什么是校长的反思能力？

关键词：总结、反省、思考。反思即反省、思考的意思。就是思考过去的事情，从中总结经验教训。校长反思能力是校长思考过去在学校教育与管理中发生的事情，从中总结经验教训的能力。反思能力是一个校长持续发展所必备的素质之一，只有学会反思，才能不断矫正学校工作中的错误，不断探索和走向新的境界。美国教育家杜威认为，反思的主要步骤为：（1）形成一种产生思维活动的怀疑、犹豫、困惑、心灵困难的状态；（2）为了发现和解决这种怀疑，消除和清除这种困惑而进行的探索、搜集、探究的行为。反思是一种思维活动；反思的明确目的是消除困惑，解决问题，促进实践，增强合理性；反思需要有良好的道德和坚强的意志。

18. 怎样理解“终身学习”的基本理念？

关键词：学习观念、优化结构、与时俱进、学习型组织。“终身学习”的基本理念，可从“树立学习观念、优化知识结构、与时俱进和建设学习型组织”四个方面理解，具体表述为：一是牢固树立终身学习的观念，将学习作为校长专业发展和改进工作的重要途径；二是优化知识结构，提高自身科学文化素养，增强法治观念；三是与时俱进，及时把握国内外教育改革与发展的趋势；四是注重学习型组织建设，将学校建成师生共同学习的精神家园。

19. 什么是学习型组织？学习型组织有哪些要素和特点？

学习型组织是一个能熟练地创造、获取和传递知识的组织，同时也要善于修正自身的行为，以适应新的知识和见解。学习型组织有五项要素并应具备七个特点：

学校学习型组织有五项要素：一是建立共同愿景。二是团队学习。三是改变心智。四是自我超越。五是系统思考。学习是心灵的正向转换，学校如果能够顺利导入学习型组织，不只能够取得更好的工作绩效，更能够带动学校发展的生命力。

> **推动教育变革和创新，构建网络化、数字化、个性化、终身化的教育体系，建设“人人皆学、处处能学、时时可学”的学习型社会，培养大批创新人才，是人类共同面临的重大课题。**
>
> **——习近平**

学校学习型组织应该具备七个特点：**（1）创造性**。学校的发展是创造性的工作。没有创造学校就会被淘汰。**（2）不断学习**。这是学校学习型组织的基本特征。所谓“善于不断学习”，主要含义有四点，即强调“终身学习”、强调全员学习、强调“全过程学习”和强调“团队学习”。**（3）一专多能**。学校中的成员不仅要熟练掌握本学科教学（管理）岗位上的知识和技能，而且要学习其他岗位甚至更多的知识和能力。**（4）扁平式结构**。学习型组织结构是扁平的，即从最上面的决策层到最下面的操作层，中间相隔层次极少。它尽最大可能将决策权向组织结构的下层移动，让最下层单位拥有充分的自主权，并对产生的结果负责。**（5）自主管理**。要充分发挥教职员工的管理积极性，实行“自主管理”。自主管理是使所有成员能边工作边学习、使工作和学习紧密结合的方法。**（6）家庭与事业平衡**。学习型组织努力使教职员工丰富的家庭生活与充实的学校生活相得益彰。学习型组织对教职员工承诺，支持每个人充分的自我发展，而员工也以承诺对组织的发展尽心作为回报。这样，个人与组织的界限将变得模糊，工作与家庭之间的界限也将逐渐消失，两者之间的冲突也必将大为减少，从而提高教职员工家庭生活的质量，达到家庭与事业之间的平衡。**（7）校长的新角色**。在学习型组织中，校

> 一个看重金钱的人，挣钱和花钱都是烦恼，他的心被金钱占据，没有给快乐留下多少余地了。天下真正快乐的人，不管他钱多钱少，都必是超脱金钱的人。
>
> ——周国平

长是设计师、服务者和导师。校长的设计工作是一个对组织要素进行整合的过程，他不只是设计组织的结构和组织政策、策略，更重要的是设计学校发展的基本理念；领导者的服务者角色表现在他对实现学校愿景的使命感，他自觉地接受愿景的召唤；校长作为导师的主要任务是明辨是非、善于选择、界定真假，协助教职工对真实情况进行正确、深刻的把握，提高他们对组织系统的了解能力，促进每个人的学习。

学校建立学习型组织有着不同凡响的作用和意义。它的真谛在于：学习一方面是为了保证学校的生存，使学校具备不断发展的能力，提高学校的竞争力；另一方面更是为了使教职员工在学习中认识自我、发现自我、唤醒真我，实现个人与事业的融合，在工作中实现教育的职业价值，活出生命的意义。

> **大学的一个重要功能是传承文化，而中学的一个重要使命是，奠定学生的民族文化根基。**
>
> **——王殿军**

20．我国教育改革和发展的基本趋势和政策要点是什么？

要点：立德树人、促进公平、提高质量、教育现代化。中共中央办公厅、国务院办公厅印发的《加快推进教育现代化实施方案（2018—2022年）》指出，今后5年加快推进教育现代化的指导思想是：以习近平新时代中国特色社会主义思想为指导，全面贯彻党的十九大和十九届二中、三中全会精神，以培养社会主义建设者和接班人为根本任务，以全面加强党对教育工作的领导为根本保证，以促进公平和提高质量为时代主题，围绕加快推进教育现代化这一主线，聚焦教育发展的战略性问题、紧迫性问题和人民群众关心的问题，统筹实施各类工程项目和行动计划，着力深化改革、激发活力，着力补齐短板、优化结构，更好发挥教育服务国计民生的作用，确保完成决胜全面建成小康社会教育目标任务，为推动高质量发展、实现2035年奋斗目标夯实基础。

可以概括为：一个根本，两个为主，两个着力。一个根本任务，即落实立德树人根本任务；两个为主即主题和主线，主题是促进教育公平和提高教育质量，主线是推进教育现代化；两个着力，一个是着力深化改革、激发活力，一个是着力补齐短板、优化结构。

> **建平中学特别强调一切以人为本，其一造就教师，其二成就学生。我们强调师生共同成长，让每个学生的名字充满神圣和庄严，让每一个教职工充满荣誉和自豪感，同时我们又提出让每位老师充满激情地工作，学生愉快地学习，师生幸福地生活。**
>
> **——杨振峰**

21. 什么是学校的内涵式发展？

关键词：发展人、精细化、重特色、重创新、重质量。什么是内涵式发展？内涵式发展是发展结构模式的一种类型，是以事物的内部因素作为动力和资源的发展模式。对于学校来说，就是注重学校理念、学校文化、教研科研、师生素养、办学特色和教育质量等方面建设的发展思路。

学校内涵式发展应该包含五个方面：一是相对于物质条件发展，更重视人的发展。内涵发展集中体现在重视学校各类人的发展。在学校发展初期，校长都比较重视办学条件的完善和优化，但是随着学校的进一步发展，必须将重点集中在人的发展方面。首先，学校教育以学生发展为本，一切为了促进每一位学生的全面发展；

> 教育家有三条标准，一要长期从事教育工作，热爱教育，热爱孩子，一辈子献身于教育事业，把教育作为一个毕生的事业。二要在工作中肯于钻研，敢于创新，有自己的理论见解和思想体系。三要工作出色，经验丰富，有自己的教育风格，在教育界有一定影响，被广大教师所公认。
>
> ——顾明远

其次，学校管理以教师为本，在最大限度调动教职工的积极性、提高工作效率的同时，更加重视教师的专业成长和精神成长，使教师个人在做好工作的同时，发展自己从而实现自己人生的价值。学生的全面发展与教师的和谐发展，才是学校内涵式发展的终极目标。二是相对于粗放式发展，更重精细化发展。发展有粗放和精细之分。粗放式的发展主要把关注点汇集在标志性成果上，汇集在外在物体形态的改变上，汇集在最终目标的达成上；精细式发展秉承“天下大事，必做于细”的原则，将学校中教学工作、德育工作、教师素质提升等作为学校改革与发展的关注重点，在事关学校发展的每项工作上都力求精雕细琢。三是相对于同质发展，更重特色发展。内涵式发展也是一种特色发展。学校管理者和教师应树立起特色立校的基本理念，将办学特色放在学校改革与发展的突出地位，在特色的形成和品牌的培育中使学校上升到一个新水平。四是相对于模仿发展，更重创新发展。内涵式发展不是靠外力推动的，而是源于内部变革力量推动的一种发展，因而也就有了更多的创新的动力。正确地处理继承与创新的关系、创新与务实的关系，积极挖掘、利用、整合学校资源，将学校导入一种新的发展境地，是学校内涵式发展的必然要求。五是相对于规模发展，更重质量发展。与外延式发展过多关注学校规模的不断扩大不同，内涵式发展是一种不断追求提升质量的发展。它强调提升学校的办学质量，强化优质教学，提升学校的“软实力”，把注意力集中在优化教学过程上，即在先进理念的指导下，研发和设计科学的课程、教材和合理的途径、方法，产生优质高效的教学效果，使学校工作的重心重新回到抓好教育教学工作上。

22. 什么是义务教育均衡发展?

关键词：促进公平、均衡发展各级学校标准化。推进义务教育均衡发展，是国家为了解决义务教育深层次矛盾、推动教育事业科学发展，促进教育公平、构建社会主义和谐社会，进一步提升国民素质，在义务教育阶段采取的重大决策。抓好义务教育均衡发展，就抓住了促进教育公平的关键。

近年来，在推动义务教育全面普及的同时，党和政府积极推进义务教育均衡发展。2005年，教育部专门印发《关于进一步推进义务教育均衡发展的若干意见》，明确要求把义务教育工作重心转到均衡发展上来。2006年修订的《中华人民共和国义务教育法》将均衡发展纳入法制化轨道，强调各级政府的法定义务。《国家中长期教育改革和发展规划纲要（2010—2020年）》提出用10年左右的时间实现区域内义务教育基本均衡的目标和一系列具体政策措施。2012年国务院颁发《关于深入推进义务教育均衡发展的意见》，进一步明确义务教育均衡发展的指导思想和基本目标。

推进义务教育均衡发展的指导思想是（“两全”“四个均衡”“两个提高”“三个缩小”）：全面贯彻党的教育方针，全面实施素质教育，遵循教育规律和人才成长规律，积极推进义务教育学校标准化建设，均衡合理配置教师、设备、图书、校舍等资源，努力提高办学水平和教育质量。加强省级政府统筹，强化以县为主管理，建立健全义务教育均衡发展责任制。总体规划，统筹城乡，因地制宜，分类指导，分步实施，切实缩小校际差距，加快缩小城乡差距，努力缩小区域差距，办好每一所学校，促进每一个学生健康成长。

推进义务教育均衡发展的基本目标是“四个达标”“一个实现”“两率达到”：“四个达标”，即学校达标、课程达标、教师达标、班额达标；“一个实现”，即率先实现县域内基本均衡；“两率达到”，即到2015年，全国义务教育巩固率达到93%，实现基本均衡的县（市、区）比例达到65%，到2020年，全国义务教育巩固率达到95%，实

> **学生没有特长，教师没有个性，学校没有特色，这是教育极大的悲哀。**
>
> **——朱永新**

> **本色比特色更美丽，品位比品牌更珍贵，过程比结果更快乐，幸福比优秀更重要。**
>
> **——李镇西**

现基本均衡的县（市、区）比例达到95%，即全国每一所学校符合国家办学标准，办学经费得到保障。教育资源满足学校教育教学需要，开齐国家规定课程。教师配置更加合理，提高教师整体素质。学校班额符合国家规定标准，消除“大班额”现象。率先在县域内实现义务教育基本均衡发展，县域内学校之间差距明显缩小。

推进义务教育均衡发展采取的主要措施有两个：一是义务教育学校标准化建设；二是义务教育发展基本均衡县及督导评估认定。

“义务教育发展基本均衡县”督导评估的基本标准是，“一个门槛，两项内容，一个重要参考”。一个门槛是县域内所有义务教育阶段学校都必须到达省定办学基本标准；两项内容，一是县级政府推进义务教育均衡发展工作达到规定标准，二是校际之间的差异情况低于国家规定的上限标准；一个参考是群众满意度调查的结果作为督导评估的重要参考。

（义务教育优质均衡县的标准请参照教育部2017年发布的《县域义务教育优质均衡发展督导评估办法》）

23. 什么是普通高中多样化发展？

要点：高中发展新举措四种类型、五个特点（一多四高）。《国家中长期教育改革和发展规划纲要（2010—2020年）》提出“推动普通高中多样化发展”。普通高中多样化发展，是国家为了促进高中办学体制和培养模式多样化，满足不同潜质学生的发展需要，鼓励普通高中办出特色，探索普通高中发展新模式，探索发现和培养创新人才的途径，所采取的促进普通高中发展的新举措。

普通高中多样化发展有四种基本类型，即综合创新型、学科特色型、普职融合型和国际特色型。高中多样化发展的特点有五点（一多四高）：多样化的课程教学，高品位的育人文化，高标准的办学条件，高效率的学校管理，高质量的办学效果。其核心是“多样化的课程与教学”。

24. 什么是综合创新型高中？

> 识不足则多虑，威不足则多怒，信不足则多言。
>
> ——弘一法师

综合创新型高中： 以培养基础深厚、全面发展的创新人才为主，学校具有高品位文化、高质量课程体系和高效的创新培养机制，能够与高等院校和科研院所建立有效的常态合作机制，通过多样化课程设置和科学指导，培养学生全面而富有个性发展且成效显著；同时能够积极发挥示范带动作用，探索形成优质资源区域共享机制。

25. 什么是学科特色型高中？

> 千万不可为特色而特色，更不可为了所谓“品牌”而急功近利。一个学校，有特色有品牌固然好，但如果孩子快乐教师幸福，暂时没有特色没有品牌也不要紧。
>
> ——李镇西

学科特色型高中： 以培养学科特长突出、基础扎实的普适性人才为主，学校发展注重学科特色建设，拥有特色鲜明的教育发展理念和浓厚的特色氛围，构建系统的特色学科课程体系和较为成熟的培养模式，满足学科专业学生发展需要的同时，培养全体学生具有明显的学科兴趣和特长。

26. 什么是普职融合型高中？

普职融通型高中： 以培养“合格+技能”的高素质应用型人才为主，学校发展融合升学预备教育和职业技能教育，具有融通职业技术教育和普通高中教育的多元开放课程体系和灵活务实的管理机制，能够满足学生升学和就业双重需求。

27. 什么是国际特色型高中?

国际特色型高中: 以培养具有传统底蕴和国际视野的综合型人才为主,具有融合本土教育与国际教育的先进教育理念,科学完整的国际教育课程体系和成熟常态化的国际合作交流机制,为国际化人才成长奠定基础。

28. 普通高中教育多样化发展在理念上需要什么样的转变?

关键词:个性化人才、多样化发展、六个统一、四个趋势。 普通高中教育多样化发展呼唤管理理念变革。学校教育要从适应工业社会发展和对标准化人才的需求转向适应社会和人的双重发展和对个性化人才的需求,从标准化人才培养模式转向个性化人才培养模式,从学校同质化发展转向学校多样化发展。这种转变呼唤办学者的胆识和管理者观念的更新。

这种教育理念和管理观念的更新表现在六个统一:一是要求坚持规模发展与提高质量的统一,二是规范发展与特色发展的统一,三是管理职能与服务职能的统一,四是依法办学和自主办学的统一,五是面向全体与面向个体的统一,六是全面发展与个性发展的统一。管理者要具有尊重多样化的意识、包容多样化的胸怀、调适多样化的能力,从而为高中多样化发展创造良好的环境与氛围。

> **当我们的学生在离开校园的时候,带走的不应该只有知识,更重要的是对理想的追求。**
>
> **——苏霍姆林斯基**

普通高中教育多样化发展所体现的四个发展趋势:一种历史的需要——从规模发展到内涵发展;一种目标的深化——从教育目标到培养目标;一种观念的改变——从追求单一到追求多样;一种能力的释放——从注重整体到注重个体。因此,我国普通高中教育应当呈现学校百花齐放、学生英才辈出的局面,为人才强国的建设和人的持续健康发展做出更大的贡献。

29. 中小学校长应该具备哪些专业理念？

关键词：发展观、文化观、教学观、成长观、管理观、环境观。校长“专业理念”是指校长关于学校教育和管理的专业理解与认识。主要有六个方面，即内涵式学校发展观、高品位育人文化观、多样化课程教学观、专业化教师成长观、现代化内部管理观、和谐化外部环境观。

30. 什么是内涵式学校发展观？

内涵式学校发展观，就是用“学校内涵式发展”的观点看学校发展（关于学校内涵式发展，请参看前文“什么是学校的内涵式发展”）。**要点有三个：一是“办学定位与工作使命”，二是“长远发展与凝聚合力”，三是“尊重传统与特色办学”。**具体为：一是正确理解中小学教育的责任与使命，明确学校的办学定位。义务教育学校保障适龄儿童、少年平等接受有质量的教育，着力保障农民工子女、残疾儿童少年、家庭经济困难学生等弱势群体的受教育权利。高中注重培养学生自主学习、自强自立和适应社会的能力，全面提高普通高中学生综合素质。二是注重学校发展的战略规划，凝聚师生智慧，建立共同发展愿景，形成学校发展合力。三是尊重学校传统和学校实际，提炼学校办学理念，注重学校特色建设，坚持多样化的成才观，重视人才培养模式创新。

> 我心中的理想学校应该是一个有品位的学校。一个学校的品位首先是一个学校的校园品位，包括每一个细节、每一个建筑、每一处绿化都应该精雕细刻，细节有时更能反映品位。
>
> 一所学校的品位反映在学生的品格上。学校不但要传输知识，更重要的是塑造人品人格。
>
> ——朱永新

31. 什么是高品位育人文化观？

关键词：高度、广度、深度、特色。高品位育人文化观，所谓高品位，就是不同凡响，一是学校文化有高度，即体现国际国内先进的教育理念，而不是应试教育、功利教育的氛围；二是学校文化有广度，即体现教育的系统性和整体性，而不是只偏重于某些考试学科或某些应付检查的环境；三是学校文化有深度，体现教育的深刻性和陶冶性，而不是因为只重视显性教育而忽视隐性教育的表面化、形式化；四是有特色，即体现教育的个性化和差异性，而不是跟风攀比和模仿他人的风气。如有的学校校园里、教室里到处张贴的都是升学率、状元榜、名次录，悬挂的到处都是评比、评选的奖状、锦旗，开会或上课校长和老师习惯于用升学、考试、指标来压老师、唬学生，这就是低品位的育人文化。高品位育人文化，具体要求有四点，即落实德育地位、重视文化育人、传承优秀传统文化、突出育人特色。一是将立德树人作为学校教育的根本任务，把德育工作摆在素质教育的首要位置，全面加强学校德育体系建设。积极实施素质教育，特别关注学生全面成长和师生的终身幸福。二是重视学校文化潜移默化的教育功能，将学校文化建设作为学校德育工作的重要方面，把文化育人作为办学治校的重要内容与途径。三是积极培育和践行社会主义核心价值观，热爱与传承中华优秀传统文化，充分发挥中华优秀传统文化的时代意义和教育价值，重视地域优秀文化的重要作用。四是结合所在社区、本校师生、学生家长等，利用一切可利用的人力、物力、环境资源，创造具有本校特色的学校文化。

32. 为什么要加强中华优秀传统文化教育？

主要原因有四点：一是加强中华优秀传统文化教育，是深化中国特色社会主义教育和中国梦宣传教育的重要组成部分。中国特色社会主义道路是在对中华民族五千多年悠久文明的传承中走出来的，具有深厚的历史渊源和广泛的现实基础。加强中华优秀传统文化教育，对于引导青少年学生更加全面准确地认识中华民族的历史传统、文化积淀、基本国情，认清中国特色社会主义的历史必然性，坚定走中国特色社会主义道路、实现中华民族伟大复兴中国梦的理想信念，具有重大而深远的历史意义。

二是加强中华优秀传统文化教育，是构建中华优秀传统文化传承体系，推动文化传承创新的重要途径。当今世界，文化在综合国力竞争中的地位和作用更加凸显，越来越成为民族凝聚力和创造力的重要源泉，博大精深的中华优秀传统文化是我们在世界文化激荡中站稳脚跟的根基。青少年学生是祖国的未来，民族的希望，加强对青少年学生的中华优秀传统文化教育，对于培养中华优秀传统文化的继承者和弘扬者，推动文化传承创新，建设社会主义先进文化具有基础作用。

三是加强中华优秀传统文化教育，是培育和践行社会主义核心价值观，落实立德树人根本任务的重要基础。世界多极化、经济全球化深入发展，国内经济社会转轨转型，深刻变革，现代传播技术迅猛发展，世界范围内各种思想文化的交流交融交锋更加频繁，社会思想观念日益活跃。青少年学生思想意识更加自主，价值追求更加多样，个性特点更加鲜明，社会上一些不良思想倾向和道德行为，对青少年学生健康成长产生了不容忽视的影响。加强中华优秀传统文化教育，对于引导青少年学生增强民族文化自信和价值观自信，自觉践行社会主义核心价值观具有重要作用。

四是加强中华优秀传统文化教育，必须正视面临的一系列困难和挑战。改革开放以来特别是新世纪以来，中华优秀传统文化教育不断加强，取得了显著成效，对于培养学生良好思想品德和行为习惯，培育和弘扬爱国主义精神，增强文化自觉自信等方面发挥了积极作用。但是，面对新形势、新要求，中华优秀传统文化教育还存在不少突出问题，对中华优秀传统文化教育重要性的认识有待进一步提高，教育内容的系统性、整体性还明显不足，重知识讲授、轻精神内涵阐释的现象还比较普遍，课程和教材体系有待完善，教师队伍整体素质有待提升，全社会共同参与的教育合力有待加强

> **古人说：修身、齐家、治国、平天下，是这样排列顺序的。而我们小时候的教育却是完全相反的排序。我觉得还是要学学古人更加朴实些，教育每个孩子先爱自己爱家庭，然后治国平天下。**
>
> **——崔永元**

等。有效解决这些问题，迫切需要进一步加强中华优秀传统文化教育。

33. 加强中华优秀传统文化教育的基本原则和主要内容是什么？

要点：六个结合、三个重点。教育部印发的《完善中华优秀传统文化教育指导纲要》明确指出，加强中华优秀传统文化教育的基本原则主要体现为以下六个结合：

一是坚持中华优秀传统文化教育与培育和践行社会主义核心价值观相结合。深入挖掘和阐发中华优秀传统文化讲仁爱、重民本、守诚信、崇正义、尚和合、求大同的时代价值。二是坚持中华优秀传统文化教育与时代精神教育和革命传统教育相结合。三是坚持弘扬中华优秀传统文化与学习借鉴国外优秀文化成果相结合，既要高度重视培育学生的民族自信心、自豪感，又要注重引导学生树立世界眼光，博采众长。四是坚持课堂教育与实践教育相结合，既要充分发挥课堂教学的主渠道作用，又要注重发挥课外活动和社会实践的重要作用。五是坚持学校教育、家庭教育、社会教育相结合，形成教育合力。六是坚持针对性与系统性相结合，既要根据不同学段学生身心发展特点，区分层次，突出重点，又要加强各学段的有机衔接，逐步推进。

> **一个成天精神萎靡不振的老师，怎么可能教出积极向上的学生？所以，成长就是不断地发现更好的自己，不断地创造和展现更好的自己。而教师的成长，就是让教师自己不断去发现、创造和展现更好的自己，不断地让自己变得更优秀。要知道，观念比行动重要，状态比方法重要，氛围比制度重要。**
>
> **——谢云**

开展中华优秀传统文化教育的主要内容是“一个核心，三个重点”。加强对青少年学生的中华优秀传统文化教育，要以弘扬爱国主义精神为核心，以家国情怀教育、社会关爱教育和人格修养教育为重点，着力完善青少年学生的道德品质，培育理想人格，提升政治素养。

三个重点，一是开展以“天下兴亡、匹夫有责”为重点的家国情怀教育。二是开展以仁爱共济、立己达人为重点的社会关爱教育。三是开展以正心笃志、崇德弘毅为重点的人格修养教育。

> 学校文化是经过长期发展、历史积淀而形成的全校师生（包括员工）的教育实践活动方式及其所创造的成果的总和，包含了物质文化（校园建设）、制度文化（各种规章制度）、精神文化和行为文化（师生的行为举止），而其核心是精神文化中的价值观念、办学思想、教育理念、群体的心理意识等。
>
> ——顾明远《绿叶集》

34. 中小学各学段有序推进中华优秀传统文化教育的重点内容是什么?

关键词：亲切感、感受力、理解力、理性认识。

小学低年级：以培育学生对中华优秀传统文化的**亲切感**为重点，开展启蒙教育，培养学生热爱中华优秀传统文化的感情。引导学生孝敬父母、尊敬师长、友爱同学、礼貌待人，养成勤俭节约、吃苦耐劳、言行一致的生活习惯和行为规范，培育热爱家乡、热爱生活、亲近自然的情感。

小学高年级：以提高学生对中华优秀传统文化的**感受力**为重点，开展认知教育，了解中华优秀传统文化的丰富多彩。引导学生学会理解他人，懂得感恩，逐步提高辨别是非、善恶、美丑的能力，开始树立人生理想和远大志向，热爱祖国河山、悠久历史和宝贵文化。

初中阶段：以增强学生对中华优秀传统文化的**理解力**为重点，提高对中华优秀传统文化的认同度，引导学生认识我国统一多民族国家的文化传统和基本国情。引导学生尊重各民族传统文化习俗，珍视各民族共同创造的中华优秀文明成果，培养作为中华民族一员的归属感和自豪感。

高中阶段：以增强学生对中华优秀传统文化的**理性认识**为重点，引导学生感悟中华优秀传统文化的精神内涵，增强学生对中华优秀传统文化的自信心。引导学生深入理解中华民族最深沉的精神追求，更加全面客观地认识当代中国，看待外部世界，认识国家前途命运与个人价值实现的统一关系，自觉维护国家的尊严、安全和利益。

35. 什么是多样化课程教学观？

关键词：课程、教学。首先是学校要为学生提供多样化的课程，而不是千人一孔万人一面，所有学生学一样的课程；其次是要为学生提供多样化的教学，而不是单一的讲述式和接受式教学。具体应该从面向全体学生、尊重教育规律、尊重教师智慧三方面理解：义务教育学校，一是坚持面向全体学生，因材施教，全面提高教育教学质量。二是尊重教育教学规律，注重培养学生的责任意识、创新精神和实践能力。三是尊重教师的教学经验和智慧，积极推进教学改革与创新。（高中学校：一是充分认识课程教学是提高学校教育质量的关键环节。发挥各学科育人作用，促进全体学生的全面发展，重视学生社会责任感、创新精神和实践能力的培养，提高学生的综合素质。二是重视课程的多样性和选择性，增强学生学习的自主性，丰富学生的学习经验，注重学思结合、知行统一、因材施教，促进学生个性健康发展。三是尊重教师的教学经验和智慧，重视课程教学研究，积极推进教学改革与创新。）

> 教育即生长，生长就是目的，在生长之外别无目的，那么，教育的使命就应该为生长提供最好的环境。什么是最好的环境？第一是自由的时间，第二是好的老师。
>
> ——周国平《教育的七条箴言》

> 我心中的理想学校应该有一个面向所有学生的课程体系。开发学校课程体系的核心，就是面向所有学生。课程的丰富性也是衡量一个学校的品位与水平的重要标志。
>
> ——朱永新

36. 什么是专业化教师成长观？

关键词：尊重、责任、激发。专业化的教师成长观，就是校长要把教师的专业成长，作为教师队伍建设的第一要务，把国家对教师的专业成长的要求，作为学校教师的基本专业要求，实施教育教学行为的基本规范，引领教师专业发展的基本准则，也是教师培养、准入、培训、考核等工作的重要依据。具体从尊重信任教师、校长第一责任、教师专业发展三个方面而言，一是将教师作为学校改革发展最宝贵的人力资源，尊重、信任、团结和赏识每一位教师。二是校长是教师专业发展的引领者和第一责任人，将学校作为教师实现专业发展的主阵地和精神家园。三是尊重教师职业特点和专业发展的规律，注重激发教师发展的内在动力。（教师专业化成长详见《教师篇》）

37. 什么是现代化的内部管理观？

关键词：依法治校、以德立校、民主管理。现代化的内部管理观，就是为适应现代学校制度，用学校管理现代化的观点实施学校管理。学校管理现代化是指学校管理从传统迈向现代，适应社会发展对学校的高标准要求，使学校教育与现代社会的发展同步。它要求学校管理者充分利用先进管理理念和现代科学技术，对学校全面实施科学管理。深化学校内部管理体制改革，促进学校中人、财、物、时间、空间、信息等管理要素的高效组合，以最大幅度地提高学校的教育质量和办学效益。具体表现为“依法治校、以德立校、民主与科学管理三个方面”：一是坚持依法治校，自觉接受师生和社会的依法监督。二是崇尚以德立校，廉洁奉公、为人表率、处事公正、严格律己。三是实行科学管理和民主管理，坚持教书育人、管理育人、服务育人。

38. 什么是现代学校制度？

现代学校制度基本特征有四：依法办学、自主管理、民主监督、社会参与。《国家中长期教育改革和发展规划纲要（2010—2020年）》明确提出适应中国国情和时代要求，建设依法办学、自主管理、民主监督、社会参与的现代学校制度，构建政府、学校、社会之间新型关系。“依法办学、自主管理、民主监督、社会参与”是现代学校制度的四大基本特征，也是建设现代学校制度的目标和任务。这充分体现了让所有学生获得充分、全面发展的教育宗旨，有助于增进教育秩序，促进教育公平，提高教育效率，是现代学校制度所追求的价值目标。依法办学是现代学校制度最根本的目标。自主管理就是学校要加强章程建设，健全学校依法办学、自主管理的制度体系。民主监督指学校制定章程或者关系师生权益的重要规章制度，要遵循民主、公开的程序，广泛征求校内外利益相关方的意见。社会参与即学校要加强与所在社区的合作，完善与社区、有关企事业组织合作共建的机制。

建设现代学校制度的意义有三点：

一是现代学校制度是适应时代要求的。我们通常所提的学校制度是指国家各级各类教育的制度安排，它规定了各级各类学校的性质、任务、培养目标、入学条件、修业年限、管理体制以及学校之间的关系，属于“宏观”的学校制度。现代学校制度强调的是制度安排的“现时性”，它是一种“好的、先进的、能适应时代要求的”学校制度。当前，建设现代学校制度就是要求改革者根据时代发展的要求，设计和构建与各方面改革相适应的规则体系。因此，现代学校制度通常是教育改革发展过程中的重要关注点。

二是现代学校制度是以学生发展为核心的。制度是一种约定俗成的规定，它的生成和重建始终围绕特定领域的变化。现代学校制度将“学校”作为自己的本质规定，更加重视教师的教和学生的学，并以此作为构建整个学校制度的法则。在现代学校制度的框架下，所有的规则体系都是围绕更好地促进学生发展来构建的，从而更加凸显了教育的独立性和学校的自主性。正如梅兰芳剧团的所有工作都是为了让梅兰芳唱好戏一样，现代学校制度也是为了促进教师更好地教和学生更好地学。因此，现代学校制

> **我想可以从已经被社会认可的那些教育家身上寻求这个问题的答案，如蔡元培、陶行知、叶圣陶……在他们身上，我们可以看到，教育家应该在教育领域里有所建树，有所改变，有所影响。**
>
> **——李希贵**

度主要是为学生更好地发展搭好舞台，系统构建学校教育的核心制度和外围制度。

三是现代学校制度是协调校内和校外关系的制度安排。现代学校制度把学校视为一个开放的组织，它不仅关注学校内部的运作过程，而且也重视学校与家长和社会的互动过程。校内制度和校外制度是现代学校制度的两个主要内容。通常所提的学校制度不仅在制度的完整性上存在缺憾，而且也缺乏动态的观点。现代学校制度以学生的发展为核心来构建校内制度和校外制度，强调学校利益相关者在制度构建和发展中的作用。为推进现代学校制度建设，教育部发布的《关于建立中小学幼儿园家长委员会的指导意见》和《全面依法治校实施纲要》也对校内关系和校外关系做出了具体规定，以协调和整合影响学生发展的各种力量。

39. 什么是依法治校？依法治校的总体要求是什么？

要点：依法办学、自主管理、规范管理、师生主体。什么是依法治校？依法治校就是学校遵循法治原则和法治精神，在职权范围内，依据教育法律、规章等规定，管理学校事务，开展办学、教育教学、维护师生合法权益等活动。

为什么要全面推进依法治校？一是推进依法治校的重要性。推进依法治校，是学校适应加快建设社会主义法治国家要求，发挥法治在学校管理中的重要作用，提高学校治理法治化、科学化水平的客观需要；是深化教育体制改革，推进政校分开、管办评分离，构建政府、学校、社会之间新型关系，建设现代学校制度的内在要求；是适应教育发展新形势，提高管理水平与效益，维护学校、教师、学生各方合法权益，全面提高人才培养质量，实现教育现代化的重要保障。二是全面推进依法治校的紧迫性。近年来，依法治校工作取得了明显的进展，但是与教育改革发展的新形势、新任务相比，与全面推进依法治国的新要求相比，依法治校还存在较大差距，主要体现在：工作进展不平衡，一些地方和学校对推进依法治校认识还不到位，制度还不健全；一些人民群众反映强烈的违法办学、违规招生、违规收费等问题在个别地区和学校还不时发生；学校管理者和教师运用法律手段保护自身权益，依法对学生实施教育与管理的能力、意识还亟待提高，权利保障和救济机制还不健全；政府教育管理职能转变还未完全到位，部分教育行政管理人员依法行政意识和能力还不强。这些问题的存在，在一定程度上影响了国家教育方针的贯彻落实，影响到教育科学发展与深化改革的进程。解决以上问题，必须进一步深化教育改革，加快转变政府职能，全面加快推进依法治校。

教育部2012年11月颁发了《全面推进依法治校实施纲要》。全面推进依法治校的总体要求，一是学校要牢固树立依法办事、尊重章程、法律规则面前人人平等的理念。建立公正合法、系统完善的制度与程序，保证学校的办学宗旨、教育活动与制度规范符合民主法治、自由平等、公平正义的社会主义法治理念要求；二是要以建设现代学校制度为目标，落实和规范学校办学自主权，形成政府依法管理学校，学校依法办学、自主管理，教师依法执教，社会依法支持和参与学校管理的格局；三是要以提高学校章程及制度建设质量、规范和制约管理权力运行、推动基层民主建设、健全权利保障和救济机制为着力点，增强运用法治思维和法律手段解决学校改革发展中突出矛盾和问题的能力，全面提高学校依法管理的能力和水平；四是要切实落实师生主体地位，大力提高自律意识、服务意识，依法落实和保障师生的知情权、参与权、表达权和监督权，积极建设民主校园、和谐校园、平安校园。

> **学校是铁打的营盘流水的兵，学生是流动的，教师是相对稳定的，教师队伍身上所体现出来的文化，能否反映学校的文化倡导，关键看校长的领导力。**
>
> **——程翔**

40. 学校为什么要建立家长委员会？

关键词：意义、职责、作用。一是要知道建立家长委员会的意义。建立家长委员会，对于发挥家长作用，促进家校合作，优化育人环境，建设现代学校制度，具有重要意义。学校应充分认识建立家长委员会的重要意义，把家长委员会作为建设依法办学、自主管理、民主监督、社会参与的现代学校制度的重要内容，作为发挥家长在教育改革发展中积极作用的有效途径，作为构建学校、家庭、社会密切配合的育人体系的重大举措，以更大的热情，更有效的措施，创造更好的条件，大力推进建立家长委员会工作。二是要了解家长委员会的职责。家长委员会应在学校的指导下履行职责，主要有三项职责：参与学校管理、参与教育工作、沟通学校与家庭。三是要知道怎样发挥家长委员会的作用，要发挥好家长委员会支持学校工作的积极作用。(1) 家长委员会要针对学校教育和家庭教育的突出问题，重点做好保障学生安全健康、推动减轻中小学生课业负担、化解家校矛盾等工作。(2) 与学校共同做好德育工作。(3) 协助学校开展安全和健康教育工作。(4) 营造良好的家校关系。

41. 什么是民主管理和科学管理?

民主管理要点：增强意识、建立机制、创设氛围。民主管理就是指学校管理应当广泛吸纳校内外各方面的意见和建议，最大限度地体现广大教职工和学生的意志和利益。现代管理制度论认为：人是最重要、最根本、最关键的核心要素。应从三点努力：(1) 增强民主意识，增强民主意识的关键是对人的尊重。尊重是相互的，尊重教师就是尊重自己。增强民主意识，使学校决策变为群众的自觉行动，这样才能有效地激发教师的智慧和力量，上下一致，协力同心，提高管理效率。(2) 建立民主管理的机制。学校管理民主化的关键是决策科学化。(3) 创设民主的氛围。创设民主氛围的关键是优化学校内部心理环境，其核心是要形成民主、平等、友好、融洽的人际关系。

> **校长是学校的旗手，是师生的精神领袖。这种旗手和精神领袖作用不是靠校长的权势，靠校长的发号施令，而是要靠校长高尚的品格、丰富的学识、教育的智慧、亲和而开放的作风。**
>
> **——顾明远《绿叶集》**

科学管理关键词：理念、机构、方式。科学管理就是根据学校的特点和教育规律的特殊性，把现代科学管理的基本原理运用到学校管理活动中来，力求在管理方面形成自己的管理模式，以提高管理效率和办学水平。在学校管理中，人们越来越强调从经验走向科学的管理，体现以人为本的人文精神的管理，这是现代管理的必然要求。三点要求：一是秉承科学管理理念；二是完善科学管理机构；三是确立科学管理方式。

学校管理，要坚持民主管理与科学管理相结合，在抓好规章制度的同时，不断引进先进的教育理论，开创教育改革的新局面。学校管理要正视这些特性，在注重管理科学化的同时，确立生命意识，树立人本主义的现代教育管理理念，进行民主管理。现代管理的基本手段是在高度民主的基础上实现现代领导方式的科学化，提高集体组织的集体效应，鼓励民主参与、民主监督，实行民主管理，适应管理的国际性潮流。民主管理必须贯穿于学校管理活动的各个方面和全过程，使民主管理科学化。

42. 什么是和谐化外部环境观？

关键词：支持、互动、合作。和谐化外部环境观，就是用和谐文化的观点看待和调适学校外部环境。和谐文化是指一种以和谐为思想内核和价值取向，以倡导、传播、实施、奉行和谐理念为主要内容的文化形态、文化现象。和谐文化最核心的内容，是崇尚和谐理念，体现和谐精神，大力倡导社会和谐的理想信念和价值取向。学校外部环境和谐化可以从营造环境、良性互动、合作共赢三个方面理解：一是坚信营造学校与家庭、社会（社区）支持性的发展环境是学校发展的基础与重要保障。二是重视学校与家庭、社会（社区）的沟通，把与社区的良性互动作为办学水平的重要体现，将服务社会（社区）作为学校的重要功能。三是坚持学校、家庭、社会（社区）合作共赢的原则，增强学校对外交流的主动性和创新性。

> **少埋怨环境，多改变自我。人应学会自我更新，今天的我应该比昨天的我有新的认识、新的发现、新的能力。只有自己不断更新了，世界在我眼里就总是新的。**
>
> **——魏书生**

第二章　校长管理理念

43. 什么是学校管理理念？

关键词：管理思想、价值取向、观念体系。所谓学校管理理念，是指人们对于学校管理活动的理性认识、理想追求及其所形成的管理思想观念和管理哲学观点，是学校管理主体在管理实践、思维活动及文化积淀和交流中所形成的学校管理价值取向与追求，是一种具有相对稳定性、延续性和指向性的学校管理认识、理想的观念体系。

44. 学校管理理念在学校管理实践中有什么意义？

关键词：影响效率、引导行为、理念治校。主要有三点意义：(1) 学校管理理念影响学校管理要素的组合方式和管理效率。现代学校管理是一个由人、财、物和时间、空间、信息等要素组成的有机系统，其中人是最重要的，管理效率的取得，必须依靠人对这些管理要素的合理组合，而管理要素的合理组合又要求管理者具有科学合理的管理理念。人的管理理念是否合理，对于人的管理行为、对组织管理资源的分配、管理要素的组合有着重大的影响，从而深刻地影响着学校管理效率的实现。(2) 学校管理理念引导学校管理者的管理行为。管理者是学校管理的主体，在管理中居于主导地位，起着关键作用。思想是行为的先导，管理者的管理行为总是在一定思想观念的支配下发生的。学校管理者所形成的管理理念是管理主体对学校管理活动认识的客观反映，体现了管理者对管理资源，特别是人的属性的认识和对各种资源在学校管理中的重要程度的不同认识，这些不同认识将潜意识地指导管理者的具体管理实践行为。（3）理念治校是现代学校管理的必然要求。回顾教育改革的历史轨迹，学校管理走过了一个经验治校—理论治校—依法治校—理念治校的过程。我国现在处于理论治校和依法治校不成熟不完善的阶段，又是理念治校的初始阶段。理念治校就是利用学校全体成员都认同的理念来引领学校的管理行为，提升学校整体文化素养，使学校管理向文化管理、柔性管理过渡，是对人本管理的升华。学校管理理念是治校理念的重要组成部分，是对学校管理活动的纲领性思想。提升学校管理者的管理理念，统一全体员工的学校管理理念可以为理念治校创造宽松、和谐的环境，提升学校管理的境界。

45. 学校管理理念有哪些类型？什么是学校基础管理理念？

学校管理理念有哪些类型？关键词：基础理念、增效理念。根据不同的管理理念在学校管理中发挥的功能的价值的不同，我们把现代学校管理活动中典型的管理理念分为基础管理理念、增效性管理理念。教育部印发的《义务教育学校管理标准》，对义务教育提出了学校管理基本理念。育人为本、全面发展和促进公平、提高质量适用于所有学校，和谐美丽、充满活力和依法办学、科学治理是提出的适用于初中、小学的学校管理基本理念。

什么是学校基础管理理念？关键词：层级、制度、计划、量化。学校基础管理理念是学校管理活动中必不可少的基础性的理念。这些理念的实践可保证学校正常的管理秩序和管理目标的达成，使学校管理活动成为一个有机整体。它主要包括四个方面：层级管理理念、制度管理理念、计划管理理念和量化管理理念。

46. 什么是学校层级管理？

要点有三：明责权、不越权、讲合作。学校层级管理就是指在管理活动中要明确各个职位的责、权、利，体现各在其位，各司其职，各负其责，严格按组织程序在学校内部实现统一的管理。这一理念主要来源于古典组织管理理论。学校实施层级管理，首先必须明确各岗位的责、权、利。其次要避免多头领导、越级指挥、越权处事的现象。再次要确立分工不分家的整体合作意识。最后要充分信任下属，及时给予指导和帮助。

> 人既然拥有良知，那么，不断地向老师们传播积极精神，久而久之，这种精神就会与本有的良知和谐为一，并让他们感到这种精神的力量。所以，校长的一项使命，就是将自己的意志、精神、思想有效地传播到教师那里，不但让他们感到这是自己生命成长的必需，而且在悦纳的同时，付诸教育教学的实践之中。
>
> ——陶继新

47. 什么是学校制度管理？

关键词：制约性、严肃性、系统性、参与性。学校制度管理是指在学校管理活动中，根据国家和有关法规，以及学校自身实际由学校制定有关的规章制度，对学校组织内部的各种关系进行调节，约束和规范组织成员的行为，实行按章办事，依规治校。其理论来源是古典管理理论。制度管理可以使学校管理规范化，可以简化管理过程中的复杂关系，可以解放管理者的时间和精力，从而提高学校管理效能。学校制度管理首先要求维护制度的严肃性，制度的出台要合法合理、符合程序要求。其次注意制度的系统性，使学校各项管理工作都在相应的制度的管理之下。最后是全员参与性，要加强教职工包括学生对制定制度、实施制度的参与性。

48. 什么是学校计划管理？

关键词：整体性、参与性、灵活性。学校计划管理是指在学校管理过程中，根据一定的目标和现实的客观条件，对学校的未来工作进行有目的的科学规划安排。这一理念来源于古典管理理论。学校工作中的计划管理是学校整体管理过程的首要环节，有利于整个管理活动的展开，是提高学校管理活动效率的基础。学校实施计划管理，首先应充分考虑计划的整体性、针对性、可行性和时效性。其次要发动全体教职工参与计划的讨论并建立计划的执行与反馈机制。最后要保持计划的灵活性，根据情况的变化及时调整计划。

49. 什么是学校量化管理？学校量化管理要注意哪些问题？

关键词：数理统计、科学判断、局限性、合理性、教育性、人文性。学校量化管理是运用数理统计的原理和方法,对学校各项管理工作进行数据收集、整理和分析,从而做出科学的判断和决策,以保证学校管理取得最优化成效的一种方法。这一理念强调实证方法在学校管理中的运用。学校在运用量化管理的过程中要注意以下四个问题：一是充分认识它应用于学校管理的局限性；二是要制定合理的评价标准和方案；三是强化思想教育工作，不要简单地应用量化管理；四是运用量化管理必须体现以人为本的思想。

> 人不仅仅属于时代。无论时代怎样，没有人必须为了利益而放弃自己的趣味。人生之大趣，第一源自生命，第二源自灵魂。一个人只要热爱生命，善于品味生命固有的乐趣，同时又关注灵魂，善于同人类历史上伟大的灵魂交往，即使在一个无趣的时代，他仍然可以生活得有趣。
>
> ——周国平

50. 什么是学校增效性管理理念？学校增效性管理理念有哪些？

关键词：人本、民主、开放、文化、知识、校本。学校增效性管理理念的主要功能是在坚持学校基本管理的基础上进一步增强学校管理实效，使学校的管理成效有一个明显的实质性进步，从而达到事半功倍的效果，它主要包括人本管理理念、民主管理理念、开放管理理念、文化管理理念、知识管理理念和校本管理理念。

51. 什么是学校人本管理？

关键词：人为本、依靠人、为了人。学校人本管理就是把人作为管理的主要对象和管理的最重要资源，尊重人的价值，全面开发人力资源，以谋求人的全面自由发展为最终目的的管理。人本管理可概括为“3P”管理，即从管理对象角度看，是“人的管理”；从管理主体角度看，是“依靠人的管理”；从管理目的角度看，是“为了人的管理”。学校在实施人本管理的过程中，学校管理者特别是校长，首先要摆正人与物在学校发展中的位置。其次应注重情感的维系和沟通，通过多种形式满足教职工的情感需要。最后，还需要充分地发展人。

52. 什么是学校开放管理？

关键词：建立机制、推介学校、外部关系、对外交流。学校开放管理指在学校管理过程中，注意树立学校的良好社会形象，加强对外交流，借鉴先进经验为学校创造更好的发展环境。这一理念源于系统管理理论。学校在实施开放管理的过程中应注意如下事项：一要建立学校的识别机制，包括硬件系统和软件系统；二要积极利用各种传播媒体推介学校，同时学校也要善于自我宣传，重视对学校公共关系的管理；三要与学校所在社区、上级主管单位、家长和校友建立良好关系；四要积极进行对外交流，力争引进来，走出去。

> 为什么要建设学校文化？因为学校文化是学校的灵魂，建立了学校文化，全校师生就有了共同的价值观、共同的信念、共同的愿景、共同的努力方向。
>
> ——顾明远《野花集》

53. 什么是学校文化管理？

关键词：主流文化、人文关怀、文化修养。所谓学校文化管理是指在管理学校过程中，以师生共同的价值观念和信念的确立为核心，通过形成具有自身特点的学校组织文化，激励和规范组织成员的行为，增强群体的凝聚力、亲和力和战斗力，从而提高学校的管理效率。这一理念主要源于企业文化管理理论、非理性主义思潮和比较管理理论。学校文化管理应用中应注意以下事项：一是确立学校的价值追求，建立学校的主流文化。二是建立利益共同体，体现人文关怀，人本管理。三是不断提高师生文化修养。

> **为什么我能够三十年如一日地保持对教育的一往情深？因为我从年轻时便想透了一个简单的问题：我是为自己工作，为自己的幸福工作。这和校长无关，和名利无关，只和幸福有关。教育就是追寻或者创造幸福的人生。**
>
> **——李镇西**

54. 什么是学校知识管理？

关键词：强化意识、促成转化、共享发展、互动整合。学校知识管理是指通过知识共享，运用集体智慧提高学校应变和创新能力的一种管理活动。它的出发点是把知识看作最重要的资源，把最大限度地获取和利用知识作为提高学校总体实力的关键。学校知识管理真正的本质应当是对信息与人员的管理，其目的在于对教育知识的创新、生产、储存、转移和共享，从而提高管理绩效。学校进行知识管理的目标就是，力图使学校能够将最恰当的知识在最恰当的时间以最恰当的方式传递给最恰当的人，以使他们获得最好的发展的能力，这种能力的获得反过来又推动着学校向前发展。学校知识管理的实施与策略必须做好以下几方面的工作：一是明确责任，调整结构，强化知识管理的意识与能力；二是创造条件，建立设施，促成显性知识的转化与吸收；三是营造氛围，建构生态，加快隐性知识的共享和发展；四是加强联合，增加交流，促进校际知识的互动与整合。

55. 什么是学校校本管理？

关键词：为了学校、在学校中、基于学校。“校本”大意为“以学校为本”或“以学校为基础”，包含三方面含义：一是为了学校。即以改进学校实践，解决学校所面临的问题为指向，改进是其主要的特征，它既要解决学校存在的种种问题，也要进一步提升学校的办学水平及教育教学质量。二是在学校中。即学校自身的问题，要由学校中人来解决，要经由学校校长、教师的共同探讨、分析来解决，所形成的解决问题的诸种方案要在学校中加以有效实施。三是基于学校，即要从学校的实际出发，所组织的各种培训、所展开的各类研究、所设计的各门课程等，都应充分考虑学校的实际，挖掘学校所存在的种种潜力，让学校资源更充分地利用起来，让学校的生命活力释放得更彻底。校本主要体现、落实在校本培训、校本课程、校本研究和校本管理四个方面。其中校本管理是核心与关键。校本管理贯穿、渗透于校本培训、校本研究和校本课程之中，起着协调、组织的作用，是其他三者的基础和保障。学校在实施校本管理的过程中应注意以下几点：一是校长真正发挥领导作用。二是强化教学，走质量发展的道路。以教学为中心，这是教育工作的基本规律。三是增强决策意识，实施民主集中制。

56. 义务教育学校管理基本理念有哪些？

关键词：育人为本、促进公平、安全和谐、依法办学。“32字基本理念”是“育人为本，全面发展；促进公平，提高质量；安全和谐，充满活力；依法办学，科学治理”。

> **读书是最好的化妆品，因为读书能使你变得有内涵，有修养，有风度，这样的人眼睛里闪烁的是迷人的光彩，这样的老师在课堂上才能纵横捭阖、游刃有余。**
>
> **——窦桂梅**

义务教育学校管理基本理念是学校管理的总纲。2014年教育部根据当前义务教育学校的性质和任务，提出了四个义务教育学校管理基本理念，即上述“32字基本理念”。其基本关系是，促进学生全面发展是义务教育学校管理的出发点和落脚点，促进教育公平是义务教育学校办学的基本价值取向，提升教育教学质量是义务教育学校管理的根本任务，安全和谐、充满活力的校园环境是义务教育学校各项工作的基础和前提，依法办学和科学治理是义务教育学校管理的发展方向。

57. 怎样理解义务教育学校“育人为本，全面发展”的基本理念？

“育人为本，全面发展”，其要点有三个：一是立德树人（根本任务），二是

多育并举（教育途径），三是全面发展（培养目标）。就是要“坚持育人为本、全面发展的办学宗旨，培育和践行社会主义核心价值观，把立德树人作为教育的根本任务，坚持教育与生产劳动和社会实践活动相结合，全面加强和改进德育、智育、体育、美育，将促进学生健康快乐成长作为学校一切工作的出发点和落脚点，使学生成为德智体美全面发展的社会主义建设者和接班人”。

58. 怎样理解义务教育学校“促进公平，提高质量”的基本理念？

要点有四个：一是面向全体学生（学生），二是加强队伍建设（教师），三是优化课程教学（课程），四是科学合理评价（评价）。就是要“树立公平的教育观和正确的质量观，提高办学水平，教好每一个学生，切实保障学生平等的受教育权利。加强教师队伍建设，提高教师整体素质；建设适合学生发展的课程，实施以学生发展为本的教学；建立科学合理的评价体系，提高教育教学质量”。

> **始终坚持德育为先，育人为本；始终重视强化思想引领，构建精神家园，以社会主义核心价值观主导师生的思想心理和行为，有效消解不良思想文化以及社会不良风气的影响，让精神的旗帜高高飘扬。**
>
> **——刘金水**

59. 怎样理解义务教育学校“安全和谐，充满活力”的基本理念？

要点有两个：一是以安全为重点创建平安校园。二是以文化为重点创建和谐校园。“建设安全卫生的学校基础设施，完善切实可行的安全、健康管理制度，开展以生活技能和自护、自救技能为基础的安全和健康教育。加强校园文化建设，创建平安校园、和谐校园，为师生创造安定有序、和谐融洽、充满活力的工作、学习和生活环境。”

60. 怎样理解义务教育学校“依法办学，科学治理”的基本理念？

要点有三个：一是建设现代学校制度，二是提升校长能力，三是拓宽治理渠道。具体表述为：“建设依法办学、自主管理、民主监督、社会参与的现代学校制度。提升校长依法科学治理能力，拓宽师生、家长和社会民众参与学校治理的渠道，建立健全学校民主管理制度，构建和谐的家庭、学校、社区合作关系，推动学校可持续发展。”

61. 什么是“教育治理体系与治理能力现代化”？

关键词：治理、改革、发展、公平、结构、质量。“推进教育治理体系与治理能力现代化”，是教育部在党的十八届三中全会提出“推进国家治理体系和治理能力现代化”这一背景下提出的。党的十八届三中全会明确提出，全面深化改革的总目标是完善和发展中国特色社会主义制度，推进国家治理体系和治理能力现代化。这是国家改革的总目标，也是各领域改革的总要求。教育改革作为全面深化改革的重要领域，一切改革的举措和行动，毫无疑义都要自觉围绕这一总目标、落实这一总要求，从教育部门自身改起，完善科学规范的教育治理体系，形成高水平的教育治理能力。具体来说，一是要围绕教育治理体系建设、教育治理能力提高，深化教育领域综合改革；二是通过深化教育领域综合改革，实现教育事业科学发展；三是通过教育事业科学发展，更好地促进教育公平、优化教育结构、提高教育质量；四是通过促进公平、优化结构、提高质量，更好地为打造中国经济升级版、全面建成小康社会提供坚强有力的人才支撑和智力支持。

62. 什么是教育治理？学校治理与学校管理有什么区别？

关键词：主体多元化、机制复合化、手段多样化。治理特征更突出表现为五点，即民主性、多元性、多样性、多途径、服务性。

什么是教育治理？“教育治理是教育管理的一种高级形态，能体现现代精神，反映教育的现代性，其特征集中体现在民主性。”“治理是在信息化、全球化、民主化语境下的新型管理范式，已成为现代管理的重要理念和价值追求，体现了现代社会的基本特征，更多地强调了公共管理的转型。”“一方面，治理主体多元化，不仅仅由政府承担，还包括大量非政府组织，社会、家长、学校等也都共同参与到教育治理过程中。另一方面，治理机制复合化，由政府、社会和学校三大子治理机制构成，三方面统一互补。此外，治理手段将会变得多样化，除行政手段以外，更多的是强调各个主体之间的自愿平等合作。这最能调节教育生态。”“教育治理一个很重要的目的，就是提高教育质量，促进学生的发展，促进人才的发展。”

学校管理与学校治理的区别是什么？

（1）二者的主体不同，治理更体现民主性。虽然学校管理是从管理者和被管理者两个方面进行的管理行为，但其重点突出学校领导的主导性作用，因此其主体相对单一，主要是学校领导及其职能部门；而学校治理强调合法权利来源的多样性，其来源既可以是学校领导班子、各部门、教师、学生、家长甚至是社区等。因此，更体现决策的民主性。（2）主体承担的职责不同，治理更强调主体多元性。学校管理的主要内容在于学校领导对学校事务进行管理，因此领导承担主要职责，领导的作用具有不可替代性；而学校治理更多强调多元化主体共同承担责任，他们之间关系紧密，彼此之间存在着较好的合作关系。领导承担的责任日益减少，而各部门、教育工会、学生团体、家长委员会、社区等发挥着重大作用。（3）二者的实现方式不同，治理更强调方式多样性。学校管理表现为管理者从自身主观愿望出发来管理和控制教育，因此学校管理的实现形式是单一的自上而下型；而学校治理体现了民主发展的新趋势，它重视主体之间的合力作用，鼓励主体自主表

教育治理现代化，包括治理主体现代化、理念现代化和机制现代化。教育治理主体现代化就是让懂教育的人来办学……教育治理理念现代化，就是要推动教育治理科学化、民主化、法治化，尊重教育规律，实行民主治校和依法治校。教育治理机制现代化，就是要把广大人民群众纳入到决策和管理的主体中来完善管办评的关系。

——刘利民

达、协商对话，并形成共识，从而形成代表最广大群众根本利益的公共政策，因此其实现形式是立体式的多元互动型。（4）二者的实践路径不同，治理更强调多途径。学校管理需要学校领导运用权力对学校事务进行部署和控制，带有行政命令性的色彩；而学校治理具有多种实践路径。除校长运用权力外，还包括制度、文化、校风等多种方式。例如，校长在教育治理中的主要作用在于引导而不是管制，各部门、各种组织及师生在学校治理中发挥积极性、能动性，以形成良性互动。（5）与服务对象的关系不同，治理更强调服务性。服务师生、服务社会虽内含于学校管理之中，但由于服务内容主要是由领导提供的，师生和社会民众只能被动接受，别无他选。学校治理强调学校成员积极主动地表达自己的需求，根据自身的实际情况提出满足自身的服务内容，领导则对实施这种内容进行设计和安排，师生对这种服务项目的实施具有自主性，但是要接受学校领导的监督。学校成员和组织、社会民众不再被动接受服务，而是主动表达需求，对内容进行选择，对服务实施供给。这使得师生乃至家长、社会民众的积极性、主动性得以最大程度的发挥，师生及家长参与教育的热情高涨，他们之间的合作进一步密切。它体现了学校管理的进步，有利于凝聚学校和社区正能量，有利于化解矛盾，实现人与人之间的和谐相处。

> **我的人生观若要用一句话概括，就是真性情。所谓真性情，一面是对个性和内在精神价值的看重，另一面是对外在功利的看轻。一个人在衡量任何事物时，看重的是它们在自己生活中的意义，而不是它们能给自己带来多少实际利益，这样一种生活态度就是真性情。**
>
> **——周国平**

63. 学校治理结构包含哪些内容？如何完善学校内部治理结构？

关键词：依法办学、自主管理、民主监督、社会参与。在教育综合改革的背景下，如何完善学校内部治理结构，如何实现教师发展模式的转型，如何重塑家校教育格局等是学校教育品质提升绕不过去的核心问题。学校教育品质的提升离不开内部治理结构的完善。

学校内部治理结构是，学校组织系统、决策系统、执行系统、监督系统、评价系统的制度及运行逻辑的布局设计，是一所学校的办学思想、文化价值的隐性表达，也是以教师、学生、家长为代表的各种办学力量在学校组织设计中的直接呈现。

完善学校内部治理结构，主要是形成有效的管理体制和良好的运行机制。在管理体制方面，要对各种主体的责任、权力进行明确的定位，形成相互支撑、相互制衡、相互促进的内部结构。请看下表：

学校内部治理结构简表

内容要点	
依法办学	1. 坚持办学方向：贯彻教育方针；确立素质教育地位；全面科学的教育质量观。 2. 注重制度建设：学校章程建设；管理制度建设。 3. 规范办学行为：执行教育法律法规；实施校务公开。
自主管理	4. 目标管理：建立目标体系；设置组织机构；建立岗位责任制。 5. 发展规划：规划制定；规划实施；规划自主评价。 6. 特色创建：创建条件；创建过程；特色服务师生发展。
民主管理	7. 校长负责制。8. 党组织保证监督。9. 教职工民主参与。
社会参与	10. 家长参与：建立家长委员会；促进家校合作。 11. 社区参与：社区参与学校管理；社区资源利用。

64. 完善学校内部治理结构对校长提出了哪些新挑战？

要点有二：摆脱功利性、摆脱官本位。以往学校校长处于学校的中心位置，完善学校内部治理结构，校长必然面临诸多挑战。首先，校长应由学校管理者逐步转变为学校的决策人，为学校发展确定学校章程、办学理念、发展方向，明确学校的特色追求，等等。决策人要逐渐淡出日常管理，培养合格的管理者，而不是自己亲自去管理。校长要避免使自己成为焦点，要搭建舞台，让别人去表演，自己退到幕后。其次，完善内部治理结构，主要依靠制度和程序来推动工作。这时，校长依靠个人魅力实施管理的方式将受到挑战。校长要改变依靠个人力量推进管理的习惯，要尊重制度，逐渐习惯以制度管理人、以制度激励人的运行模式。最后，校长的管理权威将受到挑战。校长要自觉接受各方面的监督，要习惯在监督下进行决策。让监督成为常态，是校长必须面对的挑战。适应并主动接受监督是完善学校内部治理结构的必由之路。

当前，完善学校内部治理结构对校长最重要的挑战有两方面：一是摆脱对教育的功利性追求，学校管理绝不是管控和强制，而是解放每一个人和发展每一个人；二是摆脱“官本位”束缚，还权于教师，还权于学生，正确定位校长、管理者、教师和学生的角色，充分相信师生。

第三章　校长专业知识与专业能力

65. 校长的专业职责主要有哪些？

根据《义务教育学校校长专业标准》和《普通高中校长专业标准》，中小学校长有六大专业职责：规划学校发展、营造育人文化、领导课程教学、引领教师成长、优化内部管理、调适外部环境。

66. 校长在规划学校发展方面，应该掌握哪些专业知识和专业能力？

专业知识要点有三个："政策法规""发展趋势""评价理论"。

一是熟悉与教育相关的法律法规、教育方针政策和学校管理的规章制度，深入领会有关义务教育学校和普通高中的政策法规。二是掌握普通中小学教育的基本特点，了解国内外教育改革和发展的基本趋势，学习借鉴先进的办学经验。三是掌握熟悉学校战略管理，掌握学校发展规划制定、实施与评价的理论、方法与技术。

专业能力有四个要点："诊断现状、制定规划、落实计划、监测实施"。一是系统分析学校发展状况，传承学校优秀文化，发现面临的主要问题，形成学校发展思路。二是按照规定程序领导制定学校发展规划，组织教师、学生、家长、社区多方参与，共同确定学校的中长期发展目标。三是选择确定学校发展的关键措施，分解落实到学年、学期工作计划，指导师生员工制定具体行动方案，提供人、财、物等条件支持并组织实施。四是监测学校发展规划实施过程与成效，根据实施情况进行修正，调整工作计划，完善行动方案。

67. 校长应该熟悉哪些教育政策与法规？

关键词：教育方针、教育工作方针、教育基本制度、教育法规。教育政策是指政党、政府等各种政治实体在一定历史时期，为实现一定的教育目的任务而协调内外关系所制定的行动准则。校长应该掌握的教育政策至少应该涵盖教育方针、教育工作方针、教育基本制度、教育法规。

教育方针是国家为了发展教育事业，在一定阶段，根据社会和个人两方面发展的需要与可能而制定的具有战略意义的总政策或总的指导思想。“教育方针”有全局性、变动性、现实性和阶段性等特性。2021年5月，中央教育工作领导小组印发《关于深入学习宣传贯彻党的教育方针的通知》（以下简称《通知》）。《通知》指出，党的教育方针是党的理论和路线方针政策在教育领域的集中体现，在教育事业发展中具有根本性地位和作用。党的十八大以来，以习近平同志为核心的党中央高度重视教育工作，决定把劳动教育纳入社会主义建设者和接班人的要求之中，提出“德智体美劳”的总体要求。习近平总书记在全国教育大会、学校思想政治理论课教师座谈会等会议上发表了重要讲话，多次赴各级各类学校考察调研、致信回信，做出重要指示批示，对新时代全面贯彻党的教育方针提出明确要求。经第十三届全国人大常委会第二十八次会议审议，《中华人民共和国教育法》第五条修改为“教育必须为社会主义现代化建设服务、为人民服务，必须与生产劳动和社会实践相结合，培养德智体美劳全面发展的社会主义建设者和接班人”，将党的教育方针落实为国家法律规范。

教育工作目标：凝聚人心、完善人格、开发人力、培育人才、造福人民。

《中共中央国务院关于深化教育教学改革全面提高义务教育质量的意见》指出：“坚持以习近平新时代中国特色社会主义思想为指导，全面贯彻党的教育方针，落实立德树人根本任务，遵循教育规律，强化教师队伍基础作用，围绕凝聚人心、完善人格、开发人力、培

> **道德是心中有人，能力是眼中有事。**
>
> **——高震东**

育人才、造福人民的工作目标，发展素质教育，培养德智体美劳全面发展的社会主义建设者和接班人。”

教育工作方针：根据《国家中长期教育改革和发展规划纲要（2010—2020年）》（以下简称《规划纲要》），目前我们正在实施的教育政策有五大工作方针（20字方针），即“优先发展，育人为本，改革创新，促进公平，提高质量”，即把教育摆在优先发展的战略地位；把育人为本作为教育工作的根本要求；把改革创新作为教育发展的强大动力；把促进公平作为基本教育政策；把提高质量作为教育改革发展的核心任务。

教育基本制度是一个国家各级各类教育机构与组织体系有机构成的总体及其正常运行所需的种种规范、规则或规定的总和，是国家教育方针制度化的体现。《教育法》明确规定我国现行的七项教育基本制度：一是国家实行学前教育、初等教育、中等教育、高等教育的学校教育制度。二是国家实行九年制义务教育制度。三是国家实行职业教育制度和成人教育制度。四是国家实行国家教育考试制度。五是国家实行学业证书制度。六是国家实行学位制度。七是国家实行教育督导制度和学校及其他教育机构教育评估制度。

教育法规是有关教育方面的法令、条例、规则、规章等规范性文件的总称，也是对人们的教育行为具有法律约束力的行为规则的总和。它是由国家政权机关制定，以国家机器为后盾而实施的，对人们接受教育的权利和义务起着保护和规范的作用。中小学校长和教师应该了解的，目前执行的主要教育法律法规规章有《教育法》《义务教育法》《教师法》《高等教育法》《民办教育促进法》《职业教育法》《国家通用语言文字法》；《教师资格条例》《中外合作办学条例》《教育督导条例》《学校卫生工作条例》《学校体育工作条例》；《国家教育考试违规处理办法》《教育行政处罚暂行实施办法》《中小学校电化教育规程》《中小学德育工作规程》《学校艺术教育工作规程》《学校食堂与学生集体用餐卫生管理规定》《学生伤害事故处理办法》《中小学校长培训规定》《中小学教师继续教育规定》《特殊教育学校暂行规定》《教师和教育工作者奖励规定》《中小学教师违反职业道德行为处理办法》等。

68. “教育公平”的含义是什么？

要点有四个：权利平等、机会均等、面向全体、关注弱势。所谓教育公平，是指国家对教育资源进行配置时所依据的合理性的规范或原则。含义可概括为三点：起点公平、过程公平和结果公平。（1）确保人人都享有平等的受教育的权利和义务；（2）提供相对平等的受教育的机会和条件；（3）教育成功机会和教育效果的相对均等，即每个学生接受同等水平的教育后能达到一个最基本的标准，包括学生的学业成绩上的实质性公平及教育质量公平、目标层面上的平等。《规划纲要》和党的十八大都提出“把促进公平作为国家基本教育政策”。教育公平是社会公平的重要基础。教育公平的基本要求是保障公民依法享有受教育的权利，关键是机会公平，重点是促进义务教育均衡发展和扶持困难群体，根本措施是合理配置教育资源，向农村地区、边远贫困地区和民族地区倾斜，加快缩小教育差距。教育公平的主要责任在政府，全社会要共同促进教育公平。

69. 新时代教育评价改革的目标任务是什么？

关键词：五类主体、破立结合、五破五立。2020年6月30日，习近平总书记主持中央全面深化改革委员会第十四次会议，会议审议并通过了《深化新时代教育评价改革总体方案》（以下简称《方案》），2020年10月由中共中央、国务院印发。

《方案》分两个阶段提出深化新时代教育评价改革的目标。第一阶段：经过5年至10年努力，各级党委和政府科学履行职责水平明显提高，各级各类学校立德树人落实机制更加完善，引导教师潜心育人的评价制度更加健全，促进学生全面发展的评价办法更加多元，社会选人用人方式更加科学。第二阶段：到2035年，基本形成富有时代特征、彰显中国特色、体现世界水平的教育评价体系。

《方案》围绕党委和政府、学校、教师、学生、社会五类主体，坚持破立结合，重点设计了5个方面22项改革任务。一是改革党委和政府教育工作评价。“破”的是短视行为和功利化倾向，“立”的是科学履行职责的体制机制，相应提出完善党对教育工作全面领导的体制机制、完善政府履行教育职责评价、坚决纠正片面追求升学率倾向等3项任务。二是改革学校评价。“破”的是重分数轻素质等片面办学行为，“立”的是立德树人落实机制，相应提出坚持把立德树人成效作为根本标准、完善幼儿园评价、改进中小学校评价、健全职业学校评价、改进高等学校评价等5项任务。三是改革教师评价。“破”的是重科研轻教学、重教书轻育人等行为，“立”的是潜心教学、全心育人的制度要求，相应提出坚持把师德师风作为第一标准、突出教育教学实绩、强化一线学生工作、改进高校教师科研评价、推进人才称号回归学术性荣誉性等5项任务。四是改革学生评价。“破”的是以分数给学生贴标签的不科学做法，“立”的是德智体美劳全面发展的育人要求，相应提出树立科学成才观念、完善德育评价、强化体育评价、改进美育评价、加强劳动教育评价、严格学业标准、深化考试招生制度改革等7项任务。五是改革用人评价。“破”的是文凭学历至上等不合理用人观，“立”的是以品德和能力为导向的人才使用机制，相应提出树立正确用人导向、促进人岗相适等2项任务。

70. 我国教育体制改革的主要内容是什么？

关键词四个：专项改革（基础教育三项，即加快学前教育发展、义务教育均衡发展、中小学生减负）、综合改革、改革试点、四个新突破。

国家教育体制改革试点的基本内容分为三大类，即专项改革试点、重点领域综合改革试点和省级政府教育统筹综合改革试点。一是专项改革包括十大试点任务：基础教育有三项，分别是加快学前教育发展、推进义务教育均衡发展和探索减轻中小学生课业负担的途径；二是重点领域综合改革试点，包括基础教育综合改革试点、职业教育综合改革试点、高等教育综合改革试点和民办教育综合改革试点。

四个新突破，即改革试点力争在四个方面取得新突破：一是在人才培养体制改革上取得新突破，着力推进教育教学内容和方法、课程教材、考试招生和评价制度改革，探索减轻中小学生课业负担、推进素质教育的有效途径和方法。二是在办学体制改革上取得新突破，着力推进落实高等学校办学自主权，改革职业教育办学模式，改善民办教育发展环境，提高中外合作办学水平。三是在管理体制改革上取得新突破，着力建立健全加快学前教育发展的体制机制，全面推进义务教育均衡发展、多种途径解决择校问题，深化高等教育管理方式改革，建设中国特色现代大学制度。四是在保障机制改革上取得新突破，着力健全教师管理制度、加强教师队伍建设，完善教育投入机制、提高教育保障水平，推进教育信息化进程、提高教育现代化水平。

71. 怎样理解“以立德树人为导向，全面创新育人模式”？

关键词：“三爱”教育、更重体美、人人成才。从党的十八大报告明确“把立德树人作为教育的根本任务”，到《中共中央关于全面深化改革若干重大问题的决定》（以下简称《决定》）提出“坚持立德树人”，全面指引教育教学层面改革，其重点有三个方面：

> 教育适应与超越原理：
>
> 教育一定要适应自然、适应社会、适应个性，才可能是面向现代的有效教育；同时，教育又要超越自然、超越社会、超越个性，才可能是面向未来的进步教育。教育要做到“适应与超越”的有机结合，适应是超越的基础，超越是适应的提高。
>
> ——查有梁

一是切实推进“三爱”教育活动形式机制创新。《决定》提出，“全面贯彻党的教育方针，坚持立德树人，加强社会主义核心价值体系教育，完善中华优秀传统文化教育，形成爱学习、爱劳动、爱祖国活动的有效形式和长效机制，增强学生的社会责任感、创新精神、实践能力”。落实这一要求，就必须全面实施素质教育，坚持育人为本、德育为先、能力为重、全面发展的核心理念，根据时代要求和青少年儿童身心发展规律，探索切实可行的立德树人模式。其中，“三爱”教育活动，将成为新形势下践行立德树人历史使命的一项极其重要的形式。

二是营造更加重视体育和美育的制度环境。《决定》要求“强化体育课和课外锻炼，促进青少年身心健康、体魄强健”，意义非常重大。按照《决定》要求，要牢固树立健康第一思想，提高学校体育课和课外锻炼质量，健全学校、家庭、社区相结合的机制，每天确保学生锻炼一小时以及充足睡眠时间，培养青少年良好体育锻炼习惯和健康生活方式。还要推动学校和社会各界紧密协作，共同营造青少年热爱体育、崇尚运动、健康向上的良好风气和全社会珍视健康、重视体育的浓厚氛围。

美育是培养人认识美、体验美、感受美、欣赏美和创造美的能力，形成审美素养的过程。《决定》首次要求“改进美育教学，提高学生审美和人文素养”，具有十分重要的指导意义。学校艺术教育是美育的主要途径，要在课程和教学层面更加重视美育同德育、智育、体育的有机融合。学校美育工作要同校园文化、社区文化建设相衔接，同传承创新中华文化、借鉴吸收人类文明成果相结合，学校、学生和家长都应遵循学生主体性和自主选择性原则，开展课外校外艺术活动，激发引导青少年儿童兴趣爱好，提高审美和人文素养，促进他们全面发展和健康成长。

三是探索让每个孩子都能成为有用之才的方法和途径。《决定》围绕职业教育、高等教育、基础教育、学前教育、特殊教育、继续教育的改革发展，言简意赅地点出改革切入点，这将与深入实施《规划纲要》相结合，努力为每个学生提供适合的教育。

72. 怎样理解“以促进公平为重点，多方位缩小教育差距”？

要点有三：破解择校难题、标本兼治减负、扶持困难群体。按照《决定》的要求，促进教育公平，作为国家基本教育政策，必须从全民教育、终身教育的基础义务教育阶段做起，延展到各级各类教育。第一，破解义务教育择校难题。首先，统筹城乡义务教育资源均衡配置。要充分利用全国人大义务教育执法检查和国家教育督导制度，继续落实国务院义务教育均衡发展要求，2020年率先在全国县（区）域内实现城乡均衡发展，弱化对公办学校择校的外部刚性需求。其次实行公办学校校长教师交流轮岗。最后依法不设重点学校重点班。第二，标本兼治减轻学生课业负担。《决定》强调指出，“标本兼治减轻学生课业负担”，准确抓住当前热点问题，应从以下几个方面抓紧解决。一是强化政府统筹协调减负工作职责。二是加大学校教育教学环节创新力度。重点是深化教学改革，改进教学方法，增强课堂教学效果，严格执行课程方案，不得增加课时和提高难度。按照率先实现小学生减负的要求，在小学阳光入学、均衡编班的基础上，实行一年级新生“零起点”教学，减少书面作业。规范并严控每学期全校统考和每门课测试次数，不公布学生成绩与排名，实行“等级加评语”评价方式，规范教辅材料使用方式。三是切实增强家长和社会的减负共识。第三，加强扶持困难群体和困难地区的教育，健全家庭经济困难学生资助体系。第四，建设与国家教育现代化目标相适应的教育信息化体系。

73. 国际教育发展的基本趋势是什么?

六大趋势：教育民主化，教育信息化，教育标准化，教师专业化，课程综合化，课程多样化。

74. 什么是教育民主化?

关键词：教育机会均等、师生关系平等、教育活动民主。教育民主化是当代世界教育发展的大趋势，是教育者和被教育者以及教育场所和教育管理者都必须在理念和实践上接受并付诸实施的系统工程。教育民主化首先是指教育机会均等，包括入学机会的均等，教育过程中享有教育资源机会的均等和教育结果的均等；其次是指师生关系的民主化；再次是指教育活动、教育方式、教育内容等的民主化，为学生提供更多的自由选择的机会。

所谓教育民主化,就是“要求教育具有平等、民主、合作、能调动教育者与受教育者的积极性等特点。主要内容包括：取消等级制教育制度，给广大民众以受教育权利，实行教育机会均等，反对压抑儿童的个性，要求尊重学生，调动学生的积极性，培养、提高他们的民主和参与意识”。

75. 什么是教育信息化?

关键词：教学手段科技化、教育传播信息化、教学方式现代化；技术特点有四个：数字化、网络化、智能化和多媒体化；基本特征有四个：开放、共享、交互、协作。教育信息化是指在教育领域（教育管理、教育教学和教育科研）运用计算机多

> 中国坚持不懈推进教育信息化，努力以信息化为手段扩大优质教育资源覆盖面。我们将通过教育信息化，逐步缩小区域、城乡数字差距，大力促进教育公平，让亿万孩子同在蓝天下共享优质教育，通过知识改变命运。
>
> ——习近平

媒体和网络信息技术，促进教育的全面改革，使之适应信息化社会对教育发展的新要求。教育信息化的核心内容是教学信息化。教学是教育领域的中心工作，教学信息化就是要使教学手段科技化、教育传播信息化、教学方式现代化。其技术特点是数字化、网络化、智能化和多媒体化，基本特征是开放、共享、交互、协作。教育信息化，要求在教育过程中较全面地运用以计算机、多媒体和网络通信为基础的现代信息技术，促进教育改革，从而适应正在到来的信息化社会提出的新要求。以教育信息化促进教育现代化，用信息技术改变传统模式。教育信息化的发展，带来了教育形式和学习方式的重大变革，从而进一步促进教育改革，并对传统的教育思想、观念、模式、内容和方法产生了巨大冲击。教育信息化对于转变教育思想和观念，深化教育改革，实施素质教育，提高教育质量和效益，培养创新人才具有深远意义。

76. 什么是课程综合化？

要点有四个：强调联系、避免重复、适合学生、激发兴趣。课程综合化，是当今世界课程改革的焦点问题之一。课程综合化，就是强调各个学科领域之间的联系和一致性，避免过早或过分地强调各个领域的区别和界限，从而防止各个领域之间彼此孤立、相互重复或脱节的隔离状态的一种课程设计思想和原则。其优点概言之，就是可以避免各门科目之间的简单重复、相互脱节，课程门类太多等问题，更适合学生的经验和心理发展特点，有利于普遍联系、整体观点和多学科综合思维习惯的形成，更易于联系社会生活实际，更易于激发学生学习兴趣，更利于继续学习和终身教育。

就中小学课程而言，应该如何分化或综合，分化或综合到什么“度”，都要以促进学生的学习和发展、有利于促进社会发展为准则来加以分析和研究。

总之，综合化的课程设计是一种更加经济、更加有效的课程设计。另外，从课程发展史和世界各国的课程实践来看，课程综合化，是课程发展的必然趋势。

77. 什么是课程多样化？

关键词：尊重差异、关注个性、适应发展、内容形式多样。课程多样化问题近年成为我国基础教育课程理论研究的一个热点问题。那么，什么是课程多样化？课程多样化的提法出现于20世纪二三十年代。托斯顿·胡森和纳维尔·波斯特尔斯威特认为：课程多样化“即学校教学内容增加实用的或职业的知识，或是在以往几乎是纯学术性的学校教育的某些阶段引入职业教育，尤其指发展中国家中等教育阶段学校的课程设置”。从课程多样化的基本含义来看，课程多样化，是指普通学校在传统的学术性（因而也是单一性的）课程中增加一些与生产劳动有关的实用科目，使学生学习这些课程后有可能获得基本知识、技能和意向，成为掌握一定技术的劳动者，进入以体力劳动为主的职业领域。

在我国，有人认为课程多样化的实施包括以下四点：一是知识、技能等逐步进入课程；二是对新的人才要求的不断提出；三是课程实施实践方式的逐步丰富，课程的多样化与人的全面发展一样，是一种不断积累的过程，核心是“对多样性和个人差异性的尊重”；四是对适应个体、集体，不同地区、国家，以至课程文化的逐步分离和个性化，普适性与个性的融合。课程多样化既是指整体课程由多样性的内容和目标、方式等组成，也是指课程内部结构和教材等的多样化，例如，现代学校的教材包括课本、学生活动作业、教师手册（即教学参考书）和视听教材（包括软片、音带、大图书、大图片、教育电视等），呈现多样化的特点，有利于提高学生的学习兴趣与学习效果。

我们认为，我国基础教育课程多样化应包含上述多种含义。根据我国地区间的差异、学校的性质以及教师和学生的特点，在基础教育阶段围绕教育目的形成课程的多种目标、多种要求、多种内容、多种组织方式和评价方式的过程就是我国基础教育课程的多样化。在课程的功能和机制上，课程多样化是一种致力于在多样化课程中实现人的全面发展为目标的课程机制。课程多样化不仅强调课程在知识上的多样化，开设多样的课程，而且在于培养多样化的人才，促进人的多样化发展。

从本质上讲，课程多样化反对单一化、划一性、排他性，融合了各种理论流派之长处，具有宽容性、过程性；从内容上讲，包含了现代与传统、人文与科学、普通教育与职业教育的内容；从主体上讲，包含了学校领导、行政部门、课程专家、学科专家、教师、学生、家长、社会人士在内，共同对课程做出贡献；从类型上讲，包含了学科课程与活动课程，分科课程与综合课程，国家课程、地方课程与校本课程，正式课程与非正规课程，显性课程与潜在课程等多种课程形态；从方式上讲，既包含了讲授等传统方法，也包含了研究性学习、合作学习等新方法；从层次上讲，体现了发达地区与落后地区，城市与农村，小学、初中与高中等的不同要求，包含宏观、中观、微观等不同层次。

我们认为，课程多样化既是一种课程理念，也是一种课程政策；既是课程的常态，也是课程发展的基本趋势；既是课程现代化发展的动态过程，也是解决课程中存在的划一性问题的重要方法。

78. 什么是教育标准化？

关键词：科学性、导向性、系统性、实践性、权变性。以获得最佳秩序和社会效益为根本目的，以管理领域中的重复性事物为对象而开展的有组织的制定、发布和实施标准的活动，称为管理标准化。教育标准化是制度化的最高形式，可运用到教育教学、课程研发、教师培训、行政管理等方面，是一种非常有效的工作方法，对一个学校能否在改革发展中取胜，能否不断提高学校的办学质量和效益，有着至关重要的作用。

> **知道人有时会有不善的问题，不是回避，而是想办法化解它，这才是教育的功能。这就需要一个功能场，即创造一个积极向上的环境。人是有感情的，能量场也是可以通过人的感情将人转化的。**
>
> **——陶继新**

其特征有五点：一是科学性，即制

定的标准要科学合理，符合政策法规、教育规律和管理科学；二是导向性，即发挥正确、积极的导向和激励作用；三是系统性，即指标和标准设计必须从学校整体利益和效能出发，要统筹兼顾教育教学和管理服务等各方面；四是实践性，即符合学校实际，具有较强的可操作性；五是权变性，即及时修订和调整，在实施过程中留有一定空间，经常检查总结，及时反馈，不断修订完善（关于教育标准化详见“标准篇”）。

79. 在营造育人文化方面校长应该具备哪些知识与能力？

关于知识方面的关键词有三个：科学与人文、校园文化理论、特点与规律。

一是广泛涉猎自然科学与人文社会科学知识，掌握必要的艺术基础知识，具有良好的艺术修养和艺术欣赏能力。二是把握学校文化建设的内涵，掌握中小学校文化建设的任务、途径与方法。三是熟悉不同年龄阶段学生身心发展特点和思想品德形成规律，了解学生思想与品行养成过程及其教育方法，掌握提高德育实效的理论和方法。

专业能力方面有四个要点：美化校园环境、组织文化活动、净化校园网络、凝聚文化力量。

一是营造体现办学理念和学校特色的校园自然环境和人文环境，以校训、校歌、校徽、校标等为重要载体，树立优良的校风、教风、学风。二是精心设计和组织开展丰富多彩、积极向上的艺术、体育、科技等校园文化和社会实践活动，充分利用好重大节庆日、传统节日等有特殊意义的日子以及学校组织特有的仪式，开展公民意识、礼仪规范、中华优秀传统文化等主题教育活动，形成“爱学习、爱劳动、爱祖国”活动的有效形式和长效机制。三是建设绿色健康的校园信息网络，向师生推荐优秀的精神文化作品和先进模范人物，努力防范不良的流行文化、网络文化和学校周边环境对学生的负面影响。四是凝聚学校文化建设力量，发挥教师、学生及社团的主体作用，为共青团、少先队、学生社团、班集体活动的开展提供必要条件，保证活动时间。

80. 校长应该掌握哪些自然科学与人文社会科学常识？

关键词：自然科学、人文社会科学。自然科学指物理学、化学、生物学、地理学的基础知识，如物理学中的力学、电磁学、光学、热学及近代物理学的有关知识；化学中的空气、水溶液和常见的几种元素；生物学中的生物体构造及生物的营养、呼吸等机能，生物的进化及与环境的关系；地理学中的宇宙、地壳、矿物岩石、土壤及气象观测知识等。

> 生命本质的存在方式在于创造。每天，我们在传承人类文明的同时，也应创造自己丰富多彩的精神生活，找回健康、快乐的心灵。教师朋友，让我们学会给自己的心灵松绑吧！
>
> ——王怀玉《教师，学会给自己的心灵松绑》

人文社会科学是人文科学和社会科学的总称。人文科学，是以人类的精神世界及其沉淀的精神文化为对象的科学。社会科学则是一种以人类社会为研究对象的科学。人文科学原指同人类利益有关的学问，有别于在中世纪欧洲教会中占统治地位的神学。后来含义几经演变，其狭义概念指的是对拉丁文、希腊文、古典文学的研究，包括哲学、经济学、政治学、史学、法学、文艺学、伦理学、语言学等。社会科学是指以社会现象为研究对象的科学，如政治学、经济学、军事学、法学、教育学、文艺学、史学、语言学、民族学、宗教学、社会学、心理学、人类学、考古学、管理学等，其任务是研究并阐述各种社会现象及其发展规律。

校长除了应该精通自己所任学科知识以外，还要了解上述自然科学和人文社会科学中，和中小学教育教学联系密切的有关常识。

81. 什么是校园文化？其主要内容是什么？

关键词："物质文化、精神文化、制度文化"、主体、核心、重点、载体、特质。"校园文化"就是学校校园环境中存在的一切文化现象。校园文化重在建设，它包括物质文化建设、精神文化建设和制度文化建设，这三个方面建设的全面、协调发展，将为学校树立起完整的文化形象。校园精神文化建设是校园文化建设的核心内容，也是校园文化的最高层次。它主要包括校园历史传统和被全体师生员工认同的共同文化观念、价值观念、生活观念等意识形态，是一个学校本质、个性、精神面貌的集中反映。校园精神文化又被称为“学校精神”，并具体体现在校风、教风、学风、班风和学校人际关系上。校园文化实质上是一种德育隐性课程。通过校园文化，对学生进行道德熏陶，帮助学生在潜移默化中接受道德规范，实现道德成长。校园文化既包括校园建筑、环境布置等显性的要素，也包括人际环境、心理环境、教育环境等隐性的要素。《教育部关于大力加强中小学校园文化建设的通知》指出，“校园文化是学校教育的重要组成部分，是全面育人不可或缺的重要环节，是展现校长教育理念、学校特色的重要平台，是规范办学的重要体现，也是德育体系中亟待加强的重要方面。中小学校园文化通过校风教风学风、多种形式的校园文化活动、人文和自然的校园环境等给学生潜移默化而深刻的影响。良好的校园文化以鲜明正确的导向引导、鼓舞学生，以内在的力量凝聚、激励学生，以独特的氛围影响、规范学生”。

大力加强中小学校园文化建设，对于增强德育工作的针对性和实效性，实施对青少年社会主义核心价值观教育、加强和改进中小学德育工作，促进学生德、智、体、美、劳全面发展具有十分重要的意义。

加强中小学校园文化建设要贯彻党的教育方针，按照全面推进素质教育的要求，以立德树人为导向，以中小学生为主体，以建设优良的校风、教风、学风为核心，以优化、美化校园文化环境为重点，以丰富多彩、积极向上的校园文化活动为载体，推动形成厚重的校园文化积淀和清新的校园文明风尚，使学生在日常学习生活中接受先进文化的熏陶和文明风尚的感染，在良好的校园人文、自然环境中陶冶情操，促进他们的全面发展和健康成长。

校园文化的特质是向真、向善、向美、向上。

82. 什么是课堂文化？为什么要重视课堂文化？

关键词：教学方式、思想意识、思维方式。课堂文化就是课堂里面所形成的文化，是学校文化的一种表达形式，是学校文化的基础载体，是在课堂当中、师生的教学活动中所体现出来的思想意识或者说是理念、观念，所体现出来的思维方式，所体现出来的教学和学习方式的总和，也就是师生思想意识、思维方式的集中体现。课堂文化是学校价值取向在课堂活动当中的体现，所以它是学校文化当中重要的组成部分，或者可以说是最重要的组成部分，因为它占的时间是最长的。

课堂文化是一种特殊的聚合化的文化，并带有一定的情境性，主要体现的是一种氛围，是一种人的精神气象，要从人的角度出发，体现对人的关怀与重视，建立在心与心的交流和沟通之上。课堂文化要充分体现个性、人道主义精神，从而形成一种内在的素质聚合力，促进学生人格的形成。课堂文化在一定程度上展现了一个班级乃至一个学校的风貌、风气。良好的课堂文化具有较强的聚合力。

课堂文化怎么形成的？它是在长期的课堂教学活动当中形成的。一旦形成这种文化之后，在课堂上老师和学生基本上都来遵循，所以这是一个不成文的规范，是教师与学生共同追求的价值取向的一个体现。

课堂教学的水平是学校教育水平的一个集中体现，尽管学校教育水平并不完全体现在我们所讲的小课堂上，但是课堂教学的水平却是学校教育水平最重要的体现领域，而课堂文化又是课堂教学水平的一个集中反映。现代学校的文化建设不仅要重视我们所讲的学校的环境文化、制度文化，更重要的应该重视学生每天在学校里度过主要时光的课堂文化。

83. 新课程倡导什么样的课堂文化？

关键词：生命课堂、生态课堂、生活课堂、生本课堂。一是关爱学生身心，关注生命发展，构建生命的课堂。《基础教育课程改革纲要》强调，教师尊重学生的人格，关注个性差异，满足不同学生的学习需要。因而，新课堂文化要求教师把关爱学生的身心、尊重学生的人格作为首要任务来实施。要爱护学生，构建生命的课堂。爱是一种沟通，一种包容，一种接纳，一种力量。也要尊重学生，关注生命的发展。新课堂文化认为，生命的课堂应该是尊重生命的独立，呵护学生生命成长的历程，倾听学生生命的“脉搏”跳动，在和谐、平等的师生互动中，共享学生生命成长的真实体验。二是面向全体学生，创设和谐环境，构建生态的课堂。每一个学生都是一个独立的个体、一个有生命力的小环境。由这些独立的生命体组成的课堂无疑便是一个大的生态环境，也可以说是一个自然的生态园，学生就是生态园中的花、草和树木，而教师就是生态园中辛勤劳动的园丁。为了使生态园更生态、更美丽，他们无怨无悔，无私奉献。要创造和谐教育环境，还学生学习空间，还要走进学生课堂空间，让学生在快乐中学习。新课堂文化认为，生态的课堂教育应该顺应自然，顺应学生各自的天性，在和谐温馨的课堂教学气氛中，让这些“小树”快乐地学习、自由地成长；这种新课堂文化在教师与学生的互动中重新解读教育，重新发现生命价值，提高思维品质，形成教师、学生各自发展与互动发展的生态链条。三是依托课堂情景，联系实际生活，构建生活的课堂。首先要联系实际生活，唤醒学生“认知”。知识不是从天上掉下来的，也不是从地里冒出来的，更不是人的大脑天生固有的，而是由先人通过了解、认识，经过反复地实践和研究得出的经验总结。其次要借助媒体教学，还原实际生活。课堂即教育，课堂是生活。四是突出学生主体，注重体验参与，引导探究学习，构建生本的课堂。首先要突出学生主体，关注个体差异。新课堂文化的课堂是学生自主的课堂，教师组织教学必须还学生主动学习的权利，突出学生的主体性，让学生自己学习、钻研。其次要注重参与体验，培养自主意识。再次要展开师生对话，引导探究学习。新课堂文化提出师生是课堂教学的参与者，课堂教学的目标和任务都是由师生共同完成的。最后要做出自我评价，释放自我能量。因此，新课堂文化认为，以学生为主体，不仅把他们看成教学的主体，同时，也把他们看作教学资源、动力之源、能量之源。在课堂上，他们是受教育者，同时也是教育者。教师应紧紧依靠学生的内驱力，发展学生的学习天性，释放学生的个体潜能，达成自主学习的目标，实现自我发展。

84. 目前课堂文化建设现状如何?

关键词：新进展、老问题（三重三轻、关注不够、传统观念）。陶西平把我们国家课堂文化的现状归纳为以下两个方面：一方面是，我们的课堂文化建设是不断地取得新的进展的，最主要的还是由于我们经过了二十多年持续性的教学改革，特别是课改，就是新课改的推进使得中小学课堂教学的整体面貌发生了很大改观，课堂文化也发生了积极的变化，应该说课堂文化所发生的积极变化在课题研究和研究课上更明显，也就是我们已经探索了不少新的课堂文化建设的思路。比如说学生的主体性的发挥、教学互动性的增强、信息技术的普遍运用；比如说研究性学习的开展、合作性学习的推进、社会实践活动的加强；比如说个性化学习的探索、有效教学的研究、同课异构的研究（模式多样化的研究）等等，这些新的文化因素应该讲在课堂上，当然更重要的是在研究课上已经体现出来了，所以我们取得了很大的进展，给我们整个的课堂教学注入了新的活力，带来了生气。

另一方面，目前课堂文化建设当中也存在着问题和一些新的情况，这些新的情况是在课改推进过程当中出现的。比如说课堂文化建设并没有真正成为学校文化建设的重要领域。现在我们普遍重视学校文化建设，但是学校文化建设的研究对于课堂文化建设的研究不够。

> 人见其近，吾见其远，曰高明；人见其粗，吾见其细，曰精明。高明在于远瞻，精明在于细察。
>
> 高明顺势而为，精明顺理而行。高明见其远，观其大，知其时；精明察其细，重其小，究其因。
>
> 人高明可谓之英，人精明可谓之才。
>
> ——曾国藩

首先是存在形式主义问题，表现为“三重三轻”：关于课堂文化建设的研究大概有几条跟学校文化相关，第一个比较重视提出概念而忽视内涵。我们提法很多，现在各种各样的提法已经使我们目不暇接了。许许多多的文章提出了许许多多的概念。我们现在讲概念很多，但是真正研究概念的内涵，特别是研究概念内涵的实际体现比较少。第二个是重视硬件忽视软件，学校文化建设对于环境是比较重视的，硬件比较重视，但是忽视软件。第三个是重视课外忽视课内，相当一部分的学校文化建设是着力在课堂之外的各种校园环境，开展各种活动，进行学校的制度建设当中，这些都是非常必要的，因为这些都是学校文化建设的要素，但是在课堂里面很少感受到学校所追求的价值取向。所以说看课外很民主、很活跃、很有生气，一进入课堂又是呆滞死板、教师专制、作业负担严重，课内和课外反差很大。有的学校一介绍学校文化就是介绍课外文化，实际上学校的重头戏——课堂文化研究得不多。

> **反听之谓聪，内视之谓明，自胜之谓强。**
>
> **——司马迁**

其次是目前学校领导难以有精力研究教学，更难以走进课堂来关注课堂文化建设。现在教育行政部门往下的检查已经不少，教育行政部门以外的许许多多的行政部门也要对学校进行检查，学校迎接检查的负担非常重，所以现在学校签责任书签得非常多，迎接检查和评估都很多。行政部门也有一个苦恼，行政部门提出如果他们检查学校，我们不检查学校，就是不重视，所以大家争先检查。这样学校领导处在应付的状态，没有那么多的精力真正研究教学，更难以走进课堂，研究课堂文化建设的问题，这也是课堂文化建设得不到足够重视的原因，大环境的改变校长还可以关注一下，而真正课堂的研究确实做得不够。

最后是传统的质量观与由此形成的教学模式仍然在课堂教学当中占着主导地位。所以又出现了一个新情况，就是研究课跟常态课存在着比较大的反差，在研究课上生气勃勃一片新气象，而常态课还是老样子，新的课堂文化并没有形成。研究课在相当程度上变成了一种表演，就是在改革与开放的推动之下，各种新的教育理论思想观点纷至沓来，各种新的教育教学模式、方法、技术手段都不断涌进课堂，但是课堂教学应该有的生机和活力还是难以激发出来，学生在课堂当中还是难以发挥主动性、创造性。老师在面临着各种新的挑战时还是会感到茫然、困惑。尽管流行于课堂的各种理论、方法、概念、提法不断地变化，但是传统的课堂教学模式当中学习目的的应试性、师生双边活动的单向性依然没有改变。

85. 在领导课程与教学方面，校长应该具备哪些知识与方法？

三方面的知识：培养目标与课程标准、课程与教材、教学原理与方法。一是熟悉中小学课程政策，了解国内外中小学教育课程教学改革的经验和发展动态。二是熟知学生成长和发展规律，掌握课程教学基本理论知识和课程规划、开发、实施与评价相关技能。三是掌握信息技术在教育领域应用的一般原理与方法。

86. 在专业发展过程中，应该形成什么样的教师文化？

要点有四个：服务文化、情意文化、效能文化、团队文化。在促进教师专业发展的过程中，要培育师生的文化气质，促进文化生长，关注隐性文化。要培养学者型的教师，使教师在文化修养中提升自己，濡染学生。按照这样一个基本思想，上海市建平中学校长杨振峰认为，教师专业发展应该形成以下四种文化：

> **做“三明”校长：**
>
> **高明：瞻远、观大**
>
> **精明：精细、明察**
>
> **聪明：反听、内视**

第一，教师专业发展的服务文化。为了学生，教师的专业发展就要体现其服务性。具体体现在，首先，不能把老师为学生发展而服务的目标倒置。现在，很多学校的公开课上，学生是为老师服务的。甚至老师在上完课后，都会说感谢同学们的配合，究竟是谁配合谁？其次，不能把管理为师生服务的目标倒置。“最近检查团来了，请同学们和老师们配合学校管理方做好以下工作”，此话完全不正确，是管理推进教师、学生成长，还是让师生为管理服务呢？所以，我们认为有必要形成的第一种文化，就是体现教师专业发展的服务性。

第二，教师专业发展的情意文化。何为情意文化？就是要关注教师专业发展的人文性。在教师专业发展的工作中，首先，要减轻教师的过重压力。如组织教师培训时，尽量不给教师留很多的培训作业。其次，统筹相关工作。在中小学，教师不但有教学任务，而且他们往往还要兼任备课组长、教研组长等职务，还要开发课程、开展教研，在这样的情况下，促进教师专业发展，必须考虑到教师的整个工作安排。再次，引导正确舆论。比如，很多学校的教师不愿意上公开课，怕上课效果不好，校长听说了怪罪。这是很不可取的，我们应该让老师感觉到上课是一种幸福、一种快乐，是一种成长的过程。这就是舆论、工作的氛围和文化，它实际上能反映出我们对待学术的态度。

教师团队可能产生的六大负能量：1. 妒忌：最禁锢自身发展；2. 消极：最易动摇“军心”；3. 抱怨：杀伤力最大辐射面最广；4. 浮躁：最耐不住寂寞；5. 冷淡：最易演变成冷暴力；6. 自卑：最无力无能的表现。

第三，教师专业发展的效能文化。教师培训的效能，要从两个层面来理解。一是培训的内容要有效，二是培训的形式要有示范性。校长如何培训教师，教师也会如此培养他的学生，这就是教育传递的过程。教师培训中，不仅要给教师关于教育教学方面的知识与技能，还要培育教师持续发展的能力、发现教育教学问题的能力、解决教育教学问题的能力，同时也要关注教师培训过程的情感体验。

第四，教师专业发展的团队文化。学校没有和谐的团体文化，学校的发展就会受到影响。一个学校不仅要有一批优秀的教师，还要有良好的教师结构。单一教师的优秀必须整合到团队中去，在团队中引领其他个体的成长，以“同一生态位”教师的合理竞争助推教师成长，以团体评价培育每个教师团队成长的意识。

87. 在领导课程与教学方面，校长应该从哪些方面提高自身的专业能力和专业行为？

四个方面：创建课程体系、开足开齐课程、教学管理制度、教研与课改。一是落实国家课程方案和标准，统筹国家、地方、学校三级课程，创建具有本校特色的学校课程体系（高中还要开设多种形态、适应学生发展需要的选修课），为学生提供丰富多样的学习资源。二是开齐、开足国家规定的各类必修和相关选修课程（高中），确保体育、艺术、技术、综合实践活动等课程的实施，加强法治教育，关注学生心理健康和青春期教育，合理安排作业，不得随意提高课程难度，不得挤占体育、艺术及团队活动等课程的课时，不得违规补课和增加课时，切实减轻学生过重的课业负担。建立健全学生体质健康监测机制，确保学生每天一小时校园体育活动。三是建立健全课程教学管理制度和教学质量测评、分析与改进机制，定期深入课堂听课，并对课堂教学进行指导，每学期听评课不少于地方教育行政部门规定的课时数量。四是组织开展教学研究与课程改革，建立并落实促进学生全面发展的综合素质评价制度，不片面追求学生考试成绩和升学率，高中还要加强对学生职业生涯规划的指导，拓宽学生的成才渠道。

88. 课程与教学管理包括哪些主要内容？

两方面要点：一是课程管理（规划、开发、实施、评价），二是教学管理（常规管理、教学改革、教研科研、质量评价）。

课程与教学管理结构简表

一级指标	二级指标	管理内容要点
课程管理是对课程活动全过程的管理，是对课程编订、实施、评价的组织、领导、监督和检查进行全方位的管理	课程规划	1. 课程文本结构设计科学合理：a. 完整性；b. 适切性。2. 课程规划内容结构设计科学合理：a. 全面性；b. 针对性；c. 多元性
	课程开发	校本课程开发：a. 适合学生需要；b. 定位准确；c. 材料选择组织合理；d. 实施具体落实；e. 建立合理的评价系统
	课程实施	1. 实施方案：a. 科学规范安排课程；b. 认真落实实施方案。2. 实施途径：a. 课堂教学，包括教学准备、教学过程、教学效果、课后分析；b. 课外活动，包括社会实践活动、社团活动、课外兴趣活动和社区活动等
	课程评价	1. 学生发展评价：做到内容全面、方式多样、过程公开、结果公平。2. 教师发展评价：做到方案科学、过程公开透明和结果发挥激励作用

（续表）

一级指标	二级指标	管理内容要点
教学管理是学校工作的重要组成部分，也是管理中心工作	教学常规管理	1. 管的常规，含管的制度、标准、过程。2. 教的常规，含备课、上课、作业、辅导、实验和评价。3. 学的常规，含课前预习、课堂学习和课后复习
	课堂教学改革	1. 教学方式的转变：a. 由重教到重学；b. 由培养精英到面向全体；c. 从机械执行教学预设到注重生成；d. 从偏重知识传授到知行统一；e. 从粉笔加黑板到现代信息技术进课堂；f. 从题海战术到作业优化。2. 学习方式转变：a. 由被动学习到主动和自主学习发展；b. 由个体学习到合作学习；c. 由接受学习到探究学习；d. 学习辅助工作由单一到多元。3. 课堂文化构建：a. 建立民主平等的师生关系；b. 营造宽松和谐的课堂氛围；c. 建构师生、生生对话协商的教学形式；d. 搭建科学开放的教学平台
	教育教学研究	1. 制度建设：a. 教育教学研究制度；b. 教育教学研究档案制度；c. 校本教研制度；d. 完整而切实可行的教科研发展规划。2. 机制建设：a. “教研训一体化”的运行机制；b. 保障机制；c. 管理激励机制；d. 评价机制。3. 过程管理：a. 方案计划可行；b. 教研活动规范；c. 促进教师专业发展；d. 取得教科研成果；e. 作为教师绩效考核和教学质量考核重要指标
	教学质量评价	1. 评价方案：a. 内容完整；b. 依据充分；c. 设计科学。2. 评价指标：a. 教师教学质量；b. 学生学习质量；c. 教学质量管理；d. 教学质量保障条件。3. 评价实施：a. 主体多元化；b. 方式多样化；c. 流程规范化。4. 结果运用：a. 评价结果组成部分；b. 评价结果呈现方式；c. 评价结果的使用

89. 在引领教师成长方面，校长应该具备哪些知识与方法？

三个方面：教师专业素养、教师专业发展、建设学习型组织。一是把握教师专业素养要求，明确教师的权利与义务。二是掌握教师专业发展的理论与方法和指导教师开展教育教学实践与研究的策略与方法。三是掌握学习型组织建设的方法，掌握教师团队建设以及激励教师自主发展的策略与方法。

90. 在引领教师成长方面，校长怎样提高自己的专业能力？

四个方面：专业发展制度、制订发展计划、师德师风教育、维护合法权益。

一是建立健全教师专业发展的制度，针对教学实际问题，开展教学研究与培训，构建教研训一体的机制，落实每位教师五年一周期不少于360学时的培训要求。二是关心每一位教师的发展，指导教师制订个人专业发展计划。加强青年教师培养，培育学科骨干，完善教师梯队建设。三是开展师德师风教育，落实教师职业道德规范要求和违反职业道德行为处理办法要求，引导支持教师坚定理想信念、提高道德情操、掌握扎实学识、秉持仁爱之心，不断提升教师的精神境界。四是关爱教师身心健康，维护和保障教师合法权益和待遇，建立优教优酬的激励机制。

91. 什么是教师素养？

素养是指一个人的修习涵养。教师素养就是指教师的修习涵养，简称“修养”，从广义上讲，包括道德品质、外表形象、知识水平与能力等各个方面。在今天，人的素养的含义大为扩展，它包括思想政治素养、道德素养、文化素养、专业素养、身心素养等各个方面。与学生教育一样，传统上，中国学校教育相当重视“知识”的传授，现在的新课程改革则进一步强调“能力”的重要性，而未来的课程与教育的改革，宜重视“素养”的重要性。“素养”不只重视知识，也重视能力，更强调态度，可纠正过去重知识、能力而忽略态度的教育偏失。教师教育理应更加重视教师素养的培养。（详见“教师（班主任）篇”）

92. 在优化内部管理方面，校长应该掌握哪些知识？

三个方面：校长职责定位、掌握管理理论、熟悉管理实务。一是熟悉国家相关政策对校长的职责定位和工作要求。二是把握中小学学校管理的基本规律，掌握学校管理的基本理论与方法，了解国内外学校管理的先进经验与发展趋势。三是熟悉学校人事财务、资产后勤、校园网络、安全保卫与卫生健康等管理实务。

93. 在优化内部管理方面，校长怎样提高自己的专业能力？

四个方面：班子团结、民主管理、健全制度、平安校园。一是形成学校领导班子的凝聚力，认真听取党组织对学校重大决策的意见，充分发挥党组织的政治核心作用，加强学校管理队伍建设。二是尊重和支持教职工代表大会参与学校管理的民主权利，定期向教职工代表大会报告工作，实行校务会议、校务公开等管理制度，鼓励师生员工参与学校管理。三是健全学校人事、财务、资产管理等管理制度，将信息化手段引入学校管理，提高学校管理的专业化水平。不得违反国家规定收取费用，不得以向学生推销或者变相推销商品、服务等方式谋取利益。四是努力建设平安校园，建立和完善学校各种应急管理机制，定期实施安全演练，排查安全隐患，正确应对和妥善处置学校突发事件。

> **校长应该是学校的灵魂，是全校师生的旗手，而且应该是教育能手。只有是教育能手才能受到学生的敬爱，受到老师的尊重，才能带领全校师生奔向一个目标。**
>
> **——顾明远《野花集》**

94. 义务教育学校管理有哪些基本内容？

教育部印发的《义务教育学校管理标准（试行）》规定了学校管理的基本内容。它针对义务教育学校管理的工作特点，立足学校管理工作实际，以学生和教师为中心设置了六项管理职责，分别是：平等对待每位学生、促进学生全面发展、引领教师专业发展、提升教育教学质量、营造和谐安全环境、建设现代学校制度。六项管理职责下设22项管理任务，管理任务共下设92条管理要求，力争涵盖学校管理的主要方面。（详见《义务教育学校管理标准（试行）》）

95. 校长应该掌握哪些调适外部环境的知识与方法？

主要有合作理论、机构功能、沟通技巧三个方面：一是掌握学校公共关系及家校合作的理论与方法。二是熟悉社会公共服务机构的教育功能，掌握开发和利用社会资源的知识与方法。三是了解所在社区、学生家庭的基本情况，积极获取与学生成长、学校发展相关的信息。掌握与家庭、社会（社区）、学校、各类媒体等沟通的方法与技巧。

96. 校长应该从哪些方面提高自己调适外部环境的专业能力和行为？

主要从争取支持、参与管理、合作育人、服务社会四个方面：一是树立学校的良好形象，加强校际合作，整合办学资源，优化育人环境，争取社会（社区）对学校的大力支持。二是充分发挥家长委员会的积极作用，接受改进学校工作的合理建议，完善家庭和社会（社区）参与学校管理的机制，主动与社区建立合作关系。三是健全家校合作育人机制，建立教师家访制度，通过家长学校、家长会、家长开放日以及信息化通信手段等多种形式，帮助家长了解学校情况和学生身心发展特点，指导家长掌握科学的家庭教育方法。四是积极发挥学校在社区建设中的作用，鼓励并组织学校师生参与服务社会（社区）的有益活动。

97. 中小学教育需要进行哪些结构性变革？

四个内容要点：一是课程从统一到选择；二是教学从被动到主动；三是评价从单一到多元；四是活动从学科的延伸到社会性协作。当前教育改革的着力点是调整教育结构，那么，学校教育需要进行什么样的结构性变革呢？华东师大教育学部主任袁振国教授指出，需要在以下四个方面进行结构性变革：一是课程的结构性变革，从统一到选择；二是教学的结构性变革，从被动到主动；三是评价的结构性变革，从单一到多元；四是活动的结构性变革，从学科的延伸到社会性协作。

学校教育的元素很多，但学生、教师、内容和方法始终是最基本的因素，这些要素在课程安排、教学过程、活动开展和测量评价等基本环节中扮演的角色不同，其效果会大相径庭。当前，中国教育正在实现从有学上到上好学，从有质量到高质量的转变，要完成这种转变，培养具有社会责任感、有创新精神和社会实践能力的人，学校教育非实行结构性变革不可。

一是课程的结构性变革：从统一到选择。好教育的标准是什么？适合就是好。而适合的前提是有选择，可选择。有选择，才有适合可言。整齐划一，统一安排，就没有适合，就不可能好。我国开始的新一轮基础教育课程改革在政策上具有了选择的意识，确立了国家课程、地方课程和学校课程制度。但是所有学生一张课表上课仍然是大部分学校的实际情况，课程的可选择性很小。课程的选择性不仅是学生的需要，也是学校文化建设和师资队伍建设最重要的载体和最重要的抓手。选择性大体有三类：首先是类型选择。类型选择就是要在课程设计和组合的时候，为不同思维特性的学生提供选择不同组合的课程，如理科类、文科类、艺术类、社会实践类等等。其次是程度选择。同一思维类型的人学习的能力和兴趣也是不相同的，有人希望数学学习的程度深一点，历史学习浅一点，有人则反之，等等。这就要求将不同的课程分成不同层次，为学生提供选择的空间。最后是特色选择。除了主修课程的分层分类，为了适应学生发展特长、爱好和特殊需要的学习，为了反映独特的文化传统或对社会发展未来的理解，就需要开设丰富多彩的特色课程，最大限度地满足学生个性化发展的需要。

二是教学的结构性变革：从被动到主动。教师讲、学生听这个难以改变的教学模式，并不是中国独有的。苏联教育学家凯洛夫的教育学提出了经典的五步教学法，教师是整个教学活动的主动者、主导者，学生是被动者、接受者。这种模式在中国至今处于支配地位。优秀的教师不应该是演员，而

> 做事有两种境界。一是功利的境界，事情及相关的利益是唯一的目的，于是做事时必定会充满焦虑和算计。另一是道德的境界，无论做什么事，都把精神上的收获看得更重要，做事只是灵魂修炼和完善的手段，真正的目的是做人。正因为如此，做事时反而有了一种从容的心态和博大的气象。
>
> ——周国平

应该是导演，应该使学生成为优秀的演员。学生从学习的跟班到学习的主人，核心是教学方式的转变。自主、合作、探究是新课程倡导的学生主动学习的方式。新课程改革的一个重要理念，或者说衡量新课程改革的成败标准，就是看教学方式有没有发生变革，学生有没有成为学习的主人。如果课程改革实施了十多年，教学方式仍然是教师讲、学生听，那便是课程改革的失败。只有学生真正焕发出自主学习的热情，成为学习的主动参与者、建构者，课程改革的目标才能得以实现。

三是评价的结构性变革：从单一到多元。我们经常听到一位家长问另一位家长：你家孩子在学校排多少名？学业成绩成了评价学生的全部内容，成了学生的烙印！每个学生都背着这样的包袱终其学业生涯。无论是成绩优异者还是学业落后者，都背着这个包袱。改革这个状况的根本办法就是使单一评价取向向多元取向转变。现在很多学校的墙上都贴有这样的标语：多一把尺子，多一批人才。希望这一口号成为越来越广泛的共识，更希望这一共识成为评价的实践。多元评价另一个值得提倡的是发展性评价。现在我们进行的多为比较性评价，为的是排序和筛选，而发展性评价，不是看一个人比别人怎么样，而是看自己比自己怎么样。学校的根本使命是育人，是促进人的发展，是使每个人看到希望，而不是让人气馁，让人失去希望；发展性评价的意义就是从根本上纠正传统评价的理念和方向，把人的发展、把促进每一个人的发展作为教育工作的出发点和落脚点。

四是活动的结构性变革：从学科的延伸到社会性协作。一个人从学校毕业走上社会之后，成就的大小、发展程度的高低，主要并不取决于他在学校里的学习成绩，而取决于他的社会适应能力，特别是社会合作能力，当然包括竞争能力和创新能力。有人说这是情商，其实就是人的社会成熟性。只有让学校充满了人间的真实信息，学生才会变得更加成熟，才能更顺利、更负责任地走上社会。学生组建社团、参与社团活动是丰富社会性、增强社会责任能力的最重要也是最基本的途径，特别是自己组织社团，更是锻炼的最好方式。社团活动有社会性、合作性、自主性等特点。所谓社会性，是说社团活动的内容要关注社会现实、反映社会情感、把握社会脉搏、体现社会责任，与知识的学习形成重要的互补。合作性是社团成员之间必需的合作，有合作才有社会性，在合作性的社会活动中，才能提高对自己、对他人、对人性和对社会的认识，才能真正聪明起来。自主性就是学生自己做主活动。社团活动的基础是自己的兴趣和特长，一定要是自己发起的，自愿参与的，而不是被老师安排的。自主性越高，潜能调动就越大，得到的锻炼就越大，收获才越大、才越能持久。

98. 校长应该做好的最重要的事情是什么？

关键词："想与做、先与后、上与下"，"思想者、开拓者、追求者"。校长最重要的事情是什么？一所学校，总有太多的事情，搞清楚哪些事情必须是由校长来做的，无论对于精力有限的校长个人，还是对于整个学校来说，都是十分重要的。我们认为，校长最重要的三件事是处理好三个关系：想与做的关系、先与后的关系、上与下的关系。

首先，处理好"想与做"的关系，做思想者，不做昏庸者。校长既不能浑浑噩噩地纠缠于细枝末节的琐事，也不能沉迷于无所事事的玄思；不能成为学校生活的"悬浮物"，上不着天，下不接地，看似什么都管，实质什么都没管好；看似忙碌不堪，实质事倍功半。校长首先应该在"两件事"上着力，既想事又做事；想事为主，做事为辅。

思考就是想事，这是校长最重要的事，即做好学校的顶层设计，就是要从核心价值观出发来思考，这个"核心价值观"，相当于一个"内核"，其他的一切思考，都是从这个"内核"散发出去的。学校的顶层设计，是一种系统思考，不是孤立地思考学校中的某一件事，也不是孤立地思考某一件事的某个要素，而是对这些事、这些要素进行关联性的思考，一致性地回答学校信仰、办学理念、核心价值、发展愿景、培养目标等一系列问题。学校的顶层设计，不是为某一件事情做准备的，而是为所有的事情做准备的，因为它是一种思维方式，是价值思考、原理思考、关系思考、复杂性思考。只有学校层面把这些事情想明白了，师生才会忙而不乱，学校才会成为精神之所而非事务之所。

做事就是实践，校长的"做事"不是去做一件件具体的事，而是通过实践去调查、核实、验证、调整和修正自己的思考与再设计。真正好的顶层设计，一定是从底端中来的，也一定会回到底端去做，“顶层”与“底端”相互滋养着。因为顶层设计不是一项一劳永逸的阶段性工作，而是要在实践中不断深化与调整的全程工作，校长必须站在“前沿阵地”上去探索学校如何向纵深发展。校长如果在这个“前沿阵地”上没有领导力的话，那么，无论是他自身还是学校，都是难以向前发展的。这个“前沿阵地”，就是学校最底端的事儿。校长的理念不能悬在空中，而必须立足学校最底端，与教师们一起并肩奋斗。在我看来，最重要的也是最难的事情，就是“与教师一起做研究”。只有这样，我们才能真正明白问题，才能真正找到问题解决的方式，才能在对那些教育难题的共同研究中形成学校的智慧，也才能与教师们产生真正的心心相印；校长的办学哲学、文化诉求也才能真正生动地“做出来”，而不是一纸空文。

其次，处理好“先与后”的关系，做开拓者，而不做跟随者。什么是“跟随者”呢？跟随者就是习惯于先例和经验，不愿或不敢开拓创新。法国科学家法伯曾做过一个著名的“毛毛虫”实验。这种毛毛虫有一种“跟随者”的习性，总是盲目地一直跟随着前面的毛毛虫走，结果这些毛毛虫终因饥饿和精疲力竭而全都死去。现实生活也是这样，无论是研究学问还是管理，有人总是跟着前人，亦步亦趋；有人则大胆尝试，开拓进取。我们的学校中，也有许多这样的跟随者，如现任校长习惯于看前任校长，他怎么做自己就怎么做，或者以前怎么做现在还怎么做。而开拓者是思想解放，既不重复别人也不重复自己，不断改革创新，探索新方法，另辟新途径，实现新跨越。当前，基础教育改革和发展面临许多新困难、新矛盾和新问题，需要我们积极地去面对，譬如网络环境下的德育、师生心理健康问题等。我们应当尊重先前的经验汲取其精华，继承优秀的传统为我所用，但绝不能做“跟随者”而因循守旧、照搬照抄。因此，校长必须适应当前社会和教育变革、变化、变迁的新形势，敢于做开拓性、创造性的工作。只有这样，学校才能不断发展。

最后，要处理好“上与下”的关系，做追求者，不做依附者。校长要处理好上级与下级、校长与教师的关系。依附者就是只会依赖上级文件或者安排做事的人，他不会也不愿自己主动干工作，更没有“自我”的追求。例如有的学校只重视上级会议布置或要检查评比的工作，而不重视学校师生自身的实际需要，工作常常处于被动的、应付的依附状态。久而久之，习惯了这种工作状态，慢慢就成为有些校长和教师的常规角色。这样下去，实现学校科学治理、自主管理将成为一句空话。做依附者是没有出路的，校长不仅自己不能做上级的依附者，也要要求教师不做自己的依附者。我们应该“尊上不唯上”，在工作和事业上，有自我的人生追求，有自己的思路或想法，不唯命是从。学校是引领师生追求理想和信仰的地方，每一个校长和老师都应该是自己教育理想和信念的热烈追求者，不做依赖上级、依赖他人的依附者。

> **一名好的校长应该生活在课堂里、学生中。**
>
> ——顾明远《野花集》

总之，对于现代学校制度条件下的校长，最重要的三件事就是，要处理好“想与做”的关系，善于做思想者，不做昏庸者；处理好“先与后”的关系，勇于做开拓者，不做跟随者；处理好“上与下”的关系，乐于做追求者，不做依附者。

99. 中小学校长应该怎样培养自己的气场？

关键词：“吸引力、凝聚力”；“沉稳、细心、胆识、大度、诚信、担当”。什么叫气场？气场是围绕人体的巨大磁场，它吸收了你成长中所有的所得所失，里面包括你的性格、学识、教养、专业、品位，成长环境、家庭背景等，当然，还有你的外貌。这些物质经过各种方式的变化组合，形成一种独特的能量。这种能量以各种形态附着于我们，形成了独特的存在形式。有的人一出场，就给人一种如沐春风的感觉，有的人出现在你面前很久，你还是不愿理他。这就是气场，说白了，气场就是一个人的吸引力和凝聚力。气场是校长做好学校工作的关键因素。

根据哈佛大学关于气场培养方面的研究，校长作为领导主要应该通过六个方面来加强个人修养和培养自己的气场，这六个方面是“沉稳、细心、胆识、大度、诚信和担当”，具体内容如下：

一是沉稳。

(1) 对身边发生的事情，常思考它们的因果关系。(2) 不要逢人就诉说你的困难和遭遇。(3) 在征询别人的意见之前，自己先思考，但不要先讲。(4) 不要一有机会就唠叨你的不满。（5）重要的决定尽量与别人商量，最好隔一天再发布。（6）讲话不要有任何的慌张，走路也是。

二是细心。

（1）对身边发生的事情，常思考它们的因果关系。（2）对做不到位的执行问题，要发掘它们的根本症结。（3）对习以为常的做事方法，要有改进或优化的建议。（4）做什么事情都要养成有条不紊和井然有序的习惯。（5）经常去找几个别人看不出来的毛病或弊端。（6）自己要随时随地对有所不足的地方补位。

三是胆识。

（1）不要常用缺乏自信的词句。（2）不要常常反悔，轻易推翻已经决定的事。（3）在众人争执不休时，不要没有主见。（4）整体氛围低落时，你要乐观、阳光。（5）做任何事情都要用心，因为有人在看着你。（6）事情不顺的时候，歇口气，重新寻找突破口，就是结束也要干净利落。

四是大度。

（1）不要刻意把有可能是伙伴的人变成对手。（2）对别人的小过失、小错误不要斤斤计较。（3）在个人财力、物力和人力方面要慷慨大方。（4）不要有权力的傲慢和知识的偏见。（5）任何成果和成就都应和别人分享。（6）必须有人牺牲或奉献的时候，自己走在前面。

五是诚信。

（1）虚的口号或标语不要常挂在嘴上。（2）针对家长和社会各方面提出的有关“不诚信”问题，一定要拿出改善的方法。（3）停止一切“不道德”的手段。（4）不要耍弄小聪明！（5）计算一下教育或服务的诚信代价，那就是品牌成本。

六是担当。

（1）检讨任何过失的时候，先从自身或自己人开始反省。（2）事项结束后，先审查过错，再列述功劳。（3）认错从上级开始，表功从下级启动。（4）着手一个计划，先将权责界定清楚，而且分配得当。（5）对“怕事”的人或组织要挑明了说。

好老师，要做到“四有”：

——要有理想信念。

——要有道德情操。

——要有扎实学识。

——要有仁爱之心。

——习近平

教师（班主任）篇

教师专业化，是国际教育发展的基本趋势。为什么我国教师职业不能像医生、会计、律师职业那样，在全社会具有专业的不可替代性，好像只要有学历，就可以当教师，其根本原因是，教师的专业化水平不高。促进教师专业成长，是提高教师专业化水平，加快教师专业化步伐的基本途径。教师专业成长，是教师在其专业领域自身不断变得更好、更强、更成熟的一个变化过程。本篇就教师专业成长的基本理念、专业理念、专业知识和专业能力，设计了老师们关心的193个问题，并一一解答。本篇共分四章：第四章教师成长基本理念，第五章教师专业理念，第六章教师专业知识与专业能力，第七章班主任专业能力。

教师专业化可以概括为“让教师成为不可替代的人”，当教师尚未达到教育实践中不可替代的地位，我们便称不上专业化。

——王红　吴颖民

第四章　教师成长基本理念

1.什么是教师的成长？什么是教师的专业成长？

> 生命有一种意愿，这种意愿就是成长。
>
> 做别人是魔：不要拼命地做别人，做得再好，也是某某第二。
>
> 做自己成佛：认认真真、诚实地做好自己，实现自己真正的价值。
>
> ——廖之坤《活着不是给别人看的》

关键词：行为成长、精神成长。“教育就是成长。当教师体会到与学生一起成长的幸福、与学校一起成长的快乐时，才会从琐屑的教学生活中发现教育的价值，生命的意义。”那么什么是教师成长呢？成长简而言之，就是自身不断变得更好更强又成熟的一个变化过程。教师的专业成长就是教师在其专业领域不断发展和完善的过程，即专业新手到专家型教师的成长过程。人的成长包括肉体、行为、精神三个方面，教师成长也应该是这三个方面的成长，在肉体成长方面和一般人没什么两样，这里暂且不论。那么，教师的专业成长主要包括教师的精神成长和专业成长两个方面。与教师的精神成长有关的，主要包括教师教育理念、专业精神等；与教师的专业行为成长有关的，主要包括教师专业知识和专业能力等。

2. 什么是教育理念？

关键词：根本性、理性、坚定性、个性；理性认识、理想信念、价值取向。教育理念是人们对教育事物的一些根本性的、理性的、坚定的判断与看法。第一，从本质上讲，教育理念就是人们对教育事物的一种判断和看法。第二，教育理念主要是指根本性的判断与看法，具有根本性。那些一般性的浅层次枝节性的认识与看法通常不称为理念。第三，教育理念是确信无疑的判断与看法，具有坚定性，对其他相关的认识与看法具有很大的影响力，并且愿意为了实现这一理念而采取行动。第四，教育理念既指向教育事物本身，又指向教育事物的价值和价值实现的途径。第五，教育理念具有一定的个性。教育理念的形成与内容受制于个人的人生观、价值观和已有的教育经验、思考能力，以及看问题的角度，甚至人的语言风格也影响着理念的表达。因此，同一精神实质的理念，可能有不同的表达方式。

那么，什么是教师的教育理念呢？教师的教育理念是教师对教育问题和现象在理性认识的基础上所形成的观念和准备付诸行动的理想与信念，是人们教育行为的价值取向、指导思想和心理倾向，是教育主体行为的先导和调控机制。教师的教育理念包括教育基本理念、专业理念和课程理念。

> 身心健康是人之为人的标志，无之则只能算作废人，即使德才兼备，也了无用处。有了身心健康，如果人格高尚，则有了立身之本，本立而道生。如果再具备创新精神和实践能力，就能成为社会的有用人才，自己也会感受到生命价值实现的幸福。
>
> ——陶继新

3. 教育理念、教育观念、教育理论和教育思想有何区别？

教育理念和教育观念有什么区别？关键词：更理性、更坚定、根本性、规律性。教育观念是人们对教育事务的看法。教育理念与教育观念相比，其不同有四：第一，教育理念比教育观念更强调理性思考和亲身体验。观念可以是大众的、流行的，人云亦云的，但理念必须是自己的，即使是学习和接受别人的或大众的理念，也只有通过自己的理性思考和亲身体验的过程才能使之变成自己的理念。第二，教育理念是坚定不移的判断与看法，而教育观念不一定具有这种坚定性。第三，教育理念是一些根本性的判断与看法，而教育观念则不一定是根本性的看法。关于一般的浅层次小问题的看法叫观念或观点可以，称之为理念就不合适。第四，教育理念更加强调“应该怎样”“怎样才能做得更好”。

教育理念与教育理论和教育思想有何区别？关键词：理性认识、理论基石、典型代表。理论和思想都是人们对客观世界的理性认识，教育理论和教育思想都是人们关于教育事务及其活动规律的理性认识，其特点是具有系统性和比较完整的体系。教育理念既是教育理论和教育思想的基石，又是教育理论和教育思想的高度概括和典型代表。例如，“素质教育”这一教育理念既是构建社会主义初级阶段历史条件下中国独有的旨在提高民族素质的现代教育理论和思想的基石，又是对20多年来，中国教育教学改革理论和思想的高度概括和总结。教育理念在系统化和充分论证的基础上可以发展成为教育理论和教育思想，教育理论和教育思想一般也可以用一个或几个基本的教育理念加以阐释。任何教育理论和教育思想的产生都是从教育理念创新开始的。例如，陶行知先生的“生活教育理论”就是从改造杜威的“教育即生活”“学校即社会”的理念开始的。他将这两句话倒了过来，改为“生活即教育”“社会即学校”，从而创造性地确立起了自己的教育理念，并以此为基础构建起了自己的“生活教育理论”。

4.什么是教师专业化？

关键词：专业性、专门性、制度化、持续性。教师专业化是指教师职业具有自己独特的职业要求和职业条件，有专门的培养制度和管理制度。教师专业化的基本含义是：第一，教师专业既包括学科专业性，也包括教育

> 人类被赋予了一份工作，那就是精神成长。
>
> ——列夫·托尔斯泰

> 人为万物之灵，就在他有精神生活。所以测量人的成就不在他能否温饱，而在有无丰富的精神生活。
>
> ——朱光潜《温和的修养》

专业性，国家对教师任职既有规定的学历标准，也有必要的教育知识、教育能力和职业道德的要求；第二，国家有教师教育的专门机构、专门教育内容和措施；第三，国家有对教师资格和教师教育机构的认定制度和管理制度；第四，教师专业发展是一个持续不断的过程，教师专业化也是一个发展的概念，既是一种状态，又是一个不断深化的过程。

5.什么是教师的专业精神?

三个要点：爱生、负责、好学。专业精神是指对工作是否执着于专业的标准、规范、要求等。就是在专业技能的基础上发展起来的一种对工作极其热爱和投入的品质，具有专业精神的人对工作有一种近乎疯狂的热爱，他们在工作的时候能够达到一种忘我的境界。专业精神分为硬软两个方面。硬的方面，是指在任何一个工作职位所必须履行的职业功能；软的方面包含了建立在前者基础之上的职业道德、职业操守和奉献精神。专业精神的强弱是体现一个专业成熟程度的社会心理和伦理标准，是制度要求的心理内化。比如救死扶伤是医生的专业精神，不做假账是会计的专业精神，依据事实是律师的专业精神。教师的专业精神应该包含三项基本内容：一是爱学生(爱护和尊重每一位学生)；二是专业责任感和负责的（精益求精）精神；三是终身发展的意识。

6.什么是教师专业标准?我国对教师专业成长有什么要求?

四个要点：基本要求、基本规范、基本准则、重要依据。“教师专业标准”是国家对合格教师专业素质的基本要求，是教师实施教育教学行为的基本规范，是引领教师专业发展的基本准则，是教师培养、准入、培训、考核等工作的重要依据。2012年2月，为了构建教师专业标准体系，建设高素质专业化教师队伍，教育部研究制定并颁发了《幼儿园教师专业标准（试行）》《小学教师专业标准（试行）》和《中学教师专业标准（试行）》。教育部明确指出，当前和今后一个时期，各地教育行政部门、开展教师教育的院校、中小学校和幼儿园要把贯彻落实上述专业标准作为加强教师队伍建设的重要任务和举措，认真制定工作方案，精心组织实施，务求取得实效。

> **让心灵在和谐的氛围中舒展，让青春在文明的阳光下绽放，让生命呼吸着道德的空气健康成长。**
>
> **——翟小宁**

7. 什么是教师的精神成长？

关键词：理想、信念、道德、品格、思维、情感。教师的精神成长可归结为理想、信仰、信念、道德、品格、知识、思维方式、情感、意念等方面不断变得更好更强又成熟的一个变化过程。那么，教师的成长首先应该是精神成长，其次是专业行为成长。按照社会分工，教师主要应该是学生精神成长的照料者，如何照料？雅斯贝尔斯认为："教育是心灵对心灵的唤醒，要唤醒学生的心灵，教师的心灵必须先醒；要照料学生的精神成长，教师的精神必须先成长。"从这个意义上说，精神是教师的教育手段。温饱之后，物质的消费只是低层次的精神享受，教师的精神享受则要复杂得多，但究竟能享受到什么，取决于教师的精神生命的成长。教师的精神成长决定了教师的生活水准，也决定了教师的幸福水准。

8. 教师的精神成长主要途径是什么？

关键词：职业幸福、核心素养、职业价值。教师的精神成长是指教师在职业生涯中追求自己作为教师的人生价值、享受幸福与成功的一种成长。根据这个定义，教师要想获得精神成长，除教育主管部门、学校应构建一系列有利于教师精神成长

> **教师要想获得精神成长，除教育主管部门、学校应构建一系列有利于教师精神成长的平台之外，更重要的是自我主观精神世界的改造与提高。**
>
> **——王芳**

的平台之外，更重要的是自我主观精神世界的改造与提高。一是教师要以职业幸福作为精神成长的根本；二是教师要以提高核心素养作为精神成长的核心；三是教师要以职业价值作为精神成长的引航。教师职业价值的特殊性，不仅在于他是人类知识传承的传递者，更在于他以自身形象去塑造学生，引领生命成长。因此，教师在精神成长方面，就必须以职业价值作为导向，以树立自己的健全人格为重要目标。只有在认清自己的职业价值之后，他才会以正确的教育教学观、学生观去指导学生的成长。

9.教师怎样获得职业幸福感？

要点有三：一是珍爱自己，二是珍视工作，三是健康心态。职业幸福是教师精神成长的根本。现在的教师，面对错综复杂的教育情境和社会大环境，不可避免地经常陷入多种思想矛盾的冲突之中。如衡量成功指标的庸俗化（地位、金钱等）与职业成功崇高性的矛盾等。对此，教师要承认这些客观现实的存在，通过整合自己的认识，达成认知的协调性，这样才能取得情感上的和谐，获得精神世界的平和直至精神的成长。教育专家提出，教师应该获得常人的幸福，更应该获得教师职业的特殊性带给教师的特殊幸福，即精神世界的幸福。那么怎样才能获得教师职业的幸福感呢？我们认为，一是教师要珍惜自己，珍惜自己的潜能，明确兴趣和爱好，尊重自己，才会有幸福感。幸福感是由衷的、发自内心的。而一个没有积极自我观念，不能恰当认同他人，不能面对和接受现实的教师，就会失去对真正幸福的感受力和创造力，是很难有幸福感的，所以教师要提升自我境界，塑造好自身的人格。二是教师应该珍视自己的工作，享受自己的工作，不要过多地去批评或抱怨，如果把过多的精力和时间放在发牢骚上，就永远没有幸福感可言。一要懂得享受课堂。

课堂是教师生命最重要的舞台，一个懂得享受上课的人，课堂便自然会成为其享受幸福的重要舞台。营造一个充满生命活力的课堂，和学生一起痛苦、一起欢乐，你就会少了许多教学的焦虑和烦恼。然后，要懂得享受学生。教师职业幸福感最重要的源泉一定是学生的成功和他们对你的真情回报，影响教师职业幸福感的许多不利因素都可以从学生对教师的尊重、理解、感激中得到弥补。二要懂得研究教学和职业规划。把教学工作看作是一种简单的重复，那必然厌倦，也无幸福可言。对自己要合理定位，科学、合理、符合自己最近发展区又不断在动态变化提升的目标是自我价值实现的重要前提，不断的自我价值实现是人不断前进的不竭“内驱力”。教学研究中带来的新鲜感和职场中不断进步的成就感是带来职业幸福感的催化剂。三是教师应在教书育人中使自己形成健康幸福的心态，即一种平常的心态，一种感恩的心态，一种对工作、对学生爱的心态，一种没有嫉妒和抱怨的心态。这样做了，教师的幸福感就一定能够得到提升。四是要享受生活。幸福不仅仅来自工作，更来自生活。家人、朋友、闲情、雅趣是幸福生活不可或缺的。也许手头钱是有点紧，但还得学会舍得用一些去买些喜欢的书、买件心仪的衣服，和家人、朋友一起去聚聚会、旅趟游。开朗、豁达的生活态度、自觉高雅的生活情趣很重要。

> 我说人生最苦的事，莫苦于身上背着一种未了的责任。什么事最快乐呢？自然责任完了，算是人生第一件乐事。大抵天下事从苦中得来的乐才算真乐。人生须知道有负责任的苦处，才能知道有尽责任的乐处。这种苦乐循环，便是这有活力的人间一种趣味。一翻过去，处处尽责任，便处处快乐；时时尽责任，便时时快乐。快乐之权，操之在己。
>
> ——梁启超《最苦与最乐》

10.教师应该有什么样的幸福观？

要点“四个和谐”：物质与精神，外在与内在，当下与未来，快乐与痛苦。什么是幸福？教师应该有什么样的幸福观？关于幸福的理解各不相同，问一百个人，可能会有一百种答案。但是，有一点应该是一致的，那就是幸福是内心的一种感受。而幸福感的基础，是满足感，感官或者心灵的满足。关于幸福大概有这么几种观点：一是有人把幸福分为来自物质的幸福和来自物质以外的幸福。在物质以外的幸福里面，有一种更超越的幸福，即在为了其他生命的幸福而付出的过程当中所感觉到的强大幸福。从这个角度来说，作为教师，在追求物质幸福的同时，我们应该追求更崇高、更高端的幸福——来自心灵，甚至来自更伟大、更有意义的教师工作的幸福。二是有人把幸福分为外在的幸福和内在的幸福，外在的幸福如获得金钱、权势、名利、健康等；内在的幸福如创造、情感、智慧生活（思考和阅读）、信仰等。从这个角度来讲，教师除了追求外在的幸福，更应该追求内在的幸福。原因有四点：第一，内在生活是自足的，不依赖于外部条件，这方面的快乐往往是外在变故所不能剥夺的。第二，心灵的快乐是高层次的快乐。第三，灵魂是感受幸福的“器官”，任何外在的经历必须有灵魂参与才成其为幸福。第四，外在遭遇受制于外在因素，非自己所能支配，所以不应成为人生的主要目标。三是有人把幸福分为当下的幸福和未来的幸福，当下的幸福，如享受成功、成名、获利、娱乐等；未来的幸福如希望、理想、信仰、自我实现等。那么，从这个角度讲，教师除要享受当下的幸福外，更应该追求未来的幸福。四是还有人把幸福分为享受快乐和解除痛苦两种，前者如享乐、欲望满足等，后者如克服困难、刻苦努力后获得自由，尽职尽责，获得成功的体验等。从这个意义上讲，教师除了会享受既得快乐的幸福，也会享受通过努力克服困难和尽职尽责后的幸福。凡此种种，总而言之，真正的幸福，就是一种和谐，物质与精神的和谐，外在与内在的和谐，当下和未来的和谐，快乐与痛苦的和谐。

11.教师应该怎样获得幸福？

要点有三个：物质家园、情感家园、精神家园。教师应该怎样获得幸福？我们的回答是，创建教师的幸福家园。那么教师的“家园”应该是什么呢？“家”应该是我们有寄托、依托、归属的地方。幸福的家可以满足我们生理、安全、情感和精神的需要，是可以寄托身体、寄托情感、寄托心灵的地方。就是说，要有一个物质家园，还应该有一个情感家园和一个精神家园。所以我认为，有三个“家园”，才是一个真正幸福的教师。教师的幸福家园分三个层次，一是有一个物质的家园，以健康地生存；二是有一个情感的家园，以情趣地生活；三是有一个精神的家园，以追求高贵的生命。

12.教师应该怎样健康地生存？

要点：动静结合、出入平衡、养身养心。教师应有一个物质的家园，追求健康地生存。生存是人生的第一需要，教师也是一样，首先应该解决好衣、食、住、行、医等生存和安全基本需要的问题。我们认为健康问题首先应该是身心和谐的问题。据河南省一项调查资料显示，教师健康状况不佳，农村教师和城市教师分别有65.8%和73.9%处于疾病和亚健康状态。其实，人的生命本来就有两个方面，即身命和心命。身命是肉体的生命，心命是心灵的生命。生命是有机的，身与心是不可分割的；没有身就没有心，身体不健全，也会影响心理健全。反之亦然。身命的成长是阶段性的，心命的成长是持续的，甚至是一辈子的。这一点对于教师来说，尤为重要。“一个人如果拒绝成长，那就意味着你真的衰老了”。拒绝成长，其实就是拒绝学习，一个不学习的老师，就是不愿意再成长的老师，不成长就不会有真正的生命，也就不会有真正的幸福。身命成长与维持主要在于运动，心灵生长与发展主要在于定静。

> 享受生活，就要珍惜自己、善待自己、敬畏生命，用生活点燃生命。会享受教育才能还给学生真实的生活，才能培养学生“……面对一丛野菊花而怦然心动的情怀”，才会呵护孩子的情感，才能关爱孩子的生命。教育才不会是驯兽式的冷酷，而是引人入胜的学习旅程。
>
> ——卜延中《在新课改中演活教师的角色》

据《北京青年报》报道，教师群体中有“近50%的人有不同类型的疾病缠身”。调查显示，有22%的教师患有肩周炎，18%的教师患有颈椎骨质增生，8%的教师患有下肢静脉曲张等病症。原因是多方面的，如现代化生活给我们带来了许多方便，但是产生诸多不良的影响。一是造成身和心、动和静的不协调，身体该多动的，而动得太少，心灵该多静的，而静得太少。二是身心出入不均衡。身

> 得了病我才知道，人应该把快乐建立在可持续的长久的人生目标上，而不应该只是去看短暂的名利权情。名利权情，没有一样是不辛苦的，却没有一样可以带去。在生死临界点的时候，你会发现，任何加班加点，给自己太多的压力，买房买车的需求，这些都是浮云，如果有时间，好好陪陪你的孩子，把买车的钱给父母买双鞋子，不要拼命去换什么大房子，和相爱的人在一起，蜗居也能温暖。
>
> ——于娟《此生未完成》

体和心灵都有入和出的需要，譬如身体进食和排泄、排毒，心灵的滋养和耗费。但事实是，现代化生活的影响，从身体方面，生活条件改善，营养过剩，由于运动、劳动、活动减少，而消耗、排泄、排毒减少，身体入多出少，造成大量的“负营养”，身体各种疾病由此而生。从心灵方面说，各种物质刺激不断地激发人的欲望天天增长，利欲熏心，又静不下心来读书明理来滋养心灵，心灵出多入少，造成心劳过度，各种心理疾病便不断发生，即“病由心生”。身体需要营养，心灵也需要滋养。我们教师要幸福，首先要追求的健康就是身心的和谐。身心和谐的方法就是动静结合、出入平衡，健身又健心，养身又养心。身体以动为主，健身，增加运动增体能，适当劳动长技能；养身，做到膳食平衡、合理营养、出入均衡。心灵静为主，健心，做到少看电视多读书，读书明理、与先贤对话、与经典为友，不断滋养心灵。建议老师们读一读复旦大学青年教师于娟的生命日记《此生未完成》，她在生命的最后阶段反思自己的不良生活习惯，告诫所有人“我不想看到（我）这件事在任何一个人身上发生，但凡是人，我都要去帮助他们去避免哪怕是我最可憎恨讨厌的人”，读完之后，会对我们大有启发的。

13.教师怎样追求有情趣的生活？

关键词：亲情、友情、爱情、师生情。教师应该有一个情感的家园，追求情趣的生活。凡是物质给我们带来的幸福感，都是有限的。而人的需求、欲望，却可以是无限的。用一个有限的东西，来填充一个无限的空间，这有可能吗？一辈子都不可能！仅仅由物质满足带给我们教师的幸福是很不够的，幸福的教师必须是情趣丰富的人。林语堂先生在《人生的乐趣》中说：“只有当一个人歇下他手头不得不干的事情，开始做他所喜欢做的事情时，他的个性才会显露出来。只有当社会与公务的压力消失，金钱、名誉和野心的刺激离去，精神可以随心所欲地游荡之时，我们才会看到一个内在的人，看到他真正的自我。”人必须有丰富的生活情趣，这种情趣源于爱。教育的核心也是爱。爱、情、美和教育是密不可分的。“作为一名教师，首先要有爱心。没有爱心，就没有教育”。

教师的爱应该有五个方面，第一是享受亲情，“百善孝为先”，对父母孝顺、对亲人充满爱的教师，才会真诚地爱别人，爱学生。第二是享受爱情，一个幸福的教师背后，一定有一个相濡以沫、患难与共的丈夫或者妻子。第三是享受师生情。我们对学生的爱，就是“师爱”。“师爱”应该是一种普遍、持久而又深厚的爱，是一种只讲付出不计回报的、无私的、广泛的且没有血缘关系的爱，是一种严慈相济的爱。苏霍姆林斯基说过：“教育技巧的全部奥秘就在于如何爱护学生。”这种爱是世上最崇高、最无私、最理智的爱。教师热爱学生，学生就会产生积极的情感反馈并唤起相应的情感，这样，教师和学生思想感情和谐一致，教师才能从中体验到教师的幸福。一个幸福的教师，一定是热爱学生的，同时也一定是深受学生爱戴的。第四是享受友情，一个幸福的教师，一定有一些或者一批志同道合、志趣相投的真诚朋友。第五是享受生活，爱自己，爱自然。只爱自己的人，不会有真正的爱，只有骄横的占有；不爱自己的人也不会有真正的爱，只有谦卑的奉献。一个幸福的教师一定是对自己、对生活和世间万物充满爱意的人，他善于在自己的教育生涯中、在生活和自然中发现美、欣赏美，甚至创造美。

14.教师怎样追求高贵的生命？

关键词：追求者、开拓者、思想者。教师还应该有一个精神的家园，追求高贵的生命，要做到“三做和三不做”。人类的生存需要一个充裕的物质世界,更需要一个丰富的精神世界，人是一个精神的存在，“唯有精神能够导向此在的完善并于此在的适应性与创造性之间维系平衡”。人类在自身发展的过程中,一直在追求和丰富着自己的精神世界，教师更是如此。精神生命决定了教师的职业水准，也决定了教师的幸福水准。精神生命主要表现为信仰、品格、思维方式。然而，我们教师的精神状况不容乐观。国家中小学心理健康教育课题组对14个地区168所中小学的2292名教师进行了抽样检测，发现有52.23%的教师存在心理问题，近30%的被调查教师存在严重的工作倦怠。教师的心理健康问题，原因有来自外在的因素，也有来自内在的因素。从内在原因方面看，是教师的精神成长和精神寄托方面出现了问题。我们经常说，教师是人类灵魂的工程师。人类灵魂的工程师，必须是灵魂健康、乐于追求、富有灵性、勇于开拓、追寻理想、善于思考的、富有精神家园的一批人。在教师精神成长的道路上，我们应该做到三点：一是做追求者，不做依附者。没有追求没有目标的人行走于世间，就像水中的那株随波逐流的浮萍，没有自己的方向也没有自己的路程，因此，也就没有真正属于自己的快乐。周国平讲："如何在无趣的时代生活得有趣？我的人生观若要用一句话概括，就是真性情。所谓真性情，一面是对个性和内在精神价值的看重，另一面是对外在功利的看轻。一个人在衡量任何事物时，看重的是它们在自己生活中的意义，而不是它们能给自己带来多少实际利益，这样一种生活态度就是真性情。"做追求者，就是在工作和事业上，有"自我"的人生追求，有自己独立的思考或看法，不唯命是从。郑杰在分析教师负担问题时认为："可能过于追求外在价值而不是内在价值，也就是说，你可能需要通过别人或领导对你的价值的承认，才能最终做出自我承认，而如果你不能获得外部的积极评价时，你就会游移或者失落，如果你依赖于别人对你的评价，那么可能说明你需要先

教师对美好的事物应保持敏锐：

教师实在是一种很好的职业，因为所面对的孩子就是最美好的事物，他们有纯真的心灵，诚实的态度，自然的感情，善良的祈愿，如果不能捕捉到这些美，那你就糟蹋了造化的赐予。一个现世的人，一个享受现世幸福的人，就要对美好事物保持高度的敏锐。这样你才会发自内心地爱孩子，而且因为爱而满心欢喜。

——郑杰《给教师的一百条新建议》

学会做一个独立的人而不是依附的人，要学会认识自我，发现自我，要学会肯定自己，为自己活着而不是为别的什么人活着。”学校是引领学生追求理想和信仰的地方，每一个教师自己都应该首先是教育理想和信念的热烈追求者，而不是领导或他人的依附者。二是做开拓者，不做跟随者。跟随者就是习惯于先例和经验，不愿或不敢创新。作为教师容易习惯于老教师怎么教我就怎么教，或者我以往怎么教现在还怎么教。而开拓者，就是思想解放，与时俱进，不重复老路，开拓进取，不断探索新方法，另辟新途径，敢于超越前人，也不断超越自我。我们应该尊重前人的经验，取其精华，为我所用，但不能因循守旧、照搬照抄。三是做思想者，不做昏庸者。昏庸者就是通常所说的“只埋头拉车不知道看路”者，或只知干活不知思考的人。我们说教师职业的神圣，就在于教师应该是一批善于思考而富有灵性的人，“无所作为的懒汉和没有头脑的工作狂乃是远离神圣的两极”。在实际工作中，当然应该注重实干，但绝不能忽视思想和思考的作用，只做不想往往是盲目的，而盲目往往是职业倦怠产生的主要原因。我们应该做到行与思的有机结合，做到不断地思考、实践，反思、再实践。这样，我们才有可能在教育教学中，成就一批有自己教育思想和教学风格的教师。

一个教师如果不落后于现代教师的进程，他就会感到自己是克服人类无知和恶习的大机构中一个活跃而积极的成员，是过去历史上所有高尚而伟大的人物跟新一代之间的中介人，是那些争取真理和幸福的人的神圣遗训的保存者。他感到自己是过去和未来之间的一个活的环节，他的事业从表面上看起来虽然平凡，却是历史上最伟大的事业之一。

——乌申斯基

15.教师怎样克服职业倦怠建立真正的自我？

关键词：丰富、感动、安静、积极、欣赏、适度。据国家中小学心理健康教育课题组抽样检测，有29%的被调查教师出现了比较严重的工作倦怠，有86%的被调查教师出现了轻微的工作倦怠。产生职业倦怠的原因大多数是工作负担重。按照郑杰校长的观点，负担的问题主要不是重与轻的区别，关键问题在于我们有没有让教师感觉这种负担有意义。教师的工作，“当你从你的工作中发现了价值，将工作与自己的生命建立了意义连接，再苦再累也无怨无悔；而如果经常抱怨，表明工作可能令你不幸福。有两种可能导致无法承受工作的负担：一是你没有从工作中找到生命的影子，你的个性、创造力、才华可能不能从工作中表现出来，或者你现在的工作岗位根本无法使你的个性、才华和创造力充分展现。二是你有可能过于追求外在价值而不是内在价值，也就是说，你可能需要通过别人或领导对你的价值的承认，才能最终做出自我承认，而如果你不能获得外部的积极评价，你就会游移或者失落”。这些老师，面对纷繁复杂的社会环境已经迷失了自我。迷失自我的人的生活有两大误区：一是生活给别人看，二是看别人生活。那么怎样帮助迷失自我的教师走出误区、找回自我，逐步走上自我和谐而幸福呢？综合孟子的“求放心”，王阳明的“求诸心”，周国平的“丰富的安静”，肖川的“找回自我”，泰勒·本·沙哈尔的“真我的呼唤”，郑杰的“为负担找理由”，李嘉诚的“建立自我、追求无我”，于丹的“为心灵减负、保持生命本真”，傅佩荣的“认识你自己，凡事勿过度”等先贤和名人的观点，给教师提出以下六点建议：

一是丰富。让心灵变得丰富和深刻。肖川认为，对教师来说，最重要的是文化底蕴。所谓文化底蕴，就是对于人类的精神成就分享的广度和深度，就是学识的修养和精神的修养。一个教师的文化底蕴，不仅决定他理解、驾驭教材的能力，还决定他参与课程开发的能力。教师只有具有丰富的文化底蕴，才能创造一个丰富的课堂，才能带给学生以广博的文化浸染，才能让学生在广阔的精神空间中自由驰骋。到了小学高年级，特别是中学以后，发展学生的思考力，为创造力而教，应该成为教师自觉的教育追求。这都需要教师具有深厚的文化底蕴。

二是感动。捕捉你生命中的每一次感动。“教育需要感动。感动自己，感动学生，感动家长，感动社会，感动中国，感动未来。”“教育需要生命的活力，需要生命的激情，需要生命的灵动。”

许多媒体都经常报出一些令人感动的故事。感动，为善良和美好的人性而感动，为高贵的情怀而感动。一个易于被感动的人，一定是一个幸福的人，一个善良的人，一个纯洁的人，一个过着真正的人的生活的人。喜欢发现并赞美生活的人，总能发现生活中点滴的幸福，并善于把它传递给身边的人。真正的成熟不是摆出一副看破红尘的“超脱”的样子，不是整天嘲笑别人的“幼稚”，不是生活得百无聊赖却自以为饱经沧桑的“深沉”……真正的成熟是学会重新去热爱，经历种种磨难后依然笑对生活。这是让人感动的人！教师应让凝固的岁月生动起来，让感动常驻心田，并努力向这个世界贡献一份让人感动的思想和情怀、爱心与诗意。

三是安静。一个教师仅仅有丰富和感动是不够的，必须有足够的安静。安静即安宁和安详，冷静和平静。“夫君子之行，静以修身，俭以养德。非淡泊无以明志，非宁静无以致远。夫学须静也，才须学也”（诸葛亮《诫子书》）。只有安静才能做学问，才能自知、自省，才能发现真的自我。周国平讲，“人生最好的境界是丰富的安静”。当然，教师更是如此。“安静，是因为摆脱了外界虚名浮利的诱惑。丰富，是因为拥有了内在精神世界的宝藏。创造的成就，精神的富有，博大的爱心，而这一切都超越于俗世的争斗，处在永久和平之中。这种境界，正是丰富的安静之极致”。教师职业应该是安静的事业，在学校里，对太喧嚣的事情和一切太张扬的感情，我们都应该心存疑问，究竟他们在干什么，学校里不应该出现“充满了声音和狂热，里面空无一物”的景象（莎士比亚语）。老师应该是做学问的人，“学问是理智的事，所以没有冷静的态度不能做学问。在做学问方面，冷静的态度就是科学的态度”。朱光潜先生说：“人

> **每个人都有自己的潜能，自己的特点，能够做出合适自己的事业。好的教育，应该让每一个人都能够发现自己，找到自己，成为自己。**
>
> **——朱永新**

是有生气的动物，不能无情感；人为万物之灵，不能无理智。”“认识你自己”，这句名言为一般哲学家公认为希腊人的最高智慧的结晶。世间事物最不容易知道的是你自己，因为要知道你自己，你必须能丢开“我”去看“我”，而事实上有了“我”就不容易丢开“我”，许多人都时时为我见所蒙蔽而不自知，人不易自知犹如有眼不能自见，有力不能自举。执迷不悟是人所常犯的过失。儒家提出要除去这个毛病，提倡“自省”的功夫。“自省”就是自己审问自己，丢开“我”去看“我”。一般人眼睛常是朝外看，自省就是把眼光转向里面看。一般能自省的人才能自知，自知才能找到真正的自我。自省所凭借的是理智，是冷静的客观的科学的头脑。能冷静自省，品格上许多亏缺都可以免除。“自省”含有“自制”的功夫在内。一个能自制的人才能自强。

四是积极。给予自己积极的心理暗示。任何有所成就的人，必定要将“不可能”转变为“可能”。给生命一种向上的力量，让崇高回归人们的情感世界，拒斥伪崇高，消除伪善，保持一颗积极、绝不轻易放弃的心，尽量发掘你周遭人或事物美好的一面，从中寻求正面的看法，让自己能有前进的力量，而不要让借口成为你成功路上的绊脚石。科学家指出，社会参与是人类的一个根深蒂固的愿望，任何形式的社会排斥，例如失恋、离婚、同事关系恶化、遭到拒绝等，都会对人的身体和大脑造成一定程度的损伤。所以，人们要学会拥有乐观积极的心境。美丽是人生的一种格调。给予自己积极的心理暗示，我们需要经常对自己说：“我是重要的！我是能干的！我是快乐的！我是美好的！”

五是欣赏。给予学生和同事更多真诚的鼓励和欣赏。“教育就是让孩子们既看到世界的美，也看到自己身上的美。”（埃尔莎·凯德）“这世上本不缺少美，只是缺少发现美的眼睛。”教育孩子发现和欣赏美，教师首先自己必须学会发现和欣赏。每个成功人士的辉煌都源于别人给予他的最初的欣赏和鼓励的力量。虽

> 人的使命就是尽好老天赋予的两个主要职责，好好做自然之子，好好做万物之灵。
>
> ——周国平

然说鼓励并不能使所有人都成才，但鼓励对一个人信心的获得、价值观的确立，甚至一个良好的习惯的形成，无疑是非常重要的。人的一生究竟有多少甜蜜和美丽？生活的美好，往往是经过岁月的洗淘，在风雨沧桑过后，从心底涌出来的细腻温暖的回忆。欣赏和鼓励需要对生活的闪光点进行敏锐的捕捉，细致地把握住生活中的点滴事件，从容、传神地表现那些温馨的细节。学生需要赏识，需要激励，老师同样需要！任何一个学生都有他的优点，任何一个老师也都有他的长处，要用发现的眼睛去看待他们，要用欣赏的眼光去引领他们，让他们扬长避短，建立自信，努力工作，不断进取！肖川说："有心的地方就会有发现，有发现的地方就会有美，有美的地方就会有欣赏，有欣赏的地方就会有快乐，有快乐的地方就会有幸福。"

六是适度。做事要适度。希腊德尔菲神殿上刻了两行字：一行是"认识你自己"；一行是"凡事勿过度"。能够被刻在神殿上的语句一定是很特别的，都是前人经年累月体验得来的智慧。一行代表对"知"的态度，一行代表"行"的原则。一般人就算没有受过教育，也可以从这两句话中得到一些启发。如此，对人性的了解就会比较完整。教师更应该如此。中国儒家中庸之道讲的"中"与"和"，即适中和适度。"凡事勿过度"，这句话是与行为有关的，即做任何事情都不要太过分，要懂得适可而止。无论做任何事，到了某个程度就该停下来省思，要给自己也给别人留点余地。这就是适度的真义。教师生活中的很多环节，失了度就会产生负面效果。比如谦虚是大家公认的美德，过度谦虚则变成了虚伪。现在提倡张扬个性，展现自我，如不分场合，不加节制，就是一种任性和夸张，会令人生厌。人际交往需要热情，但热情要有度，热度太低会使人感到冷漠，热度太过也会令人反感。语言是教师的职业技能，是最重要的表达和交流方式，但不能胡吹海侃，言过其实，说话要讲究分寸，否则也会祸从口出，伤害学生和同事。生活中的度，体现在方方面

> **我一向认为，人最宝贵的东西，一是生命，二是心灵，若能享受本真的生命，拥有丰富的心灵，便是幸福。一个人把过多的精力给了物质，就没有什么闲心来照看自己的生命和心灵了。**
>
> **——周国平《把心灵安顿好》**

面，关键是自己如何认识和把握。生活的领域是广阔而丰富多彩的，生活中有了度将会更加和谐、美好，教师的人生也会更加辉煌。

16.什么是个人修养？《中小学教师专业标准》对中小学教师修养提出哪些要求？

五个关键词：爱心、乐观、平和、学习、文雅。个人修养就是个人认识、情感、意志、信念、言行和习惯的修炼和涵养。《中小学教师专业标准》对中小学教师个人修养提出了五点要求：（1）富有爱心、责任心、耐心和细心。（2）乐观向上、热情开朗、有亲和力。（3）善于自我调节情绪，保持平和心态。（4）勤于学习，不断进取。（5）衣着整洁得体，语言规范健康，举止文明礼貌。

教师要提高自己的个人修养，主要应该提高自己的核心素养，即提高自己的道德素养和文化素养等。

17.什么是教师的核心素养？

关键词：道德素养、专业素养、文化素养。素养是指一个人的修习涵养。教师素养就是指教师的修习涵养，简称“修养”。教师的核心素养是作为教师较为重要、必备的关键的素养，主要包含道德素养、专业素养和文化素养三个方面。与学生教育一样，传统上，中国学校教育相当重视“知识技能”的传授，现在的新课程改革则进一步强调“能力和方法”的重要性，而未来的课程与教育改革，宜重视“素养”的重要性。2014年《教育部关于全面深化课程改革落实立德树人根本任务的意见》指出“各级各类学

> 教育就是为儿童种植梦想。教育的对象是儿童，儿童是一篇篇童话，他们诗意地栖居在大地上。作为教育者，首先要做的，就是眼中有儿童，以儿童为本，一切的教育出发点都应站在儿童的立场，为儿童考虑，而不要将学校变成催生分数的工厂，用死记硬背的方法，用不断施压的手段来磨灭孩子的灵性。
>
> ——珠海市香洲区第十五小学
>
> 王秀菊

校要从实际情况和学生特点出发，把核心素养和学业质量要求落实到各学科教学中”。“素养”不只重视知识，也重视能力，更强调情感、态度和价值观等多方面的精神因素，可纠正过去的教育偏颇。教师成长理应更加重视教师素养的培养。教师素养是多方面的，如教师的道德素养、政治素养、文化素养（含人文、科学和教育哲学素养）、专业素养（含理论素养）、艺术素养、礼仪素养、心理素养、技术素养等。其核心素养应该是道德素养、文化素养和专业素养三个方面。其中道德素养是教师成长的前提，专业素养是教师成长的核心，文化素养是教师成长的根本。

18.什么是教师的道德素养？当前存在哪些主要问题？

关键词：独特性、约束性、自律性。教师道德素养，是指教师在其职业生活和日常生活中，调节和处理与他人、与社会、与学校、与工作关系所应遵守的基本行为规范或行为准则，以及在此基础上所表现出来的观念意识和行为品质。教师道德素养包含三层意思：一是揭示了教师职业道德的独特性，它是教师这一职业所特有的。二是揭示了教师职业道德的客观约束性、他律性，说明只要从事教师工作，教师就必须遵循这些行为规范或准则。三是说明教师职业道德的内在自觉性、自律性。

从整体上来看，教师道德修养在全社会中仍然是好的，但是，有的学校、有些教师确实存在着一些问题，甚至有的问题还比较严重。教育部2014年年初印发的《教师违反教师职业道德处理办法》和2014年7月印发的《严禁教师收受学生及家长礼品礼金的规定》表明，当前师德存在的问题是不容忽视的。

当前教师道德修养中存在的主要问题有六个方面：一是育人责任意识较为淡薄，表现为有的教师责任心不强，不认真钻研业务，不深入了解学生，不认真思考教学设计，不认真批改作业，成绩较差，学生意见较大。二是专业化水平亟待提高，表现为一些教师教育观念陈旧、学科知识老化，在教学中只能单纯就课本论课本，不能

> **人生最好的境界是丰富的安静。安静，是因为摆脱了外界虚名浮利的诱惑。丰富，是因为拥有了内在精神世界的宝藏。**
>
> **——周国平**

> 对于每一位教育工作者来讲，我们应该不应该扪心自问，我们应该如何做教育？如何当老师和校长？做教育应该有一种情怀，一种对教育的与生俱来的爱，一种对教育与生俱来的敏感，一种对孩子与生俱来的心灵的守护与培育，一种与生俱来的、让教育的阳光照耀每一个孩子成长与进步的能量。
>
> ——张志勇

向外延展；教育教学理论陈旧，教学方式单一，单纯灌输式在一部分教师的教学中仍占主导地位。三是体罚学生现象依然存在。近年来，一直为人诟病的教师体罚学生现象不仅没有消失，反而呈现出手段恶劣并给学生造成严重身心伤害的特点。四是职业倦怠程度较高。教师的职业倦怠，是指教师长期压力体验下不能顺利应对压力而产生的情绪、态度和行为的衰竭状态，一般表现为工作满意度低、工作热情和兴趣丧失以及情感冷漠，导致工作成绩和能力下降。五是个性心理品质存在问题。近年来，因为工作压力和社会环境等因素，中小学教师的心理问题已引起人们的高度关注。有的教师自卑心严重，害怕有朝一日下岗；有的热衷攀比，心理常处于失衡状态；有的猜忌心较强，稍不顺心就迁怒于人，与他人不能很好地团结合作；过大的工作压力使得有的教师焦虑失眠，忧郁孤僻。六是有偿家教屡禁不止。有的教师利用职业之便，进行有偿办班、有偿辅导；有的教师向学生强行推销各种教辅、考试资料；有个别教师甚至向家长公开索要酬劳和礼物。以上这些现象，虽然只是个别现象，但是如不引起高度重视并认真加以解决，必将对教师道德修养产生极为严重的消极影响，阻碍教育事业的健康发展。

19.为什么要加强教师道德修养？

要点有三个：指明方向、增强力量、提升境界。一是教师道德修养为教师成长指明了发展方向。教师作为学生人生的启蒙者、行为的引导者和知识的传播者，其道德修养的高下对年青一代有着重要而深远的影响。同时，教师道德修养也是教师促进自我发展的动力。

二是教师道德修养为教师增强了教育力量。（1）教师道德修养对学生的学业发展具有激励作用。（2）教师道德修养对学生的情感优化具有陶冶作用。（3）教师道德修养对学生的道德升华具有示范作用。（4）教师道德修养对学生的意志强化具有促进作用。因此，教师要想更好地教书育人，增强自己的教育力量，提高教书育人的质量，就必须加强师德修养。

三是教师道德修养提升了教师的人生境界。在现实生活中，当教师并非是许多老师的职业初衷或最佳选择时，经济上、工作上、精神上的种种苦恼常常困扰着许多人。如何看待自己的职业，如何从职业中寻找到快乐，就成了我们面临的一个重要问题。美国心理学家马斯洛认为，人类的需要可分为两大类，即基本需要和成长需要。基本需要是指个体不可缺少的普遍的生理和社会需求，成长需要是指个体自身的健康成长和自我实现趋向所激励的需要；高层需要的满足能得到更深刻的幸福感，达到精神安宁和内心充实。从某个角度来说，加强教师道德修养，就是引导教师在基本需要得到满足或基本满足后，不断提升自己的人生境界、生命追求，去追求和实现更高层次的人生需求，从而体验更深刻的幸福感，达到精神安宁和内心充实的人生境界。

> **我认为教育的理想就在于使所有的儿童都成为幸福的人，使他们的心灵由于劳动的幸福而充满快乐。**
>
> **——苏霍姆林斯基**

"师者，人之模范也。"教师的职业特性决定了教师必须是道德高尚的人群。合格的老师首先应该是道德上的合格者，好老师首先应该是以德施教、以德立身的楷模。师者为师亦为范，学高为师，德高为范。老师是学生道德修养的镜子。

——习近平

20.加强教师道德修养有哪些重要作用？

四个作用：引导、调节、教育、示范。

关键词：外在规范、内在制约。不断加强教师的道德修养，一方面是用职业道德的外在规范性、约束性对教师的行为进行规范和约束、矫正和引导；另一方面是用职业道德的内在自觉性，引导教师形成和提升良好的道德观念、情操和品质。这就是教师道德素养的基本功能在发挥着作用。

优秀教师成长公式：

优秀教师=教学过程+反思

——林崇德

教师成长=经验+反思

——美国心理学家波斯纳

加强教师道德修养的主要作用有以下四点：

（1）对教师行为的引导作用。教师道德修养对教师的引导作用，主要体现在三个方面：一是引导教师自我修养的方向，如终身学习。二是引导教师正确评价自我，如自省自制。三是为教师提供进德修业的动力，如立德立功。（2）对教师群体的调节功能。教师道德修养对教师群体的调节作用，主要体现在三个方面：一是调节教师与职业的关系，如敬业爱岗。什么叫敬畏？"敬"是恭敬、虔敬、端正、尊重的态度；"畏"是"怕"，谨慎、严谨、认真，生怕做不好，而不敢胡作非为、肆无忌惮。从教以畏，就是始终对我们从事的职业心存敬畏，始终对每天的教学心怀敬畏，始终对我们的学生心存敬畏，始终对我们的家长心存敬畏。二是调节教师与学生的关系，如关爱学生。三是调节教师与其他社会成员的关系，如为人师表。(3) 对教育对象的教育作用。教师职业道德对学生的教育功能主要表现在以下方面：一是教师个性对学生个性的奠基作用，如人格影响。二是教师道德对学生品德和学业的促进作用，如言传身教。三是教师的言谈举止对学生行为习惯养成的示范与修正作用，如以身作则、率先垂范。四是教师良好的心理素质对学生心理品质形成的完善作用，如耐心细致，乐观开朗，心态平和。(4) 对社会文明的示范作用。教师职业道德的示范功能，是指教师职业道德内化到教师的思想之中，便会时刻规范着教师的行为举止，并以人格化、形象化的方式对社会文明起到示范作用，成为社会各行业人员学习效仿的楷模，促进社会文明的进步发展。教师职业道德的这种示范功能，主要是通过对学生的培养和与家长、社会的交往而实现的。

21.提高教师道德素养的主要内容有哪些？

> 人生有三个层次：
>
> 第一层次：为自己而活，习惯于人踩人。
>
> 第二层次：活给别人看，习惯于人比人。
>
> 第三层次：为实现自我价值而活，习惯于人抬人。
>
> ——廖之坤

关键词：方向坚定、爱国守法、传播文明、潜心育人、呵护学生、安全第一、言行雅正、公平诚信、廉洁自律、规范从教。为深入贯彻习近平新时代中国特色社会主义思想和党的十九大精神，扎实推进《中共中央国务院关于全面深化新时代教师队伍建设改革的意见》的实施，进一步加强师德师风建设，教育部研究制定并于2018年11月8日印发了《新时代中小学教师职业行为十项准则》（以下简称《准则》）。《准则》主要内容有十个方面：一、坚定政治方向。坚持以习近平新时代中国特色社会主义思想为指导，拥护中国共产党的领导，贯彻党的教育方针；不得在教育教学活动中及其他场合有损害党中央权威、违背党的路线方针政策的言行。二、自觉爱国守法。忠于祖国，忠于人民，恪守宪

> 人活着就是一个价值观，不同的价值观造就不同人生。
>
> 老天给了每个人一条命，一颗心，把命照看好，把心安顿好，人生即是圆满。把命照看好，就是要保持生命的单纯，珍惜平凡生活。把心安顿好，就是要积累灵魂的财富，注重内在生活。平凡生活体现了生命的自然品质，内在生活体现了生命的精神品质，把这两种生活过好，生命的整体品质就是好的。
>
> ——周国平

法原则，遵守法律法规，依法履行教师职责；不得损害国家利益、社会公共利益，或违背社会公序良俗。三、传播优秀文化。带头践行社会主义核心价值观，弘扬真善美，传递正能量；不得通过课堂、论坛、讲座、信息网络及其他渠道发表、转发错误观点，或编造散布虚假信息、不良信息。四、潜心教书育人。落实立德树人根本任务，遵循教育规律和学生成长规律，因材施教，教学相长；不得违反教学纪律，敷衍教学，或擅自从事影响教育教学本职工作的兼职兼薪行为。五、关心爱护学生。严慈相济，诲人不倦，真心关爱学生，严格要求学生，做学生良师益友；不得歧视、侮辱学生，严禁虐待、伤害学生。六、加强安全防范。增强安全意识，加强安全教育，保护学生安全，防范事故风险；不得在教育教学活动中遇到突发事件、面临危险时，不顾学生安危，擅离职守，自行逃离。七、坚持言行雅正。为人师表，以身作则，举止文明，作风正派，自重自爱；不得与学生发生任何不正当关系，严禁任何形式的猥亵、性骚扰行为。八、秉持公平诚信。坚持原则，处事公道，光明磊落，为人正直；不得在招生、考试、推优、保送及绩效考核、岗位聘用、职称评聘、评优评奖等工作中徇私舞弊、弄虚作假。九、坚守廉洁自律。严于律己，清廉从教；不得索要、收受学生及家长财物或参加由学生及家长付费的宴请、旅游、娱乐休闲等活动，不得向学生推销图书报刊、教辅材料、社会保险或利用家长资源谋取私利。十、规范从教行为。勤勉敬业，乐于奉献，自觉抵制不良风气；不得组织、参与有偿补课，或为校外培训机构和他人介绍生源、提供相关信息。

提高教师道德素养的总体要求是做“六要”“四有”老师。“六要”，即按照政治要强、情怀要深、思维要新、视野要广、自律要严、人格要正的教师素养总体要求，强调以“四有”（理想信念、仁爱之心、道德情操、扎实学识）好老师为标准，遵循师德发展规律，适应和引领教师成长需求。

> 加拿大《安大略省教师职业道德标准》强调教师必须具备的四种品质是：关爱、尊重、信任、正直。关爱，为提升学生潜能所表现出的同情、包容、兴趣与洞察力；尊重，教师要尊重人的尊严、情感健康和认知发展；信任，教师与学生、同事、家长、监护人和公众的关系应建立在信任的基础上；正直，包括诚实、可靠和道德行为。

22.怎样提高教师道德素养？

要点有四个：自觉、读书、反思、实践。一是加强道德修养，贵在生命自觉。生命的特征是充满活力的不断成长变化的有机体。“自觉”是人的生命成长和发展的基本取向，它强调人的生命发展主要是内在动力主导和自主推进的结果，而不是来自外力的被动的促进，因此，主动自觉发展也就是人之为人的基本特征。主动性是生命活动的重要本质特征。作为教师的我们，努力使自己成为生命自觉的人，这既是新的教育形势对师德建设提出的新要求，也是我们自己提升自我生命、实现生命价值所应有的主动追求。二是加强道德修养，贵在读书养气。读书对于教师来说就更具有特殊的意义和价值。书卷气是一个教师知识储备、文化底蕴、个人德行、职业操守、审美情趣等方面的外在显现，是教师之为文化人的

> 师德是深厚的知识修养和文化品位的体现。师德需要教育培养，更需要老师自我修养。做一个高尚的人、纯粹的人、脱离了低级趣味的人，应该是每一个老师的不懈追求和行为常态。
>
> ——习近平

一个重要的特征，一个灵动的符号，一种独特的气质，一张鲜活的名片。一个不喜欢读书、不勤于读书的教师，则必然学识浅薄，知识陈旧，也很难脱去俗浮之气。作为教师，要消除职业倦怠和生命活力衰微的一个有效方法，就是把读书作为精神的第一需求，营造圆融的精神世界。三是加强道德修养，贵在反思内省。反思内省，就是以正确的理论观点和行为规范来对照检查自己的思想和言行，对不符合要求的思想行为进行严肃的自我批评和及时纠正。反思内省从来就是道德修养的一种有效方法。可以说，没有反思的自我经验是狭隘的经验，至多只能形成肤浅的知识，永远只能停留在一个较低的水准上。四是加强道德修养，贵在实践体验。教师的道德修养与教育实践有着极为密切的关系，具体表现为三点：第一，在教育教学实践中，不断进行自我教育和自我改造。第二，教育实践是教师职业道德修养的目的和归宿。第三，教育实践是教师正确道德观念和道德情感的来源。（第18—22问根据赵新法《现代教师素养导论》改编）

23.什么是教师的理论素养？

关键词：教育理论、教育规律、教育理念。理论素养主要是指教育理论素养。教育理论素养主要是指，教师掌握教育理论，遵循教育规律，具有先进的教育理念方面的修养，其中，教育理念是教育理论素养的核心（教师的教育理念见本篇第2问）。教师教育理念包括教育基本理念、专业理念和课程理念。

24.教师专业发展的基本理念有哪些？怎样理解“师德为先”？

> **“教师三超越”：**
>
> **超越教材**
>
> **超越课堂**
>
> **超越教师**
>
> **——窦桂梅**

四个要点：德为先、生为本、能为重、学不厌。根据《中小学教师专业标准》，教师的教育基本理念主要有四个，即“师德为先、学生为本、能力为重、终身学习”。

“师德为先”的基本理念主要表现为“三为先”：“对事业德为先、对学生德为先、对自己德为先”，具体表述为，“热爱中小学教育事业，具有职业理想，践行社会主义核心价值体系，履行教师职业道德规范，依法执教。关爱学生，尊重学生人格，富有爱心、责任心、耐心和细心；为人师表，教书育人，自尊自律，以人格魅力和学识魅力教育感染学生，做学生健康成长的指导者和引路人”。

25.怎样理解“学生为本”？

关键词是“主体主动、生动活泼、健康快乐、全面个性”。主要从尊重（学生）和遵循（规律）两个方面理解。具体表述为：一是“尊重学生权益，以学生为主体，充分调动和发挥学生的主动性”；二是“遵循中小学生身心发展特点和教育教学规律，提供适合的教育，促进学生生动活泼学习、健康快乐成长，全面而有个性地发展”。

26.怎样理解“能力为重”？

三方面能力：教书育人、研究学生、反思实践。具体表述为：一是“把学科知识、教育理论与教育实践有机结合，突出教书育人实践能力”；二是“研究学生，遵循学生成长规律，提升教育教学专业化水平”；三是“坚持实践、反思、再实践、再反思，不断提高专业能力”。

27.怎样理解“终身学习”？

关键词：学习理论、优化结构、持续发展。具体表述为：一是“学习先进中小学教育理论，了解国内外中小学教育改革与发展的经验和做法”；二是“优化知识结构，提高文化素养”；三是“具有终身学习与持续发展的意识和能力，做终身学习的典范”。

28.什么是教师的文化素养？

关键词：人文素养、科学素养、教育哲学素养。广义的文化是人类在社会历史发展过程中所创造的物质财富和精神财富的总和。狭义的文化特指意识形态所创造的精神财富。文化是凝结在物质之中又游离于物质之外，能够被传承的宗教信仰、人文素养的11项内容：

1.对于古典文化有着相当积累，理解传统，并具有历史意识，能够“守经答变，返本开新”。

2.对于人的命运，人存在的意义、价值和尊严，人的自由与解放，人的发展与幸福有着深切的关注。

3.珍视人的完整性，反对对人的生命和心灵的肢解与割裂；承认并自觉守护人的精神的神秘性和不可言说性，拒斥对人的物化与兽化，否则将人简单化、机械化。

4.尊重个人的价值，追求自我实现，重视人的超越性向度；崇尚“自由意志和独立人格”，并对个体与人类之间的关联有相当的体认，从而形成人类意识。

5.对于人的心灵、需要、渴望与梦想、直觉与灵性给予深切的关注，内心感受明敏、丰富、细腻与独特，并能以个性化的方式表达出来。

6.重视德性修养，具有叩问心灵、自我反思的意识和能力。

7.具有超功利的价值取向，乐于用审美眼光看待事物。

8.具有理想主义的倾向，追求完美。

风俗习惯、道德情操等。这里应该指的是狭义的文化。教师的文化素养是教师职业素养的重要组成部分，直接反映出教师的人格、气质、情感、价值观、人生观等。教师文化素养主要应该包括人文素养、科学素养、技术素养、教育哲学素养等方面。

29.什么是教师的人文素养？怎样提高教师的人文素养？

关键词：人文知识、人文精神、人文方法。简言之，人文素养就是重视人、尊重人、关心人、爱护人、理解人。人文素养的本质，是个人一种内在的修为和品格，是个人一种成熟和稳定的价值体系。人文精神追求人生美好的境界，以争取人类自身的生存、发展和自由为己任，以真善美的价值理想为核心，以不断追求自身解放为旨归，是一种自觉的文化品格和精神。简单地说，人文精神就是对人的价值和尊严的肯定，是对人的理解、容忍、接纳、尊重，是对人的爱护和关怀；是对人生终极价值的追寻，对人类命运的忧患；人文重视思想和理性的价值，关注人的发展，认为人具有潜能。再简言之，人文精神

9.具有终极关切和宗教情怀，能对于“我是谁、我们从哪里来、又要到哪里去”一类的问题作严肃的追问。

10.承认并尊重文化的多样性，对于差异、不同、另类，甚至异端，能够抱以宽容的态度。

11.能自觉守护和践履社会的核心价值观，如公平与正义等。

——摘自赵新法

《现代教师素养导论》

就是要以人为本，以人的发展和幸福为本。

“教师的人文素养”就是教师所具有的人文精神及在教师的日常活动中体现出来的思想、道德、情感、心理、性格、思维模式等方面的气质和修养。它表现为在教师的日常教学和管理活动中对学生的尊重和对学生成长的关心，表现为教书育人的强烈责任感和历史使命感。教师人文素养的构成基本包括以下三个要素：

（1）人文知识。主要包括以下几方面：①历史知识。②哲学知识。③宗教知识。④美学知识。（2）人文精神。人文精神是教师人文素养的核心要素。现代教师的人文精神应该包括下面几方面的内容：①具有强烈的教育使命感和责任心。②对教育理想的不断追求。③积极维护教育的公平和正义。④以学生生存和发展为本。⑤以宽容之心善待学生。（3）人文方法。人文方法是现代教师人文知识、人文精神得以实现的手段，应该包括直觉、体验和内省几方面的内容。“内省”是自我观察、自我分析、自我认识、自我矫正、自我完善、自我提升的过程，是个体在头脑中对问题进行反复、严肃、执着的沉思，是对过去的经验反馈，同时又是做出新计划和行动的依据。作为教育教学人文方法的内省，首先是指向自己的师德修养、敬业精神和职业习惯，反省自己是否符合教师规范和标准，还要指向自己的职业发展水平和教育实践能力，反省自己的教育理念、教育方法和教育成果的达成度。

《新西兰注册教师职业道德规范》强调，教师要以最有利于学生为前提，建立并保持专业的师生关系，服务于不同学生的不同学习需要，促进学生在身体、情感、社交、智力、精神等方面的发展。

30. 教师人文素养与课程改革有什么关系？

关键词：以人为本、学生为本。六点体现：新教育观、广博爱心、责任感、健康个性、精湛业务、终身学习。新课程改革弥漫着浓重的人文气息，它呼唤人文精神的回归，不仅是对学生，也包括教师。可见，新课程改革深受人文主义思想的深刻影响，贯穿了“以人为本”“以学生发展为本”的理念，这就在客观上要求必须提高教师的人文素养。主要体现在以下六点：一是树立全新的教育观。教育首先关注的是人，是培养具有健全人格、完整智慧、适应个体身心潜能发展的、适应社会各个层次需要的人。一个具有人文精神的教师，应该承认学生是独立的个体，要尊重每一个学生；要面向全体学生，对学生一视同仁。对待学生应该始终保持爱心、耐心和信心。二是要有丰富广博的爱心。教师只有对自然、对生活充满爱，才会以积极的态度、乐观向上的精神去面对现实；只有珍爱生命，尊重生命，才会发自内心地去关爱学生，宽容地看待学生的错误和不足，才会主动地去帮助学生纠正错误，引导学生树立正确的人生观和价值观。教师只有秉持对事业的爱，才会无悔追求。三是崇高的职业责任感。教育事业的兴旺发达与否，直接关系到一个国家、一个民族的生存和发展。教师要充分认识到自己所从事的职业伟大而深刻的社会意义，就要对“教书育人”心怀敬重。四是有健康的个性品质，有美好的情趣、坚强的意志、平静的心境和开朗的性格。五是要有渊博的知识和精湛的业务技能。教师的文化根底不仅要“渊”要“深”，更应强调“博”和“广”，要成为杂家，广收并蓄。六是终身学习的理念。教师只有通过不断的学习，用全新的知识和全新的理念来教育学生，才能适应时代的发展要求。

> 学生是明天的主人、民族的未来，教育是必须要面向社会、面向未来的，帮助学生实现人的社会化，为学生终身发展负责，为民族未来负责，这是教育的神圣使命。
>
> ——刘金水

31.教师的人文素养与教师专业成长有什么样的关系？

关键词：职业价值、生命价值、教育水平。教师的专业成长的核心是教师的精神成长，而教师精神成长和教师的职业价值观的形成密不可分。人文素养对教师价值观的形成、职业生命价值的实现都有着重要的影响。所以，教师的人文素养对教师专业成长具有重要的推动作用。（1）人文素养对于教师价值观形成具有基础性作用。人文素养对于一个人价值观的养成具有直接的作用。人生观和世界观问题如果离开人文素养和科学素质，便成为无源之水、无本之木。一个具有深厚人文素养的教师，往往有崇高的理想，具有强烈的社会责任感和历史使命感，乐于奉献，内心坚定。（2）人文素养有助于教师职业生命价值的实现，增加职业幸福感。教师绝不是照亮别人却毁灭自己的“蜡烛”，而是在照亮别人的过程中也照亮自己前进道路的“火炬”——教师从职业中体验创造性的工作所带来的充实与幸福，获取人生价值的永存和人格的升华。深厚的人文素养会让教师在职业生涯中更容易实现自己的人生价值，更具职业幸福感。他们能够在从事教师职业时，体会到生命的意义。（3）人文素养有助于提升教师的教育教学水平。教师的人文素养，对于正确认识教学目标、尊重学生的人格和权利、把握学生的个性化成长具有重要的作用。

> **对名师名校长，我最看重的是他们的教育良知，是他们悲天悯人的人文情怀，是他们心中有没有人，有没有活生生的生命，是不是关注每个生命的健康成长。**
>
> **什么是名师名校长的人文情怀？美国著名女诗人艾米丽·迪金森说过：“灵魂选择了自己的伴侣，然后将心扉关闭。”对于一个有志于成为教育家的名师名校长来说，是不是能够把自己的终身托付给教育、托付给孩子们，这是判断他们是否真正拥有人文情怀和教育家品质的重要标志。**
>
> **——张志勇**

既然只能当老师，那么悲悲戚戚是当，高高兴兴也是当，我当然选择了后者！怎么才能高兴呢？我就多想孩子们可爱的地方，尽量把课上好，尽量和他们一起玩，这样孩子们也就越来越爱我了。每天生活在一个充满爱的环境中，能不高兴吗？

——李镇西

32.怎样提高教师的人文素养？

关键词：读书、反思、实践。主要应该从三个方面提高：一是在读书学习中提高。作为一名教师，在专业成长的道路上学会学习尤为重要。其原因有二：其一，学校的教育功能要求教师学会学习。其二，知识迅猛更新客观上要求教师学会学习。据技术预测专家测算，人类的知识，目前是每三年就增长一倍。西方白领阶层目前流行这样一条“知识折旧率”：一年不学习，你所拥有的知识就会折旧80%。教师要不断更新自己的知识结构，使自己的课堂常教常新，永远流淌着时代的春水。二是在自我反思中提高。反思是教师以自己的职业活动为思考对象，对自己在职业活动中的行为以及由此产生的结果进行审视和分析的过程。自我反思被认为是“教师专业发展和自我成长的核心因素”，校本教研只有转化为教师个人的自我意识和自觉自愿的反思行为，校本研究才有基础，才能得以真正落实。三是在教育实践中提高。首先，教师要积极创设良好的人文环境。教师特别要注重让学生在实际活动中去亲身体验、用心感悟那些高尚、高雅的情感。教师要引导学生在平常事中养成不平常的良好习惯，从平常事中体验到不平常的人文精神。其次，要在教学中渗透人文精神。在教学实践中，教师要运用多种多样的方法，通过多种途径，渗透人文精神。并且在实践过程中，不断反思，不断超越，实现自身人文素养的提升。

33.什么是科学素养？教师为什么要有科学素养？

什么是科学素养？关键词：科学精神、科学知识、科学能力、科学观、科学品质。简言之，科学素养就是讲规律、讲理性、讲客观、讲事实、讲实际。我国专家把科学素养分成四个方面来阐述：一是科学知识、技能和方法，二是科学能力，三是科学观，四是科学品质。科学素养的核心是科学精神。

> **我心目中理想的数学教师：**
>
> **教好数学基础的教师**
>
> **教出数学味道的教师**
>
> **教出数学品味的教师**
>
> **教出数学境界的教师**
>
> **教出人文精神的教师**
>
> **——吴正宪**

《义务教育小学科学课程标准》（教育部基础教育课程教材发展中心，2001）中，科学教育包括四个方面：科学探究（过程、方法与能力），科学知识与技能，科学态度、情感与价值观，科学、技术与社会的关系。2006年《全民科学素质行动计划纲要》中提出："公民具备基本科学素质一般指了解必要的科学技术知识，掌握基本的科学方法，树立科学思想，崇尚科学精神，并具有一定的应用它们处理实际问题、参与公共事务的能力。"由此可以看出，专家们都认为科学素养是通过教育，掌握必要的知识和能力并能解决实际问题的一种内在品质。

科学素养有六个显著特征：(1) 科学素养虽然是后天培养的，但早期形成的科学素养，是对一个人终身起作用的持久因素。(2) 科学素养一经形成，可以不断发展、完善和健全，是一种稳定的因素。(3) 科学素养是一个由若干子系统组成的综合性、整体性的复杂系统。(4) 科学素养有很强的共性，但体现在每个人身上又有鲜明的个性。科学素养的共性寓于每个人的个性之中。(5) 科学素养是在家庭、学校和社会的教育环境中逐步形成的，科学素养的形成是一个潜移默化的无形过程。(6) 提高全民科学素养有利于先进文化的发展和全民道德素质的提高。

总之，科学素养是可以通过学习、培训、科普教育等手段来培养、提高并不断发展的。科学素养是最基本又是终身起作用的科学素质和心理品质，是一个人的人生观、价值观和思想品质、道德修养的重要方面。

教师为什么要有科学素养？关键词：时代发展、教育发展。一是时代发展的需要。现代社会科学技术正以前所未有的速度引起人类社会生产、生活方式的深刻变革，科学知识、科学方法越来越广泛地影响着人们的生活质量和社会价值观。二是教育发展的需要。提高公民科学素养，学校教育是基础，教师科学素养是关键，要求教师要关注科学，注重科学素养的提升。作为中小学教师，理解科学的概念，理解科学素养的内涵，对教师自身科学素养的养成，对学生科学素养的培养都是十分必要的。

34.怎样提高教师的科学素养？

关键词：学习、更新、科研。提高教师科学素养是基础教育课程改革对教师的一项新要求，现阶段我国教师的科学素养普遍较低，教师的科学素养亟待提高，应采取多种措施，从科学知识、科学品质、科学意识、科学方法和科学能力等五方面提高教师的科学素养。

一是树立终身学习观念，普及科学知识。教师的科学知识与科学观念的自我更新显得比以往任何时代都更加迫切。二是关注前沿科学，更新科学知识。新科技革命的迅猛发展，深刻改变着经济和社会的面貌。多学科交叉，数学等基础科学向各领域的渗透，先进技术和手段的运用等，是当代科学发展的主要特征。三是开展教育科研，提高科学能力。通过教育科研，使中小学教师不断反思自己的思想和观念，调整自己的教学行为，努力增强自己的教育教学能力，提高自己的科学素养。开展教育科研，可以全面提升教师的科学素养，可以提高教师的学习自觉性和综合能力，促进教师从知识型向创造型、从经验型向研究型的转变。

35.新课程与教师科学素养的关系是什么？

关键词：迫切需要、重要途径、密切结合。一是提高教师的科学素养是新课程改革的迫切需要。新课程需要新型教师。面对种种新的挑战，教师应该及时调整自己的角色，改变传统的教育观念，建立符合新课程要求的教学观念和教学行为方式。只有在新课程改革的浪潮中提高自己的科学素养，才能跟上时代的发展。二是提高教师的科学素养是实现新课程目标的重要途径。新课程要求教师应把教书育人看作生命的一部分，应具有较高的专业水平。教师应具有正确的科学态度，科学的世界观、人生观和价值观，在教学活动中具有质疑精神、探索精神、开放精神和合作精神，有较强的科学兴趣和科学的探索意向。三是提高教师科学素养要与新课程改革密切结合。为了适应新课程改革的需求，在新课程理念的指导下，必须要通过多种渠道来提高教师的科学素养。

36.什么是技术素养？教师为什么要有技术素养？

> 你若爱，生活哪里都可爱。你若恨，生活哪里都可恨。你若感恩，处处可以感恩。你若成长，事事可以成长。你若痛苦，人人都有痛苦。你若幸福，天天可以找到幸福。
>
> ——丰子恺

关键词：理解技术、使用技术、管理技术、参与技术活动。技术素养是理解技术、使用技术、管理技术和参与技术活动的能力。理解技术包括事实和信息，还包括整合这些信息到新的领域。使用技术的能力包括对当今主要系统的成功操作、知道现存宏观系统的组成和人类合适系统的组成以及这个系统是如何运转的。管理技术的能力包括确保所有技术活动都是有效的和准确的。技术素养还包括人们参与技术活动的能力。

为什么教师应该有教育技术素养呢？原因有四点，即“社会发展需要、新课改的需要、专业发展的需要和优化教学过程的需要”。一是教师具备技术素养是社会发展的需要。现代社会以技术革新为主要前进动力，生活在其中的公民应该对这个由技术设计的世界有比较广泛和深入的理解，公民具有技术素养是建设民主、和谐、稳定社会的必要条件。教师首先是社会中的一员，与普通的公民一样，需要具备一定的技术素养。二是教育技术的有效应用对于推进教育信息化、促进教育改革和实施国家课程标准具有重要的作用。三是教育技术能力是教师专业素质的必要组成

> 我们整个业界都认识到，如果教师不了解如何更加有效地运用技术，所有与教育有关的技术都将没有任何实际意义。
>
> ——克瑞格·贝瑞特
>
> （英特尔公司前首席执行官）

部分。技术工具和技术方法能够从一定程度上帮助教师自我发展。具备一定的技术素养有利于教师转变教育观念。教育技术素养也是教师专业发展的基本要求。2004年教育部印发了《中小学教师教育技术能力标准（试行）》。该标准对中小学教学人员、中小学管理人员、中小学技术支持人员的教育技术能力提出了培训与考核的基本要求。这是我国颁布的有关教师教育行业内的第一个专业能力标准。2012年教育部印发的《中小学教师专业标准》也提出了教师要“具有适应教育内容、教学手段和方法现代化的信息技术知识”。四是教育技术的有效应用对于优化教学过程、培养创新型人才同样具有重要作用。

37.中小学教师应该具备哪些教育技术能力？

关键词：意识态度、知识技能、社会责任。《中小学教师教育技术能力标准（试行）》对教师技术能力提出四个方面的要求：一是对教育技术的意识与态度，包括：（1）重要性的认识；（2）应用意识；（3）评价与反思；（4）终身学习。二是关于教育技术的知识与技能，包括：（1）基本知识；（2）基本技能。三是教育技术应用与创新，包括：（1）教学设计与实施；（2）教学支持与管理；（3）科研与发展；（4）合作与交流。四是关于教育技术的社会责任，包括：（1）公平利用，努力使不同性别、不同经济状况的学生在学习资源的利用上享有均等的机会；（2）有效应用，努力使不同背景、不同性格和能力的学生均能利用学习资源得到良好发展；（3）健康使用，促进学生正确地使用学习资源，以营造良好的学习环境；（4）规范行为，能向学生示范并传授与技术利用有关的法律法规知识和伦理道德观念。（详见教育部《中小学生教师教育技术能力标准（试行）》）

38.什么是教育哲学素养？为什么教师要有一定的教育哲学素养？

什么是教育哲学？什么是教育哲学素养？关键词：解释、辩护、分析、批判。可以简单地说，对教育和教育价值做出解释、辩护、分析和批判的总体认识，就是教育哲学。而教师的教育哲学素养可以看成是教师学习和掌握了教育哲学的基本观点和方法，并能在教育实践中运用教育哲学的知识和方法对教育进行恰当的理解和批判。

> 哲学解放了教师的想象力，同时又指导着他的理智。教师追溯各种教育问题的哲学根源，从而以比较广阔的眼界来看待这些问题。那些不能用哲学去思考问题的教育工作者必然是肤浅的。一个肤浅的教育工作者，可能是好的教育工作者，也可能是坏的教育工作者——但是好也好得有限，而坏则每况愈下。
>
> ——奈勒

为什么教师要有一定的教育哲学素养？教师的哲学素养表现在哪里？关键词：理解和分析、反思和批判。教育科学关注教育是什么，教育技术关注教育怎么做，教育哲学则要说明教育为什么这样做。教育哲学能使人明确区分“教育是什么”和“教育应该是什么”，而“教育应该是什么”正是教育合目的性的要求所在，正是对教育价值的追求。可见，教师若不具备起码的教育哲学素养，就会在“教育应该是什么”的问题上迷失，就会在呈强势的世俗面前随波逐流，如一些老师将教育看成是单一的知识灌输，将教育质量仅仅看成是“两率一分”等；又如近年来，学校教育中出现的素质教育与应试教育“两张皮”现象、“高分低能”现象、“畸形发展”现象、“隐性失学”现象等，说明了当前教师在这一问题上迷失或随波逐流的程度是多么严重。

> 教育哲学素养欠缺会产生问题教师、问题教育，具体表现在，教师失去反思意识，沦为纯粹的教育工具，成为一个被动地、消极地执行命令的教育者。
>
> ——王芳

教师具备基本的教育哲学素养表现在两方面：**一是运用教育哲学的思想和方法对包括教育理论、方针、政策和实践在内的教育现实做出分析、理解和批判。**如什么是素质教育？为什么中国提出基础教育要全面推进素

> 哲学给我们的另外一个功夫说白了就是删繁就简、以一驭万。不学习哲学就掌握不了这个功夫。要让教育哲学成为教师成长和实施教育行为的一个重要精神资源！
>
> ——石中英

质教育？素质教育好吗？好在何处？什么是应试教育？应试教育为何受到专家、学者批判？在应试教育或片面追求升学率大气候没有根本改变的情况下能否提供更好的教育给学生？教育如何才能促进每一个学生的发展？什么样的教育才能促进学生健康和幸福？教育如何才能可持续发展？等等。**二是运用教育哲学的思想和方法对自身的教育实践进行反思和批判**。如我的教育实践符合教育方针的要求吗？我在教育中是不是见分不见人？我是不是对学生有教育歧视，这种歧视是如何产生的？我增加课时或加大课后作业量确实对学生发展有利吗？等等。显然，对一个教师而言，这些对教育观念和实践所做的经常性的分析、理解、反思和批判绝不是可有可无的，相反，对一个教师成为优秀教师，对一个学生享受优质教育，对提供人民满意的教育，这是不可或缺的。

39.怎样提高教师的教育哲学素养？

关键词：学习、研究、运用。教师如何才能提高教育哲学素养呢？可从以下三方面努力：一是认真学习哲学和教育哲学理论或基本知识；二是结合教育实践或教育生活开展教育哲学研究，或者说学会用教育哲学思考教育实践或教育生活；三是运用教育哲学思想和方法指导教育实践。对教师提高教育哲学素养来说，学习、研究和实践是相辅相成的，这三者的充分结合才能使教师寻觅到教育的意义。

> 对教育的爱大家都是一样的，对教育的执着大家也是一样的；如果说我有什么不一样的地方，仅仅是对这份爱与执着多了一点，思考并用笔将其记录下来。仅此而已！我特别骄傲的是，三十年来，我一直保持着这颗童心。
>
> ——李镇西

教育实践需要教育哲学引领，教育智慧需要教育哲学滋养，教师的教育哲学素养决定了教师教育智慧和教育实践水平的高低。教师只有通过学习、研究和实践，不断地提高教育哲学素养，才能在复杂或令人眼花缭乱的教育现象面前牢牢把握教育的真谛，使教育真正成为促进人的发展和社会发展的动力。（第28—39问根据赵新法主编的《现代教师素养导论》改编）

40.什么是教师的哲学眼光？

关键词：仰望、俯视、广角。傅佩荣先生认为，哲学就是“爱智”。把“爱智”定义为“保持好奇的天性，探寻一切事物的真相”的生活态度，把“智慧”概括为“完整”和“根本”两个特征，又将“爱智”的“爱”解释为温和而理性的“友爱”。其实“爱”即人性，“智”即理性，即人性和理性的和谐。从这个意义上讲，“和谐”就是一种哲学眼光。于丹老师说得好，“一个人他最终的标准判断一定跟他的眼界见识有关”，“一个老师的眼界，会决定他的学生的眼界”。一个好的教师一定是有和谐眼光的人。“《易经》告诉我们，人要学会仰视、俯视、广角”（曾仕强语）。教师的哲学眼光可以概括为，仰望、俯视和广角三种眼光的和谐。

首先，做一个仰望天空的“雅人”。仰望有三层含义，一是远望，即深远思考、博大情怀，展望未来、胸襟开阔；二是敬仰，心存敬畏，仰慕圣贤，信奉经典；三是追求，敢于有梦，勇于追梦，勤于圆梦，追求理想，信仰崇高，信念坚定。雅斯贝尔斯说“教育要有对终极价值和绝对真理的虔敬”，要有“绝对”的热情，否则，“人就不能生存，或者人就活得不像一个人，一切就变得没有意义”。这个“绝对”就是人对理想的不懈追求。“世界上最宽阔的是海洋，比海洋更宽阔的是天空，比天空更宽阔的是人的胸怀”。那么最狭窄的是什么？是针眼，比针眼狭窄的是人的心眼。如果一个人没有仰望的眼光，他的心眼就可能是世界上最狭窄的。教育的最高境界当是灵魂的感召。从某种意义上说，教育与信仰有着内在的关联，甚至可以说，信仰是真正教育的天然要素。因为，真正的教育不仅有着现实的关怀，还有着终极的关怀。而终极关怀只能用信仰来承载。“雅”，就是在平凡之中追寻远大理想的人表现出的高雅之气。“雅”是高雅、文雅、儒雅。境界高雅，是站得高、看得远，志存高远，追寻理想。作为校长，关注学校的长远发展；作为教师，关注学生的全面成长；作为个人，追求自我精神成长。风度文雅，举止大方、礼貌待人、自信自强、识大体、顾大局，热爱生活、健康有趣；气质儒雅，为人师表、品德高尚、精神充实，独特、纯净、丰富、深刻，有个性魅力。

其次，做一个俯视大地的“真人”。俯视大地有三层含义，首先是俯瞰，即眼睛向下看，做平静之人，从容、镇定、忍耐、恒久，心态平静、做事安静、遇事冷静，耐得寂寞。二是俯首，即鲁迅先生讲的“俯首甘为孺子牛”，即低下头来做事，仁爱、善良、谦卑、悲悯、虔诚、真诚、宽容、正直，关爱弱者，有人格魅力。三是俯身，俯下身来，做陶行知先生所倡导的那种“真人”，脚踏实地、求真务实、从实际出发、表里如一、细致认真、尽职尽责、有强烈的责任感。

最后，“广角”视野，做一个眼界开阔的“新人”。广角有三层含义。一是能环顾，即博学经典、广纳百科；二是会汲取，借鉴中外、扬弃古今；三是善回眸，即反省、反思、超越。“教育即生成”，生成的静态形式是习惯；生成的动态形式是超越。“生成来自于历史的积聚和不断地重复努力。”（苏格拉底）“新人”，能环顾四面八方、汲取古往今来精华，超越自我、超越时空、视野开阔、努力探索、善于学习、积极进取、锐意改革、开拓创新。这种“新人”的特点，一是超越，二是谦虚，三是热情。

总之，仰望，使我们走向崇高；俯视，使我们保持善良；广角，使我们变得丰富。

第五章　教师专业理念

41.什么是教师的专业素养?

关键词：专业理念、专业知识、专业能力。教育得失的关键在于教师，教师成败的关键在于“专业素养”（朱永新语）。教师专业素养是指教师在长期的专业发展过程中所形成的素质和人格修养，是从事教育教学工作所必须具备的素养。根据教育部颁发的《中小学教师专业标准》，教师的专业素养主要体现在教师的专业理念、专业知识和专业能力三个方面。

42.什么是中小学教师的专业理念?

> 我觉得，作为社会公民，有些责任要一起经受一起承担。我们不能改变世界，就想办法改变周围的小环境；不能改变小环境，就想办法改变身边的几个人；不能改变身边的人，但至少能改变自己。
>
> ——崔永元

关键词：职业观、学生观、教育观。教师专业理念就是教师对教师职业的专业理解与认识。根据《中小学教师专业标准》，教师的专业理念主要应该包括教师职业观、教师学生观、教师教育观三个方面。**首先是教师职业观**，即怎样看待和对待教师职业，一是要遵规守法，二是要爱岗敬业，三是要专业发展，四是要为人师表，五是要有合作精神。**其次是教师学生观**，即教师怎样看待和对待学生，一是全面关爱和尊重学生，二是信任和理解学生，三是创造条件让学生快乐生活、自主发展。**再后是教师教育观**，即教师怎样看待和对待教育，一是教育坚持育人为本，二是教育要尊重规律，三是教育要坚持启发式和趣味性，四是教育要引导学生养成好习惯，五是要利用团队活动引导学生乐群向上。具体内容如下：

（1）职业理解与认识：一是遵规守法。贯彻党和国家教育方针政策，遵守教育法律法规。二是爱岗敬业。理解中小学教育工作的意义，热爱中小学教育事业，具有职业理想和敬业精神。三是专业发展。认同中小学教师的专业性和独特性，注重自身专业发展。四是为人师表。具有良好职业道德修养，为人师表。五是合作精神。具有团队合作精神，积极开展协作与交流。

（2）对学生的态度与行为。一是关爱学生，重视中小学生身心健康，将保护学生生命安全放在首位。二是尊重学生独立人格，维护学生合法权益，平等对待每一位学生。不讽刺、不挖苦、不歧视学生，不体罚或变相体罚学生。三是信任学生，尊重个体差异，主动了解和满足有益于中小学生身心发展的不同需求。四是健康成长，积极创造条件，让小学生拥有快乐的学校生活，促进中学生的自主发展。

（3）对教育教学的态度与行为。一是育人为本。树立育人为本、德育为先的理念，将学生的知识学习、能力发展与品德养成相结合，重视学生全面发展。二是尊重规律。尊重教育规律和中小学生身心发展规律，为每一个学生提供适合的教育。三是启发引导。引导小学生体验学习乐趣，保护小学生的求知欲和好奇心，培养小学生的广泛兴趣、动手能力和探究精神；激发中学生的求知欲和好奇心，培养中学生的学习兴趣和爱好，营造自由探索、勇于创新的氛围。四是勤学善思。引导小学生学会学习，养成良好学习习惯；引导中学生自主学习、自强自立，培养良好的思维习惯和适应

> **教育是爱的事业，这种爱，不同于父母之爱子女。这是一种对祖国的爱，对民族未来的爱在教师身上的体现。是一种无私的爱，不求回报的爱。**
>
> **——顾明远**

社会的能力。五是乐群向上。尊重和发挥好少先队、共青团组织的教育引导作用。

> **教师，请注意你的仪表美：**
>
> **为人之师，一举一动，一言一行都会对学生起着潜移默化的教育作用。一个好的老师，不但要有渊博的知识，还应该有正确的审美观，注意自己的仪表美。学生除了向老师学习知识外，教师的仪表也时刻影响着学生的审美观的形成。**
>
> **——布鲁肖（美国优秀教师）**

43.教师应该有什么样的角色理念？

三个关键词：合作者、引导者、研发者。一是学习的合作者。教师的传统角色是知识的拥有者和真理的垄断者，主要职能是向学生传授知识、恩赐真理。在新课程条件下，教师是学生学习的合作者、指导者和促进者。教师由教学的主宰和主角转变为在学校和班级这一“学习共同体”里“平等中的首席”。**二是学生的引导者。**首先，教师要引导学生沿着正确的方向不断迈向更高的人生目标。其次，教师要引导学生捕捉和创造有利于人生发展的机遇，不断地从众多的可能性中优选最佳的发展方向和内容，创造适合自己的发展空间，提升自我价值和人格品位。最后，教师要摈弃“道德说教者”的旧角色，以真实的乃至有缺憾的形象面对学生，真正成为学生的良师益友。**三是新课程的研发者。**新课程的实施要求教师是课程的研究者、开发者和创造者，有能力加工改造上级颁发的课程和自主开发、设计有特色的课程。那种离开了教科书、教学参考书就不能从事教学工作的“教书匠”将被淘汰，单纯的课程“传声筒”式教师将会落伍。

44.教师应该有什么样的学生理念？

三个关键词：主体、主动、独立。一是主体性。具有以学生发展为本位和主体的理念。坚信每一个学生都是具有丰富内涵的人，都有做人的尊严和独特的价值，都可以在正确的教育和引导下获得学习的成功和良好的发展。**二是主动性。**相信学生是积极主动的学习者，而不是被动接受者，促进学生学习与发展最重要的是要为

> 高效能教师的九个习惯：
>
> 一、开始独立思考；二、建立自信；三、正确处理压力；四、从容把握时间；五、构建和谐关系；六、用心倾听；七、用行为制造影响；八、扩大影响力；九、深化影响力。
>
> ——贾奇·特布尔

学生创造机会和条件，注重激发和保护学生的求知欲和学习兴趣，调动学生学习的积极性和主动性，鼓励、支持学生去主动探究和自主学习。**三是独立性**。坚信每个学生都是独一无二的世界。他们都有独特的优势和潜能，他们的知识、经验、智慧、个性等都是一座座巨大的动力源和能量库，都是不可多得、不可替代的宝贵资源，在互动的教育环境中可以有效地促进其他学生的发展。

45.教师应该有什么样的“教育本质”理念？

三点要义：激发唤醒人，促进发展人，培养造就人。教育究竟是什么？教师必须有一个清晰的认识。简而言之，其本质是激发和唤醒人；其目的是促进发展人；其最高价值是培养造就人。一是确信教育的本质要义在于激发人的潜能、弘扬人的主体精神、唤醒人的本性、张扬人的个性、焕发人的生命活力、提升和拓展人的生命质量和价值；二是教育的根本目的和功能在于促进学生生动活泼、全面和谐的发展，形成自主发展和可持续发展的能力；三是教育的最高价值在于培养学生独立的人格、独特的个性和独创的品质。

46.教师应该有什么样的“教育（教学）过程”理念？

要义有三点：互动交往、创造生成、自主成长。一是互动交往的过程。教育教学过程不再是单一的授递与接受的过程，而是师生在互动交往的情境中共同成长和发展的过程。在这一过程中，师生、生生之间相互交流、沟通、启发、诱导。在这种情况下，教育教学过程成为师生间的经验的共享、情感的共鸣、心灵的融合、生命与人格的升华的过程，实现了真正意义上的“教学相长”。**二是创造生成的过程。**课程实施过程不再仅是忠实传递和执行课程编制者意图的过程，而是师生一道对课程进行创造和生成的过程。一方面，每个教师和学生都可以对来自上级的课程进行变革和创新，使之转化为“自己的课程”。另一方面，教师和学生作为课程开发的主体，可以按照自己的意愿和特长开发创造完全属于校本的或自己的课程。**三是自主成长的过程**。教育过程不再仅是一种在严密控制条件下对学生进行加工、改造的必然过程，而更可能是一种充满了自主活动与自由成长的随机性、非确定性过程。因此，每一堂课、每一次活动、每一教育情境都可能是不可重复与再现的独特过程，都可能是一次新的尝试和创造，都有其独特的价值，因此，教师要与时俱进、随机应变，不可株守固定经验和某一模式。

47.什么是教师的教育人格?

关键词：教育信念、教育艺术、教育热情、教育智慧。教师的教育人格，广义上讲，是指教师适于教育的知识、能力、情感、态度、兴趣、性格、行为习惯等人格特征的总和；从狭义上讲，主要是指教师的态度、品格和性格等方面的特征。我们这里所说的教师的教育人格主要是狭义的。当代教师教育人格应具有如下特点：一是教育信念，如前所述具有坚定的教育理想与信念。二是教育艺术，具有同理心和亲和力。善于体察学生的内心感受；善于沟通、交流、协商、对话，启动学生的心扉。三是教育热情，教育学生时有热心、信心、耐心和恒心。欣赏学生的努力和进步，珍惜学生的尊重和信任。四是教育智慧，教育教学过程中，善于启迪学生的心智，使学生体验到民主、平等、和谐的师生关系，感受到尊重、信任、理解和宽容，受到激励和鼓舞，获得有益的

> **教师人格力量三方面：**
>
> **健康的价值观；**
>
> **高尚的道德情操；**
>
> **走在时代前列的学识。**
>
> **教师的人格对于年轻的心灵来说，是任何东西都不能替代的、有益于发展的阳光，教育者的人格是教育事业的一切。只有人格才能影响人格的形成和发展。因此，教师健全而高尚的人格是教育的基础。**
>
> **——乌申斯基**

老师语言的三种境界：

1.想得清楚，说得明白；2.声情并茂，传神动听，让孩子身临其境，如闻其声；3.话语有限而其意无穷，使学生充分想象，打开学生思维的窗户，一扇想象的窗户，让孩子尽情思考，其思也无涯。

——程红兵

建议、帮助和启迪。

48.强调教师的教育人格有什么意义？

关键词：教师灵魂、施教基石、人格回归。一是教师的教育人格犹如教师的灵魂，专业知识与能力等犹如躯壳，二者相辅相依，方可共同构成健全的教师职业形象和影响力。没有灵魂的教师，犹如失魂落魄的人，根本不会有真正的教育成功。二是教师的教育人格是教师施教的基石，对学生人格的形成影响极大。真正的教育是感化、影响人的事业，教师只有具有人格魅力，才具有教育力或影响力，“桃李不言，下自成蹊”。因此，一名教师最为重要的职业文化底蕴和精神内涵就是教育人格。三是当下亟须呼唤教师教育人格的回归。在市场化、技术化和社会风气腐化的社会环境条件下，教育领域也受到严重影响，有的教育工作者沦为权钱的附庸。在他们身上，教育者的神圣已不复存在。但是，我们坚信无论如何，教师作为社会道德的化身与楷模这一角色是不可消解的。因此，教师要具有高尚的教育人格，对学生倾注终极的人生或人文关怀。一旦教师群体经受不住诱惑和逼迫，彻底趋于世俗化、市场化，走向功利，甚至自私、猥琐、偏狭、邪恶，出现了良知、信念和信用的整体坍塌，将对中华民族人格与品质的发展走向产生灾难性的影响。

49.什么是教师的教育语言？

广义而言，教师的教育语言包括：以语音为信号的口语；以文字为信号的书面语；以眼神、表情、手势、身姿、动作等为信号的态势语；其他辅助语。狭义而言，主要指口语和书面语。在教育过程中，教师虽然要综合运用各种教育语言手段，但是运用最多、最有效便捷的还是口语。

50.教师教育语言的重要性是什么？

> 做好老师，要有道德情操。老师的人格力量和人格魅力是成功教育的重要条件。
>
> ——习近平

关键词：交流对话、专业素养。教育教学过程实质上就是精神、心灵沟通、交流与对话的过程，在这种沟通、交流与对话中，语言的作用至关重要。因此，教师语言修养的高低，往往直接影响教育效果与质量，有时甚至会产生“一言以兴人”或“一言而丧人”的效果。教师的语言素养尤其是口头语言表达能力，依然是教师最重要的专业素养。从某种意义上说，教师这一职业仍然如政治家、推销员、律师、演讲家、话剧演员等职业一样，是靠语言来影响学生的。

51.教师的教育语言特点是什么？教师应该怎样努力提高语言水平？

教师的教育语言特点可以概括为五个字：真、善、美、雅、特。教师的教育语言具有科学性、教育性、规范性、激励性、趣味性、审美性等特点，我们可以简单概括为五个字，即“真、善、美、雅、特”。

一是真的语言。“真”的含义有二：“真”即真实、正确的语言；“真”也是求真、智慧的语言。真的语言可以揭示客观事物的本来面貌，反映客观事物的本质属性，使学生获得正确的认识，学做真人。真实的语言的特点：一要实事求是，言行一致，表里如一。二要概念清晰，观点明确，言之有理，不模棱两可、拖泥带水、前后矛盾。三要表露真情、爱憎分明，不矫揉造作、文过饰非。四要讲普通话，用规范语。**二是善的语言。**所谓善的语言，就是善良、诚实、恰到好处的教育语言，是在真的语言基础上达到的高一层境界。它与讽刺、挖苦、奚落、嘲弄的话无缘，它拒绝出口伤人、拨弄是非、花言巧语、胡言乱语，是对学生、同事、朋友关怀和仁爱的感情的自然流泻。它能激励人、关心人、感染人和陶冶人。**三是美的语言。**“言之无文，行而不远”。教师的语言，还应该是美的、有文采的，给学生以审美的感受和熏陶，以美化学生的心灵。语言之美，体现在两个方面：（1）外在美或形

> 渴望获得同事、学生、家长以及社会成员的尊重与信任，是教育工作者保持最高水准的道德行为的内在动力。《教育职业道德规范》既是所有教育工作者的理想，也为其行为提供了评判的标准。
>
> ——《美国全国教育学会教师职业道德规范》

式的美，特点是音节铿锵，节奏鲜明，语调和谐流畅，悦耳赏心。（2）内在美，给学生以精神上的愉悦和享受。美的语言应如优美的乐曲，动人心魂，扣人心弦，可以净化人的灵魂，升华人的品格。**四是雅的语言**。雅是指文雅、高雅、儒雅。学校是精神文明的窗口，教师是传播高雅文化的职业，只有境界高雅、气质儒雅、风度文雅的人才配做这样的职业，说出的话当然应该是雅的语言。雅的语言与粗俗、低俗、庸俗的话无缘，它拒绝俗话、粗话、脏话，卑劣、非礼的话。无论社会上的网吧里、里弄间、麻将桌、酒席旁说话怎样黄、怎样毒、怎样俗，在我们的学校里、讲台上、学生前、教师口里都必须是文明、文雅、礼貌的语言。无论你在哪里，在什么时候，都要记住你是个教师，都应该成为学生、家长、社会文雅语言的示范者、带头人和排头兵。**五是独特的语言**。教师的语言，都应当有自己的个性和特色。因此，每位教师都要发挥自身的优势，形成独特的语言风格。善于思考者，应用富于逻辑的语言，使学生心悦诚服。长于形象思维者，应以生动具体、绘声绘色的语言来吸引学生，使学生如闻其声、如见其人、如临其境、心驰神往。聪慧睿智者，应以富于机智的语言感染学生。感情丰富者，应以情感的语言来感染学生，使学生轻松愉快地受到熏陶和感染。学养深厚者,应以潇洒飘逸、超尘脱俗的语言滋润学生，净化心灵。

教师应该怎样努力提高语言水平？可以概括为“修”“炼”“慎”三个字。教师语言修养的高低,不仅仅是语言技巧的问题,更是专业素养的外在体现。首先，“修”是指修养，一是指人的修养，二是指语言修养。语言修养是其人格学识能力等内在修养的外显形式。因此，内在品质与修养是根，外在语言修养是苗。其次，“炼”是指锤炼、练习。语言修养的高低，与后天努力密切相关，“冰冻三尺，非一日之寒”，必须长期积累，勤于实践，孜孜以求，苦心锤炼。最后，“慎”是慎言、谨慎、慎重。古人讲“节食以健体，慎言以养德”，就是说讲话和人的德行是联系在一起的。教师说话就更要谨慎、慎重，特别是对学生讲的每一句话，都可能影响学生一生。（第43—51问根据邱得乐的《课程教师论》改编）

52.优秀教师有哪些专业特征？

概括为追求、超越、交往和思考四个关键词。一是有追求（具有坚定的教育信念和崇高的教育理想）。首先，立志从事教育这一人类最崇高的职业。其次，具有高度的自信心、坚强的意志和饱满的激情。最后，确信教师职业是因为学生的发展而存在，确信教师的高明在于使学生超越自己。**二是能超越**（能不断超越自我）。在新课程条件下，那种单纯的课程的“传声筒”、知识的“二道贩子”式的教师，那种习惯于重复、机械式教学的教师已落后于时代的要求，而不断超越自我、否定自我、不断创新的自主型发展教师才是优秀教师。**三是善交往**（善于激励和交往）。新课程所倡导的激励学生的行为，主要体现在：①尊重、信任、理解、宽容学生；②善于激发学生的好奇心、求知欲，珍惜学生的兴趣，鼓励学生进行思考和探索；③善于催生学生的理想、信念和志向，提高学生的抱负水准；④引导学生不断地发现、分析和解决自己所面临的问题。⑤有热心、信心、耐心和恒心。在新课程实施过程中，教师最重要的教育教学行为技能是交往。**四是爱思考**（有健康的个性，尤其是强劲的思考力）。优秀教师应具有独立的人格、独特的思想、独创的品质，在此基础上形成个性化的教育风格。因此，教师首先应是一个思考者，具有强劲的思考力。

53.怎样衡量优秀教师的教育效果？

主要从四个方面衡量：开发潜能、主动学习、个性彰显、持续发展。从新课程改革的角度看，真正优秀的教师不仅是看他们最终投入了多少时间、付出了多少精力劳动，而主要是看其学生是否得到良性发展。学生良性发展的具体内容是：（1）学生的潜能与价值得到了整体开发，实现了认知、情感、态度、技能等方面的均

> 观念和手段是双刃剑。如果观念是传统的，手段是现代的，学生倒霉了，手段是为目的服务的！

衡、和谐、全面发展。（2）学生的主动性得到充分发挥，实现了自由、自主、生动、活泼发展。（3）学生的个性得到彰显，实现了个性、潜质、特长的独立、充分发展。（4）学生终身学习的愿望得以形成，学习能力得到培养，实现了终身可持续发展。从结果上看，学生的良性发展主要表现为在学习过程中获得了具有个人价值的经历经验、思想观念、情感态度和知识结论，成为自己的学习、生活乃至人生问题的解决者，拥有了自己的理想、希望和憧憬，形成了自尊、自信、自立、自强的人生信念。

> 理性与热情是航行的灵魂的舵和帆，假如你的帆或舵破坏了，只能泛荡、漂流或在海中停驻。
>
> ——纪伯伦

54. 教师专业发展应该追求什么样的境界？

> 给教师三个字：
>
> “爱、勤、创”：“爱”就是做教育工作的核心。“勤”就是做教育的基础。“创”就是做好教育的工作目标。
>
> ——吴正宪

概括为五层次：技师、经师、智师、人师、大师。什么是境界？“境界”是指某方面的造诣深浅之义，后来泛指人的行为或精神能达到的某种状态、地步或人生、人性（人格与品性）等能达到的某种层次和高度。

教师专业发展境界是以教师的内在本性为依据，在一定的教育时空情境下，教师的内在精神修养、专业能力所达到的水平和境域，以及意义世界和人性所能达到的层次和高度。教师专业发展境界，一般可分为技师、经师、智师、人师和大师五个层次：

> **世上有四种老师：第一种是讲课能深入浅出，很深奥的道理他能讲得浅显易懂，很受学生欢迎，这是最好的老师；第二种是深入深出，这样的老师很有学问，但缺乏好的教学方法，不能把深奥的学问讲得浅显易懂，学生学习起来就费点劲，这也是个好老师；第三种是浅入浅出，这样的老师本身学问不深，但却实事求是，把自己懂的东西讲出来，这也能基本保证质量，也算是个好老师；最糟糕的是第四种老师，浅入深出，本身并无多大学问，却装腔作势，把本来很浅近的道理讲得玄而又玄，让人听不懂。**
>
> **——顾明远**

一是技师境界，技师教技能，即训练技能的境界，通常所说的**“教书匠”**。此类教师为低品位教师，但有一技之长，还有所用，聊胜于无。这类教师把学生当作物来训练，只停留于术与技的层面的授受上，只让学生知其然而不让学生知其所以然。**二是经师境界**，经师教知识，即传授知识、技能的境界，通常所说的**“教书先生”**。该类教师在知识中心主义的教育时代中就是好的教师。该类教师心中只有知识，“见书不见人”，以为教师职能就是传授知识。在教学中，可做到既让学生知其然又让学生知其所以然，能做到知识的通透把握和明白讲授，但忽视学生的能力、人格与个性之形成。**三是智师境界**，智师教方法，即发展智力、培养能力的境界，在现实中已经是较为优秀的教师，即**“教学能手”**。该类教师重视学生的生存智慧、实践能力和人生感悟，把知识教学融入自然、社会和人生中，办事干练，处世洞明。但这类教师忽略了学生人格、个性的养成。**四是人师境界**，人师教做人，启迪智慧、震撼心灵、陶冶人格的境界，这就是我们常说的教书与育人并重的**“良师益友”**型的教师，达到此境界的教师已经是“教育家”。他将自己的命运与国家、民族、人类的命运联系在一起，倾注了对学生人生的终极关怀，对教育有一种宗教般的虔诚和热爱。他已超凡脱俗，超出了一般的物欲和功利追求。他心如明镜，善于洞察学生。他不停地探索真理，对任何人和事做出自己的判断。他的一颦一笑，举手投足，便有教育意义。**五是大师境界**，大师教人生，发现个人潜能、发展个性、升华生命价值、透视社会人间利弊、洞悉人性奥秘的境界，这是大师的境界，是高品位教师，非常难得，可谓凤毛麟角，可遇不可求。大师级教师有自己的教育个性，处处闪烁出智慧的光芒和人性的光辉，使学生个性得到充分发展。（根据邱得乐的《课程教师论》改编）

55.教师专业发展的主要途径是什么？什么是教师专业自主发展？

教师专业发展的途径主要有三：一是制度化的教师教育，包含职前专业教育和职后继续教育；**二是校本研究与培训；三是专业自主发展。**

什么是教师专业自主发展？关键词：读书、思考、实践、研究。教师专业自主发展是教师个人自觉自愿进行的自我评估、自我规划、自我完善与更新的自觉自主提高职业素养的活动，一般是伴随着教师的日常工作和生活进行的，是一种最持久有效、最具有内在动力、最经常的发展途径。教师专业自主发展的主要方式与途径是读书、思考、实践和研究四方面：**持久的读书学习、全方位有深度的教育思考、自觉的教育实践和深入的教育研究。**

56.怎样理解教师的读书学习？教师为什么要读书学习？

教师读书学习应该从四个方面理解，一是为什么要读书，二是读什么样的书，三是怎样读书，四是书读得怎么样。

教师为什么要读书学习？国际阅读学会在总结了读书对人类的巨大益处之后，在一份报告中指出："阅读能力的高低直接影响到一个国家和民族的未来。"因为国家的竞争力最终取决于精神的力量，而精神力量取决于阅读力。党的十八大报告中提出要"开展全民阅读活动"，要"完善终身教育体系，建设学习型社会"。新一届中央政府连续两年把"全民阅读"写入了《政府工作报告》，而"全民阅读活动""建设学习型社会"则必须在全民中营造热爱读书学习、终身读书学习的良好社会氛围。因此，教师要做全社会读书学习的楷模，把读书学习作为专业发展的最重要途径。教师作为人类文明薪火相传的接力手，就是要终身与书为伴，所以应是书籍的天然爱好者和自觉阅读者。

57.教师应该读什么样的书?

> 优秀教师最显著的11个特征：
>
> 1.永不自满；2.高期待、严要求；3.培养学生的独立精神；4.知识渊博且了解学生；5.有洞察力；6.有幽默感；7.有灵活性；8.办法多样；9.精益求精；10.不循规蹈矩；11.沟通能力高超。
>
> ——阿兰·保罗·哈斯克维茨

关键词：中外名著、教育经典、专业著作、前卫作品。不读书的教师注定成不了优秀教师，然而不善于读书也难以有所作为。善读书首要在于会选择所读之书。古人说“开卷有益”，但今天看来是不全面的，只有开优秀之卷才能有益。这优秀之卷，主要是指中外经典名著和各领域、各学科公认的优秀之作。我们从如下五个方面择其要者列举一些书目供参考。

一要读各种人类经典和世界名著。这些经典名著代表了人类的最高智慧、至纯德行和核心价值观，是人类思想文化的代表作，不管我们的专业背景是什么，都要认真读一些。中国的经典如《诗经》《楚辞》《老子》《论语》《庄子》《孟子》《史记》《资治通鉴》《唐诗三百首》《宋词三百首》《红楼梦》《三国演义》《菜根谭》《中国哲学史》等。世界代表性经典名著：文学的有《浮士德》《哈姆莱特》《战争与和平》《老人与海》等；史学的有《世界史纲》《罗马帝国衰亡史》等；政治学的有《理想国》《社会契约论》《美利坚合众国宪法》《共产党宣言》《联合国宪章》《世界人权宣言》等；哲学的有《西方哲学史》《纯粹理性批判》《逻辑哲学论》《从逻辑的观点看》等；法学的有《论法的精神》等；宗教方面的有《古兰经》《圣经》《般若心经》等；科学方面的有《物种起源》《相对论的意义》《第三次浪潮》《时间简史》《基因论》等。**二要读教育经典**。读教育学、心理学方面的优秀代表作。教育学方面的如夸美纽斯的《大教学论》、赫尔巴特的《普通教育学》、福禄贝尔的《人的教育》、席勒的《审美教育书简》、卢梭的《爱弥儿》、杜威的《民主主义与教育》、苏霍姆林斯基的《给教师的建议》、卡尔·雅斯贝尔斯的《什么是教育》、黑柳彻子的《窗边的小豆豆》、阿莫纳什维利的《学校无分数三部曲》、保尔·朗格朗的《终身教育

教师积极的精神状态，也会形成一种巨大的能量场，会有意无意间向学生传递，从而让学生也有了这种良好的状态。好的精神状态，不但可以生成美好的品德，还会促进学习的高效。因为没有积极的生命状态下的学习，不管用什么好的方法，效果都不会很好的。

——陶继新

引论》、大卫·杰弗里·史密斯的《全球化与后现代教育学》、内尔·诺丁斯的《学会关心——教育的另一种模式》等，以及联合国教科文组织国际21世纪教育委员会的《教育——财富蕴藏其中》《学会生存——世界教育的今天和明天》和联合国大会的《联合国儿童权利公约》等文献。心理学方面的，如马斯洛的《人性能达到的境界》《自我实现的人》、斯滕伯格的《成功智力》、加德纳的《多元智能》等。另外，还可以读一些我国当代教育学者的著作，如肖川的《教育的理想与信念》、朱永新的《新教育之梦》、查有梁的《教育生命的怒放》等。**三要读些专业的优秀著作或经典文献**。这是最基本的读书内容。无论何种专业的老师，最好每个学期要精读一到三本有价值的本专业学术专著。同时，要定期阅读本专业的权威性期刊，以把握学科前沿动态和最新发展趋势。**四要适当读一些当代新锐作者的前卫著作和成功励志作品**。如斯宾塞·约翰逊的《谁动了我的奶酪》、彼得·圣吉的《第五项修炼》、奥格·曼狄诺的《世界上最伟大的推销员》、拿破仑·希尔的《人人都能成功》等，这类著作一般披坚执锐，开辟领域或引进新的思想，读来可以开阔视野、丰富信息、更新观念，令人耳目一新。**五要泛读、浏览一些与自己专业毫不相干的其他学科的书**。有的老师只看专业书，是不科学的，只看专业书容易自我封闭，与世隔绝。因此，自然科学、工程技术类专业的教师要多看些哲学、历史、文学、艺术之类的著作；人文社会科学类专业的教师，要多读些自然科学、数学方面的著作，即使读不懂学术专著，也要尽量读些科普读物。另外，各科教师最好都要读一些综合学科和横断科学方面的书，如系统科学和复杂科学方面的。

58.教师应该怎样读书?

> 书籍和阅读可以说是人类文明传承的主要载体，就我个人的经历来说，用闲暇时间来阅读是一种享受，也是拥有财富，可以说终身受益。我希望全民阅读能够形成一种氛围，无处不在。我们国家全民的阅读量能够逐年增加，这也是我们社会进步、文明程度提高的十分重要的标志。
>
> ——李克强

关键词：读书精神、读书计划、读书方法。（1）要有读书精神。什么是读书精神？就是在精神思想上，钟情凝神于书籍，把读书学习作为人生与职业最重要的精神寄托从而学而不厌、孜孜以求，甚至痴迷其中。**（2）要制订读书计划**。要做到读好书，就要做好读书计划。有了计划，还要严格执行计划，扎扎实实、步步为营去完成。完成读书计划在于持之以恒、循序渐进，做绵密不间断的功夫，时间是要靠挤的，平均每天挤出一两个小时，再充分利用好节假日，可读之书就很可观了。**（3）要讲究读书方法。①虔诚静心、潜心思考**。首先要能沉下来，静下心，安心读书，淡泊名利，心无旁骛，才能收读书之效；不然的话，是很难进入佳境的。读书要与思考同步。读书要通过思考来理解，不理解的东西，肯定不属于你所有，哪怕记忆得再多，也是两张皮。**②精读与略读、反复读与浏览相结合**。所谓精读，就是细读、深思、深挖、慎取，把书“吃”进去，融化到思想精神中去，以达到书我一体的境界；略读就是观其大略，记其要旨与梗概。有些书要反复阅读，以便深入理解；有些书可以浏览，以博闻强识。需要反复阅读的书，一是因为“好书不厌百回读”，二是有些书需要反复阅读甚至终身咀嚼，才能得其奥妙。**③能够“钻得进、记得下、走得出”**。**“钻得进”**，即钻进知识、理论中，专心致志，结合实践经验潜心体会感悟书中的道理，实现主客体的融合。**“记得下”**即不动笔墨不读书。记什么呢？一是书中的主要观点、核心思想和主要内容；二是书中的重要材料和重要文献书目出处等要随手记下来备用和备查；三是在读书过程中，自己有什么想法、灵感、感动、直觉，要立即记录下来，尤其是不同于作者的新看法、新事实、新材料等立即加以记录。读书的即时感觉和理解，也往往是最真实和可贵的，所以必须立即记下来。**“走得出”**是指最终必须从书本理论中、从别人的经验中、从自己原有知识与认识水平中超脱出来，审时度势，反观自照，通过理性思考、经验体悟来判断、选择和扬弃。读书无定法，可依各人的习惯、特长和经验而有所不同。

59.什么是教育思考？教师应该有什么样的教育思考？

关键词：全方位，有深度。在我国当前的教师专业发展研究中，一般认为教师的反思是教师专业自主发展的必要途径，这是不错的。但教师的思考不限于反思，反思并不能全面概括和代替教师全方位有深度的教育思考。它应该从两个方面理解，**一是全方位，二是有深度。**

一是教师全方位的教育思考。(1）教师的教育思考，从历时性角度，可分为行动前的思考、行动思考、行动后的思考三种。**行动前的思考，**即古人所说的“凡事预则立，不预则废”。**行动思考，**就是边干、边看、边想、边调整。**行动后的思考，**即反思，是一种反观自照。反思的结果，可作为后续性决策和下一步行动的参考。(2）教师的教育思考，从形态角度，可分为**潜思考、现实思考和元思考。潜思考**也叫潜思维、先行思维，指先前行为积淀而形成的惯性对新行为产生的自动准备机制，如一贯尊重学生、教育民主的教师，当一个学生违纪时，他会自然地用这种近似本能的思想状态去友善地面对学生，而不会去辱骂、体罚学生。**现实思考**指在实践活动进程中的思考，也称实在思考，如备课、上课、自我评价反馈等。**元思考**是教师对自己思考的思考与认识，即对自己的教育思想观念的体系结构、教育思维的过程特点及其合理性与有效性所进行的系统的理性分析、梳理与研究。(3）教师的教育思考，从性质的角度，可分为**理性思考和非理性思考**。理性思考是指运用逻辑思维进

> **闲暇是生命的自由空间。只是劳作，没有闲暇，人会丧失性灵，忘掉人生之根本。无所作为的懒汉和没头没脑的工作狂乃是远离神圣的两极。**
>
> **——周国平**

行的思考，其形式有概念、判断与推理，其方法有分析与综合、归纳与演绎、概括与抽象等。现实思考（包括反思）和元思考无疑是属于理性思考的范畴。非理性思考是指对事物的形象与性质进行整体性的感知、理解与把握的思考形式，它不依赖于逻辑思维的方式，包括前述的潜思考（潜思维）、形象思维和直觉思维等，其方式主要有教育联想与想象，教育灵感与直觉。**教育联想**是一种从此事物想到彼事物或反之的思考。教育想象是一种对于未发生的事务所进行的思考，教育目的、教育预测、教育理想等指向于未来的预期都是想象的结果。**教育灵感**是一种不期而至的教育新创意、思想新火花，它像黎明前的曙光一样让人振奋。**教育直觉**是对教育事实、事理的一种整体感知和判断，有助于我们迅速获得解决有关问题的启示。理性思考和非理性思考往往是共时性存在的，相互支持与依存的，很难把二者截然分开，并且其功能也是相互补充的。其实不管教育者是否意识到，他们都在不同程度上进行着非理性思考，很难想象缺乏非理性教育思考的教师会是一个什么样的形象。

> **扎实的知识功底、过硬的教学能力、勤勉的教学态度、科学的教学方法是老师的基本素质，其中知识是根本基础。学生往往可以原谅老师严厉刻板，但不能原谅老师学识浅薄。“……水之积也不厚，则其负大舟也无力。”知识储备不足、视野不够，教学中必然捉襟见肘，更谈不上游刃有余。**
>
> **——习近平**

二是教师有深度的教育思考。教师专业自主发展的策略与模式可以概括为“主动学习→积极实践→深度思考→广域合作”四个密切相关的环节，其中居于核心环节的是有深度的思考，深度思考就是上述系统整体、广泛深入的教育思考。有深度的教育思考的实质是不满足于自己做过的事和走过的路，既不简单重复、复制自己，也不机械模仿和抄袭别人。魏书生老师“向学生学习”的教育智慧、吴菲老师“不跪着教书”的教育人格、李镇西老师的“爱心与民主”的教育理想，新生代教师向传统挑战的非确定性教育思维等，都是伴随着深度思考的产生而产生的。能否有深度思考，是区别平庸教师与优秀教师的分水岭，是教师专业自主发展的灵魂。

60. 什么是教育研究？教师应该怎样进行教育研究？

关键词：目的、对象、内容。“教师即研究者”“反思型教师”等命题已经成为教师专业发展的核心理念，是我国新课程改革的必然要求，也是教师专业自主发展的重要途径。

教师教育研究的含义是什么？教育研究就是对教育实践活动和教育理论所进行的研究。教师的教育研究不同于作为理论工作者的教育专家、学者的教育研究。教师的教育研究主要是基于自己的教育教学实践，为了解决自己的教学问题、改进教学实践而开展的研究活动，是发生在学校和教室等教育现场的真正的教育研究。

教师教育研究的目的、对象与内容是什么？从研究目的上看，教师的教育研究不是为了发展理论，而是为了改进教育（课程与教学）实践，解决自己所面临的教育问题。这些问题是：学科课程教学和其他教育实践活动中最亟须解决的问题，本校、本班发展中的问题，以及自己感兴趣或困惑的问题，主要是在教室中每时每刻、每件事情、每节课、每项活动中学生的变化与发展。

从研究对象来看，教师的教育研究，主要是研究课程、教材、教法、教学环境，以及学生集体教育和个别教育，班主任工作、课外教育、社会实践活动等。

> **教学型教研、研究型教研、学习型教研是校本教研的三种基本类型，它们的有机结合较为完整地体现了校本教研的内涵和外延。提倡教学型教研，防止把校本教研“神化”；提倡研究型教研，防止把校本教研“泛化”；提倡学习型教研，防止把校本教研“窄化”。**
>
> **——余文森**

从研究的内容来看，基于新课程改革的视角，主要研究内容与领域应集中于国家课程的校本化实施、地方课程实施、校本课程开发、综合实践活动、研究性学习课程、选修课程、教学方式和学习方式的转变、课堂教学的有效性、课程与教学评价等问题探索，以及学生个性发展、智力发展与心理健康教育和自身的发展问题研究。

> 此生此世，当不当思想家或散文家，写不写得出漂亮文章，真是不重要。我唯愿保持住一份生命的本色，一份能够安静聆听别的生命也使别的生命愿意安静聆听的纯真，此中的快乐远非浮华功名可比。
>
> ——周国平

61.教师教育研究的方式、方法与策略是什么?

关键词：实践研究、应用研究、微观研究、现状研究、现场研究。(1) 教师教育研究的方式、方法。教师教育研究的方式，在范式上，应以质性的**实践研究**为主；在研究目的上，应以**应用研究**为主；在范围上，应以**微观研究**为主；在时序上，应以**现状研究**为主；根据研究场所和资料收集的方式，应以**现场研究**为主。教师教育研究的具体方法，可以进行观察、调查、经验总结、行动研究、叙事研究、案例研究、作品分析等，也可以进行小型教育实验，但主要是进行课程行动研究。(2) 教师教育研究的策略。一是立定脚跟，扎根课堂法。二是细微切入，草根蔓延法。那就是，从较小角度切入，从教育教学工作中发现问题、提出问题，设计具体题目，寻找最优解决措施，然后实施，实施后进行检验和反思，再改进，再行动。三是纵横结合，系统把握法。四是基于实践，建立“小理论”。“小理论”有十分重要的参考、应用价值，积累多了自然就是大理论了。(第50—61问根据邱得乐的《课程教师论》改编)

62.什么是校本教研?其主要特征是什么?

关键词：教师主体、情境中、教学中、合作性。特征有四个：校本性、科研性、人本性、牵引性。校本教研，就是为了改进学校的教育教学，提高学校的教育教学质量，从学校的实际出发，依托学校自身的资源优势和特色进行的教育教学研究。校本教研是基于校级教研活动的制度化规范，其基本特征是以校为本，强调围绕学校自身遇到的问题开展研究。学校是教学研究的基地，教师是教学研究的主体，促进师生共同发展是教学研究的直接目的。

> 一个教师要发展，得有点激情，这是一种状态，是一种态度，是一种情怀，是一种素质，还是一种境界！一个教师要发展，得有所追求，没有追求，没有火如何照亮你的心灵。最重要的是心态，找到自己的座位，找到自己的生长点。
>
> ——窦桂梅

校本教研要点四个：一是研究主体是教师。教师即研究者，是新课程的基本理念之一。教师在教学实践中发现问题、明确问题，并以此作为自己的研究课题。**二是教学研究在教学情境中**。校本教研是在教育教学情境中生成的教学研究。校长是第一责任人，教学一线教师是研究的主体，专家及其他教研人员下到学校提供指导和帮助。**三是研究对象是教学中的问题**。研究对象是教学中亟待解决的具体问题，是教师自己的问题。许多教学问题如果脱离具体的教学实践去研究——尽管理论上看上去很完美，实际上是经不起教学实践的检验的。**四是自我反思、同伴互助、专业引领贯穿过程之中**。教师个人的自我反思、教师集体的同伴互助、专业研究人员的专业引领是开展校本教研和教师专业化成长的三种基本力量。校本教研是一种合作性的参与式研究，强调研究的民主性，包括教师之间、教师与专家、学校管理者、其他合作者之间的相互协作与支持。

校本教研的特征有四个：**一是校本性**。最经典的解释就是“为了学校，基于学校，在学校中”，学校自身问题，要由学校中人来解决；要从学校的实际出发，安排学校管理、教学、师资培训等一系列工作。**二是科研性**。校本教研在本质上是一种科研活动，它不是主观性的设想，也不是随意性研究。它要求以科研的态度、科研的方法对学校发展进行科学规划，构建科研总课题和子课题。**三是人本性**。校本教研是以人本、生本为基础的，追求的是学校的发展和广大学生、教师的发展的和谐统一。因此，校本教研必须把学生和教师的发展、可持续发展放在首位。**四是牵引性**。教学工作是学校的核心工作，以教学研究为主的校本教研必然涉及教学的内外部环境、条件等因素的研究，带动学校其他方面的发展。

63.校本教研有哪些基本类型？

关键词：教学型教研、研究型教研、学习型教研。著名课程专家、福建师范大学余文森教授讲，教学、研究、学习是现代教师的三种基本职业生活方式，我们据此把校本教研相应分为教学型教研、研究型教研、学习型教研三种基本类型，它们的有机结合较为完整地体现了校本教研的内涵和外延。提倡教学型教研，防止把校本教研“神化”；提倡研究型教研，防止把校本教研“泛化”；提倡学习型教研，防止把校本教研“窄化”。这三种教研具有相对独立性，在实践中，它们又是相辅相成、相互促进、相互渗透的关系。我们必须深刻地领会各种校本教研的精神实质，既充分发挥各自的功能作用，又注重相互间的整合，卓有成效地把校本教研推进下去。

64.什么是教学型教研？怎样进行教学型教研？

关键词：课例研究。教学型教研以教为着眼点，研究直接服从服务于教学的需要。这种研究一般以“课例”为载体，围绕如何上好一节课而展开，研究渗透或融入教学过程，贯穿在备课、设计、上课、评课等教学环节之中，活动方式以同伴成员的沟通、交流、讨论为主，研究成果的主要呈现样式是文本的教案和案例式的课堂教学。显然，这种研究只是一种手段，缺乏独立性和独立价值，但它却是教学中一种十分普遍的现象，也是一种十分行之有效的提高教学质量的手段。

65.什么是课例研究？有什么作用？

关键词：说课、听课、评课。首先需要知道课堂研究、课例研究、案例研究是不同的概念。三者是一般与特殊、抽象与具体的关系。课堂是教学活动的场所或环境，是教学现象发生与教学规律呈现的领域，是课程与教学活动的综合体，它是教育学学科研究的重要对象。课堂研究是一种学科（领域）研究，主体主要是专业研究工作者。与专业研究工作者不同，中小学教师面对的是一节节具体的课，他们研究的也正是这一节节具体的课，这种以一节节具体的课为对象的研究，我们称为**课**

例研究。课例显然是课堂的具体化和特殊化，如果说课堂研究是理论研究，重在回答“是什么”“为什么”，那么课例研究则是**实践研究，重在回答“做什么”“怎么做”**。

教学案例则又是教学课例的特殊化，教学课例展示的是完整的一堂课或围绕一节课的系列教学活动，是一种教学全景实录，真实、具体、完整。课例是案例的来源，案例的搜集和开发必须来源于课例，来源于课堂教学的真实生活，但是案例又是对课例的加工和提炼，它源于课堂教学生活但同时又高于课堂教学生活。相对而言，课例研究重在课本身的改进和提高，而案例研究则重在案例的搜集和开发。从课堂到课例到案例，这是校本研究实践的基本环节。

其次要明确教学设计、教学实录、教学课例的区分。从研究成果表达形式来说，三者的关系可简单概括为**教学课例=教学设计+教学实录+教学反思**。教学设计是教师对课堂教学活动的规划和设想。教学实录是课堂教学活动的实际展开，文字或录像再现。教学设计是静态的，教学活动是动态的；教学设计是预设性的，教学活动则具有生成性。**教学课例除了教学设计和教学实录，还有一个更重要的因素：教学反思**。教学设计是“方案”，教学实录是“做法”，教学反思则是“评价”，它包括任课教师自己的反思，专家的点评，同伴的建议。

最后要明白说课、听课、评课是课例研究的基本活动形式。**说课**，是教师在备课的基础上，面对同行或专家领导口头阐述自己的课堂教学方案，并与听者共同研讨改进和优化教学方案的教学研究过程。如果说，备课是教师个体独立进行的一种静态的教学研究行为，那么说课则是教师集体共同开展的一种动态的教学研究活动，从这个角度上说，说课是集体备课的一种特殊形式。**听课**，是教师同行或专家领导对课堂教学活动的观摩、观察、调研。听课，对上课教师而言，是展现自己教学观念、教学个性、教学思路和教学经验、教学智慧的平台；对听课教师而言，是学习、借鉴同行教师经验和教训的机会。作为教学研究的

> 孔子曰：“君子有九思：视思明，听思聪，色思温，貌思恭，言思忠，事思敬，疑思问，忿思难，见得思义。”

一种形式，听课，不仅要注重“听”，而且还要注重“看”，所以不少专家建议把听课改为“观课”。**评课，**是继说课、听课之后教师之间业务的进一步交流和研讨。评课为教师的课堂教学提供了反馈与矫正的系统，保证了课堂教学质量的改进和提高。作为校本教研的活动形式，评课要致力于提出问题、分析问题以及提出解决问题的措施，使评课成为教师专业成长和教学水平提升的专业活动。

> **教育的目的……在根本上就是人的“自我实现”，是丰满人性的形成，是人所能够达到或个人能达到的最高度的发展。说得浅显些，就是帮助人达到他能够达到的最佳状态。**
>
> **——马斯洛**

66.课例研究有哪些实践模式（行动模式）？

关键词：一人同课多轮、多人同课循环、同课异构、互助式观课、邀请式观课、反思式观课。余文森教授对全国各地课改实验区课例研究模式进行了概括，择其主要列举如下六种：

一是一人同课多轮。这里的“课”既可以是指40或45分钟的一节课（时间维度），也可以指一篇课文或一个课题（内容维度）。顾名思义，一人同课多轮就是同一个教师连续多次上同一节课，内容重复，但行为不断改进。实践证明，这种方式对培养年轻教师，提高他们的教学技能和水平，帮助他们解决教学中的问题，效果显著。

二是多人同课循环。备课组或教研组的教师同上一节课。这种模式的关键在于教师的互动和问题的跟进。第一个教师上完课，第二个教师针对第一个教师课堂存在的问题上第二次课，第三个教师针对第二个教师课堂存在的问题上第三次课，每次上课方案都是同伴集体共同参与研制的。多人同课循环活动能让教师切实感受到课例研究、同伴互助的魅力和意义，激发教师对课堂教学境界的不断追求。

三是同课异构。同一节课，不同教师有不同构想、不同上法，大家在比较中互相学习，扬长避短，共同提高。其流程一般为：教研组或备课组商定出相同的教学

（教研）主题（内容），由两个以上的教师分别备课、上课，教师集体听课、评课。多元性是新课程、新课堂的基本特征，教师要善于在开放、多元的教学环境中，学习和借鉴他人有益的经验和做法，形成和发展自己的教学特色。

四是互助式观课。通过观课促进课堂教学改革和教师专业发展也是课例研究的一种新形式。“互助式观课是一种横向的同事互助指导活动，既不含有自上而下的考核成分，也不含有自上而下的权威指导成分，而是教师同事之间的互助指导式的观课，其目的主要是通过观课后观课双方在某些事先预设的都关心的课题方面的研讨、分析和相互切磋，来改进教学行为，提高教学水平。”

五是邀请式观课。邀请式观课是上课教师主动邀请同行或专家听课。如果说互助式观课侧重于问题——诊断，那么邀请式观课则侧重于成果——鉴定。其流程一般是：教师公布自己的上课内容和研究主题；填写邀请卡，向其他教师发出邀请；观课教师认真阅读相关资料；观课教师进入课堂现场观察，并针对研究主题做出相对规范性的评价。

六是反思式观课。教师成为观察自己课堂的主人。这种课例研究模式是借助录像来实现的，其流程一般是：学校在不加修饰和打扮，即“纯自然”的状态下，为教师摄制“家常课”，然后，由授课教师自己反复观看，实事求是地剖析和反思自己的成功之举和不足之处，对自己的教学行为开展批评和自我批评。

新课程背景下的课例研究要突出以下**三个特点**。**第一，教学性**。课堂的本质是教学，而不是展示。教学重过程，展示重结果。如果说教学要展示的话，展示的也应是这个过程本身。**第二，研究性**。研究性意味着课堂不仅要成为教师自我反思的对象，同时也要成为教师同行或专家共同讨论的领域。**第三，实践性**。课例研究的出发点和归宿是解决教学实际问题，课例研究是教学观念不断更新、教学行为持续不断改进、教学水平不断提升的过程。课例研究是没有终点的。

> **一个教师写一辈子教案不一定成为名师，如果一个教师写三年反思，就可能成为名师。**
>
> **——叶澜**

67. 什么是研究型教研？怎样开展研究型教研？

> 教师失去反思意识，成为纯粹的教育工具，成为一个被动的、消极的、执行命令的教育者，而这样的教育者注定是成不了一个好的教育者的。
>
> ——石中英

关键词：问题与课题、规划课题与个人课题。研究型教研以研究为着眼点，这种研究一般以“课题”为载体，围绕一个科学问题展开，遵循科学研究的一般程序和基本规范，研究课题及其所形成的研究报告是研究活动的主线，发现、创新是研究的重要途径和产生研究成果的依据。活动方式以课题研究小组为主，研究成果的主要呈现样式为课题研究报告。与教学型教研相比，研究型教研具有更深入、更规范、更科学、更具针对性等特点。

首先要明确课题研究的相关概念。一是问题与课题。课例研究以课为载体，课题研究以问题为载体。问题是构成研究活动的核心因素，是推进科学前进的内在动因。但是问题本身又是怎么来的呢？它来自研究者的询问、发问与追问。教师只有养成向教育教学日常生活询问、发问与追问的意识和习惯，才能不断提出有意义的值得研究的教育教学问题。从问题指向和层次来分，有理论问题和实践问题。理论问题是关于“是什么”“为什么”的问题，即事实问题、价值问题；实践问题是关于“做什么”“怎么做”的问题，即操作问题、实证问题。**二是规划课题与个人课题。规划课题**一般是指由教育行政部门批准立项的课题，由教育行政部门委托各级教育科研部门进行规划、申报、评审和管理。**个人课题**一般是指由教师个人独立或教师小组合作承担的课题。对中小学教师而言，重要的不是课题的级别和类型，而在于课题的针对性和实效性，这也是校本课题研究的灵魂。

其次要明确课题研究的主要步骤。一是界定研究内容。准确界定研究内容是课题研究的前提和关键，一个有待研究的问题不管大小，一般都是可以也应当进一步具体化的。**二是设计研究方案。**研究问题明确后，就要进一步分析问题的成因，规划问题解决的方法和步骤。**三是开展行动研究。**行动是研究方案付诸实践的过程，但是这种行动不是一般意义的行为和动作，而是一种变革、改进、创新，是一个寻找问题解决、创造教育实践新形态的过程，它具有验证性、探索性和教育性等特征。**四是总结研究结果。**总结在课题研究中既是一个研究循环的终结，又是过渡到另一个研究循环的中介。在总结这个环节中教师作为研究者主要要做以下几件事：第一，整理和描述。第二，评价和解释。第三，重新设计，针对原有方案及其实施中存在的各种偏差或“失误”，以及新的感悟、新的发现、新的认识和新的思考，修改原有方案或重新设计方案，并付诸实施，进行进一步的检验、论证和改革探索。

在上述工作之后，教师应该撰写一份相对完整的课题研究报告，其构成主要包括：课题提出的背景；课题研究的目的和意义；已有研究成果；课题研究的内容、目标；课题研究的实施过程；课题研究的主要结论。

> **终身学习不仅是教师提高自己生活质量的重要前提，也是教师晚年幸福、完美人生的重要保证。**
>
> **——管锡基**

68. 什么是学习型教研？怎样开展学习型教研？

关键词：明白意义、知道途径、形成习惯。学习型教研以学为着眼点，旨在通过学习来提高教师的教学水平和专业素质，为提高教学质量提供保证，为教师专业发展奠定基础。读书和思考是研究的主线，观摩和交流是研究的途径。读书笔记、读后感、观后感是研究结果的主要呈现样式。**怎样开展学习型教研呢？首先，要明确教师学习的重要意义。一是对学生成长的意义——为学生而学习。**教师是引导和帮助学生进行学习的专业人士，要是教师自己不学习，那么，这种“引导”和“帮助”就会变成一种说教和强制，其效果可想而知。教师学习的重要特点是“以身示范”，唯有学而不厌的教师才能培养热爱学习的学生。**二是对教育教学的**

意义——为教学而学习。当前，面对新课程新的设计思路、新的目标要求、新的内容体系、新的实施策略，面对急剧发展变化的教育对象，教师必须不断学习、终身学习，成为学习型教师。**三是对个人成长的意义——为自我而学习**。对教师而言，学习是来自教师内心深处的个人所需，是一种自我的要求，它与教师微观的教育教学工作可能无直接关联，并不是为了“教”而去“学”，而是作为完善现代“**社会人**”的角色而进行的修炼与自我提高。**其次，要明确教师学习的内容与途径。一是读书（阅读，前文已有论述）。二是读图（图像）**。这是一个被称为“读图”的时代。我们学习的对象不再仅仅被局限在文字材料，具体可感的画面和图像也成为我们学习的渠道。在这方面，多媒体技术已经为我们提供了便利的条件。此外，现在有些学校还通过组织教师观看“教育电影”和“教育电视（节目）”来进行学习，这是最生动最有趣的学习形式。**三是读人（交往）**。读人首先是读与自己直接交往的人，向同事学习，向身边的优秀教师和骨干教师学习，从他们中间确立自己的学习榜样。教师成长的最理想环境，是一种合作的发展文化。**最后，要形成教师学习的机制与习惯。一是建立学习型组织**（关于学习型组织前文已经论述）。**二是倡导全息学习**。“全息学习”是一种全身心参与的学习，它强调三“到”：手到——坚持记笔记；心到——养成“研究性”阅读习惯，通过思考，理解文本的要点，发现文本的思想，感悟文本的精神；身到——把学到的东西及时用到课堂，通过“身体力行”践行之。从研究的角度说，我们鼓励教师结合阅读学习的体会和收获，撰写教育日记和教育散文，实际上，不少教师已经这样做了，有的已经形成了习惯。（第62—68问根据余文森《有效教学十讲》改编）

第六章　教师专业知识与专业能力

69. 什么是教师专业知识？教师知识结构应该是怎样的？

关键词：通识性知识、专业知识、精神境界。专业知识是指教师从事教育教学工作必需的、相对稳定的系统化的知识。从知识结构看，教师的知识形成，像一个纵横交错的“大”字形结构。横线代表教师应具备的较为广博的通识性知识，犹如人的双臂或者鸟儿的翅膀，是教师前进和腾飞的主要支持力量；横线之下一撇的下半部分，代表教师的学科专业知识，一捺的下半部分代表教育教学知识，犹如人的躯干和双腿，是教师得以存在和立足的根本；横线之上人字的出头部分，代表教师独有的教学风格和独到的精神境界，犹如人的头脑，既是指挥部，又是独特风格之标志，决定着教师的品位与层次。

从知识形态上看，教师的知识结构是结构性知识与非结构性知识的协调统一。结构性知识是指有一定内在逻辑系统的基本概念、原理和方法，它表现为一种规范性、逻辑性、陈述性、静态的可以明确表达的知识。这种知识是一种可以传授、记诵的知识，或称为理论性知识。非结构性知识是指在具体情境中形成的、与解决面临的问题相关的非规范性知识。教师专业发展的高级阶段主要是习得这种非结构性知识，它是解决教育实践问题必不可少的实践智慧，新课程改革更需要教师具有大量的非结构性知识。

70.中小学教师应该具备哪些方面的专业知识？

关键词：学科性、教育性、通识性。根据《中小学教师专业标准》，教师应该具备三个方面的专业知识：一是学科知识，二是教育教学知识，三是通识性知识。

71.中小学教师应该掌握哪些学科知识？

小学教师有三个方面：一是适应小学综合性教学的要求，了解多学科知识；二是掌握所教学科知识体系、基本思想与方法；三是了解所教学科与社会实践、少先队活动的联系，了解与其他学科的联系。

中学教师有四个方面：一是理解所教学科的知识体系、基本思想与方法。二是掌握所教学科内容的基本知识、基本原理与技能。三是了解所教学科与其他学科的联系。四是了解所教学科与社会实践及共青团、少先队活动的联系。

72.中小学教师应该掌握哪些教育教学知识？

小学教师有四个方面：一是要掌握小学教育教学基本理论。二是要掌握小学生品行养成的特点和规律。三是要掌握不同年龄小学生的认知规律和教育心理学的基本原理和方法。四是要掌握所教学科的课程标准和教学知识。

中学教师有四个方面：一是掌握所教学科课程标准。二是掌握所教学科课程资源开发与校本课程开发的主要方法与策略。三是了解中学生在学习具体学科内容时的认知特点。四是掌握针对具体学科内容进行教学和研究性学习的方法与策略。

73.教育教学基本理论是指什么？

指的是教育学、心理学、教育心理学的基本知识。

74.什么是通识性知识？中小学教师应该了解哪些通识性知识？

关键词：自然、人文、教育、艺术。通识性知识是指教师拥有的有利于有效开展教育教学工作的普通文化知识。中小学教师应该了解的通识性知识包含四个方

> 让心灵在和谐的氛围中舒展，让青春在文明的阳光下绽放，让生命呼吸着道德的空气健康成长。
>
> ——翟小宁

面：一是具有相应的自然科学和人文社会科学知识(应该掌握的自然科学知识和人文社会科学知识详见“校长篇”第77问）。二是了解中国教育基本情况。三是具有相应的艺术欣赏与表现知识。四是具有适应教育内容、教学手段和方法的现代化信息技术知识。

75.中小学教师应该了解哪些中国教育基本情况?

中小学教师应该了解的中国教育基本情况应该包括教育方针、教育基本制度、教育体制、教育基本政策与法规四个方面（详见“校长篇”第65—69问）。

> 从某种意义上说，教育就是一个让学生孕育梦想，追寻梦想，实现梦想的过程。
>
> ——陈大明《多梦的季节》

76.教师应该怎样践行社会主义核心价值观?

三个要点：一是诚信。二是公平。三是敬业。教师作为知识的传授者和学生成长成才的指导者，其社会地位和职业特点决定了他们在践行社会主义核心价值观过程中肩负着特殊的使命。结合当前教师队伍建设实际，教师践行社会主义核心价值观要着力于以下三点：**一是教师要做诚信的典范。**中小学生处于身心成长的关键时期，他们的价值观也处于逐步形成的过程中，教师的不良行为对他们的影响不仅是当下的，而且是长期的。其实，对全体公民尤其是对教师来说，诚信并不是一个很高的价值要求，而是一个最基本、最起码的价值要求，是做人做事的基本底线。

诚信对教师来说其实也是一个最低限度的要求。教师职业的特殊性就在这里，人们关注教师，评论教师，对教师提出很苛刻的要求，原因也在这里。教师职业毕竟有其特殊之处，教师在价值观等级上高于其他公民，也是应当的。从这个意义上说，教师首先要成为诚信的典范。**二是教师要公正、平等对待每一个学生**。公正、平等是当代社会的基本价值观，也是社会主义核心价值观的基本要求。在当今社会，公正、平等的作用越来越重要。在教师个人层面，公正、平等的问题也多有表现。如在学校，农村学生和城市学生、富裕家庭学生和贫困家庭学生在很多方面就受到不同对待。教师不能平等对待每一个学生，尤其是不能公正对待学困生，是一个突出的公正、平等问题。此外，一些教师在学生评优、评先进等问题上也不能做到公平对待每一个学生，由此产生了比较严重的教育公平问题。这些问题的存在对教育事业发展影响很大，对学生成长成才也有阻碍作用。一个教师如果不能公正、平等对待学生，则是一个不能原谅、不被允许的事情。要确保在学校教育中对所有学生一视同仁，不分快慢班，不设所谓“尖子班”等，正确对待学困生，帮助他们在各方面得到发展。在校内营造公正、平等的教育氛围，这是每一个学校和教师都能够做到的事情。**三是教师要有高度的专业精神和敬业精神**。敬业也是社会主义核心价值观在公民个人层面上的一个基本要求。这是对公民在劳动、工作方面的一个基本价值要求。敬业不仅要求人们确立正确的劳动态度，而且要求人们对劳动、对工作精益求精。对教师来说，敬业是一个非常重要的价值要求，也是对教师比较高的价值要求。在中小学校，敬业价值观要求广大教师在关爱学生、教书育人、为人师表等方面要有所作为，有所贡献。

> **教师要“三弃三树”：**
>
> **弃去匠气，树立新气；**
>
> **弃去俗气，树立雅气；**
>
> **弃去躁气，树立静气。**
>
> **——马大建**

77.中小学教师为什么要有艺术欣赏和表现知识？

三个要点：职业需要、学生需要、成长需要。《中小学教师专业标准》要求中

> **教师只有自己的内心强大了，才能给学生强有力的支撑；教师只有寻找到了精神成长的节点，专业成长才有了根基，个人发展才有了动力；教师只有释放了心灵，才会一节节攀越生命的高峰，一步步接近生命的蓝天！**
>
> **——王秀菊**

小学教师"要具有相应的艺术欣赏和表现知识"，就是要求教师应该具有一定的艺术素养。为什么呢？**一是职业需要。**艺术素养是支撑教师做好教育工作，获得教育智慧的重要支柱。余秋雨认为，"艺术比我们想象得更重要"，在当今中国，人们更重视经济发展和物质生活的改善，对于文化艺术缺少足够的重视，这导致社会整体的"审美品位降低"。套用余秋雨的话，学校教育对于师生艺术素养缺少足够的重视，导致教育整体的"审美品位降低"。大量事实说明，不少教师是严重缺失这种素养的，缺失的原因当然是因为不了解这种素养的内涵，也不清楚如何让自己拥有艺术素养。教学本身就是一门艺术，作为教师首先要静下心来，反思艺术素养对教育教学的意义，并寻求培养自身艺术素养的途径。**二是学生需要。**"艺术教育能够培养学生感受美、表现美、鉴赏美、创造美的能力，引领学生树立正确的审美观念，陶冶高尚的道德情操，培养深厚的民族情感，激发想象力和创新意识，促进学生的全面发展和健康成长。"对于与学生共同经历成长过程的教师来说，拥有良好的艺术素养既是职业所需，也是让自己拥有智慧人生的重要指标。对此，我们不得不反思：什么是艺术素养？我们拥有艺术素养吗？当老师在向学生传授科学知识的时候，是否想到，没有艺术素养的支撑，科学素养又能走多远呢？艺术素养的核心是"立美"，"艺术素养与科学精神、人文精神一起，履行教育'求真、向善、立美'的神圣职责，追求对人类本质和终极价值的关怀"这一神圣的教学目标。**三是成长需要。**或许有人会认为，艺术素养是只有艺术教师才能具有的，艺术就是琴棋书画，是学生在文化学科学习之外修习的内容。其实不然，语言的表达、行为的表现、对自然和生命的感悟力等等，是每一个人成长中必须修习的，这些都属于艺术素养范畴。教师要提高自己生活的质量、人生的品位，也必须提高自己的艺术素养。

艺术素养的内容非常广，音乐、美术、雕塑、文学、书法、舞蹈、戏剧、影视等等，都在艺术修炼范围之内。但是拥有良好的艺术素养，绝不是说每个人都需要学习所有的艺术门类，那是不现实也不可能的。不能否认的是，拥有对艺术的感悟能力、欣赏能力、创新能力，做生活的观察者、感悟者、创造者，是让自己拥有艺术素养的必由之路。

> 美，不是外在点缀，而是人性、人情的精选形式。在社会上，政治和经济是在争取生命的强大和自尊，而美，则在争取生命的品质和等级。
>
> ——余秋雨

78. 中小学教师应该具备哪些艺术欣赏和表现知识？

关键词：发现美、感受美、欣赏美、表现美。 艺术欣赏包括人们的感官接触到艺术作品产生审美愉悦，是对艺术作品的"接受"——感知、体验、理解、想象、再创造等综合心理活动，是人们以艺术形象为对象的通过艺术作品获得精神满足和情感愉悦的审美活动。艺术欣赏知识是指对音乐、舞蹈、绘画、戏剧、文学、书法等艺术作品获得精神满足和情感愉悦的审美的知识。艺术表现是指把自己内在的主观世界状况（如思想、意愿、想法、情感、想象、理想、幻想等）通过艺术的形式直接表达或展示出来。艺术表现知识，就是能通过各种艺术形式表达自己内心世界的知识。中小学教师应该了解相应的艺术欣赏和表现知识，至少应该是中小学音乐、美术或艺术课程涉及的艺术欣赏和表现知识，譬如了解中小学音乐、美术或艺术课程标准涉及的基础知识（如感知与欣赏，创造与表现，音乐、美术、戏剧与舞蹈基础知识等）和重要概念（如创造美与鉴赏美），以及名画、名曲、书法名作，著名艺术家，中小学语文课程中涉及的文学名著，中小学其他课程涉及的文化艺术史、文学史常识等。除此之外，作为教师至少应该掌握一至两项艺术表现技艺以及相关常识，如文学、书法、摄影、绘画、声乐、器乐、舞蹈、戏曲、演奏、创作等。

追求真善美是文艺的永恒价值。艺术的最高境界就是让人动心，让人们的灵魂经受洗礼，让人们发现自然的美、生活的美、心灵的美。

——习近平

审美有三个层次：第一层是悦耳悦目（视听美）。第二层是悦心悦意（情感美）。第三层是悦志悦神（哲理美）。悦耳悦目一般是在生理基础上但又超出生理的一种社会性的愉悦，它主要是培养人的感性能力；悦心悦意则一般是在认识的基础上培养人的审美观念和人生态度；悦志悦神则是在道德的基础上，达到一种超道德的境界。

——李泽厚

79. 什么是教师专业能力？

关键词：设计、组织、评价、合作、反思。教师专业能力是教师顺利完成教育教学工作所必备的能力。涵盖五个方面，一是教育教学设计能力；二是教育教学的组织与实施能力；三是激励与评价能力；四是沟通与合作能力；五是反思与发展能力。如果进一步归纳可以划分为三个方面：教育教学能力；沟通交往能力；自我发展能力。在这三个方面的教师专业能力中，沟通交往能力是基础，教育教学能力是核心，自我发展能力是保障。

80. 什么是教育教学设计？小学教师的教育教学设计能力指什么？

关键词：目标设计、过程设计、导学设计。教育教学设计是根据教育纲要（德育纲要），以及课程标准的要求和教育教学对象的特点，将教育教学诸要素有序安排，确定合适的教育教学方案的过程。一般包括教育教学目标、重难点、方法、步骤与时间分配等环节。教学设计是课堂教学的重要环节，是上课之基，上课之本。主要包括：教学目标设计能力；教学过程设计能力；导学设计能力。

小学教师的教育教学设计能力包含三个方面：一是合理制订小学生个体与集

体的教育教学计划。二是合理利用教学资源，科学编写教学方案。三是合理设计主题鲜明、丰富多彩的班级和少先队活动。

> **我们活着只为的是去发现美，其他一切都是等待的种种形式。**
>
> **——纪伯伦**

81.小学教师的教育教学的组织与实施能力指什么？

关键词：人际关系、创设情境、主动主体、活动育人、教育技术、表达交流、鉴别矫正。具体包含九点：一是建立良好的师生关系，帮助小学生建立良好的同伴关系。二是创设适宜的教学情境，根据小学生的反应及时调整教学活动。三是调动小学生的学习积极性，结合小学生已有的知识和经验激发学习兴趣。四是发挥小学生主体性，灵活运用启发式、探究式、讨论式、参与式等教学方式。五是发挥好少先队组织生活、集体活动、信息传播等教育功能。六是将现代教育技术手段整合应用到教学中。七是较好使用口头语言、肢体语言与书面语言，使用普通话教学，规范书写钢笔字、粉笔字、毛笔字。八是妥善应对突发事件。九是鉴别小学生行为和思想动向，用科学的方法防止和有效矫正不良行为。

82.什么是教育评价？小学教师的激励与评价能力指什么？

关键词：评价学生、引导学生评价、自我教学评价。教育评价是根据一定的教育价值观或教育目标，运用可行的科学手段，通过收集信息资料和分析整理，对教育活动、教育过程和教育结果进行价值判断，为激励师生改进教育教学、提高教育质量提供依据的过程。教育教学评价能力是教师运用各种手段了解学生学习状况，以判断是否完成预定的教育教学目标，学生是否达到预定的学习目标，从而不断改进教育教学工作的能力。要点：一是评价学生的能力；二是引导学生进行自我评价的能力；三是自我教学评价（或反思）的能力（发展性评价和学生为本）。

小学教师的激励与评价能力主要有四个方面：一是对小学生日常表现进行观察与判断，发现和赏识每一位小学生的点滴进步。二是灵活使用多元评价方式，给予小学生恰当的评价和指导。三是引导小学生进行积极的自我评价。四是利用评价结果不断改进教育教学工作。

83. 小学教师的沟通与合作能力指什么?

关键词：学生沟通、同事沟通、家长沟通。教师工作是一项与人打交道的工作，拥有与学生、同事、家长、社区等建立良好沟通与合作的能力是开展教育教学的基本保障。主要要求有三点：一是与学生的沟通交流能力；二是与同事的合作交流能力；三是与家庭、社区的沟通合作能力。

小学教师主要从“善用语言、善于倾听、同事合作、家长沟通、社区互助”等五个方面提高自己沟通与合作能力：一是使用符合小学生特点的语言进行教育教学工作。二是善于倾听，和蔼可亲，与小学生进行有效沟通。三是与同事合作交流，分享经验和资源，共同发展。四是与家长进行有效沟通合作，共同促进小学生发展。五是协助小学与社区建立合作互助的良好关系。

84. 什么是教学反思?小学教师的反思与发展能力指什么?

关键词：反思与发展、反思与发展能力。教师的专业能力提升是一个终身不断的持续过程。特别是在终身学习社会中，教师只有具有自我发展能力，才能不断提升自己的专业水平，从而适应教育教学工作的需要。主要要求：反思能力；研究能力；生涯发展规划能力。

所谓教学反思，是指教师对教育教学实践的再认识、再思考，并以此来总结经验教训，进一步提高教育教学水平。教学反思一直以来是教师提高个人业务水平的一种有效手段，现在很多教师会从自己的教育实践中来反观自己的得失，通过教育案例、教育故事或教育心得等来提高教学反思的质量。

> **希望是半个生命，淡漠是半个死亡。思想是天空中的鸟，在语言的笼里，也许会展翼，却不会飞翔。**
>
> **——纪伯伦**

小学教师主要应该从“收集信息、针对现实、持续提高”等三个方面

提高自身的反思与发展能力：一是主动收集分析相关信息，不断进行反思，改进教育教学工作。二是针对教育教学工作中的现实需要与问题，进行探索和研究。三是制定专业发展规划，积极参加专业培训，不断提高自身专业素质。

> **科学和艺术是不可分割的，就像一枚硬币的两面，它们共同的基础是人类的创造力，它们追求的目标都是真理的普遍性。**
>
> **——李政道**

85. 中学教师应该具备哪些方面的专业能力？

六个方面：一是教学设计能力；二是教学实施能力；三是班级管理与教育活动能力；四是教育教学评价能力；五是沟通与合作能力；六是反思与发展能力。

86. 中学教师应该从哪些方面提高教学设计能力？

关键词：科学设计、利用资源、引导学生。教学设计是根据课程计划和课程标准的要求，以及教育教学对象的特点，将教学诸要素有序安排，确定合适的教育教学方案的过程。一般包括教育教学目标、重难点、方法、步骤与时间分配等环节。中学教师主要应该从科学设计、利用资源、引导学生三个方面提高教学设计能力：一是科学设计教学目标和教学计划。二是合理利用教学资源和方法设计教学过程。三是引导和帮助中学生设计个性化的学习计划。

87. 怎样做好课前教学设计？

要点有二：精心研究、编写教案。一是精心研究课堂教学的各个要素。精心研究课程标准和教材、学生、教学环境、教学方式方法、教具与辅助手段等因素，进行课堂教学设计，主要是针对课堂教学的目标、资源、内容、结构、进程、方式方法、语言、作业以及板书等进行精心设计。**二是编写课堂教学方案**。课堂教学方案简称教案，包括案头、正文、案尾三部分。需要注意的是，其一，教学活动方案的设计重点应放在如何引导学生学习上；其二，预设的教学方案毕竟是预设的，需

> 心灵的房间，不打扫就会落满灰尘。蒙尘的心，会变得灰色和迷茫。我们每天都要经历很多事情，开心的，不开心的，都在心里安家落户。事情一多，就会变得杂乱无序，心也跟着乱起来。痛苦的情绪和不愉快的记忆，如果充斥在心里，就会使人萎靡不振。所以，扫地除尘，能够使黯然的心变得亮堂。
>
> ——史铁生

要课堂实践的检验和依据实际进行改变。

88.教学实施是指什么？中学教师应该怎样提高教学实施能力？

教学实施是实现教学目标的关键阶段，教学实施策略的选择既要符合教学内容、教学目标的要求和教学对象的特点，又要考虑在特定教学环境中的必要性和可能性。包括学习心态的积极维持策略、教学内容的传输加工策略、有效认知指导与干预策略和课堂秩序管理策略等。

中学教师应该从营造学习氛围、改革教学方式、调控教学过程、敢于探究创新、社团活动功能、利用现代技术等六个方面提高自己的教学实施能力。一是营造良好的学习环境与氛围，激发与保护中学生的学习兴趣。二是通过启发式、探究式、讨论式、参与式等多种方式，有效实施教学。三是有效调控教学过程，合理处理课堂突发事件。四是引发中学生独立思考和主动探究，发展学生创新能力。五是发挥好共青团、少先队组织生活、集体活动、信息传播等教育功能。六是将现代教育技术手段整合应用到教学中。

89.中学教师的班级管理及组织教育活动能力指什么？

七个方面，主要包括处理人际关系、学科育人活动、开展德育活动、生理心理特点、全面和谐发展、科学有效管理、应对突发事件。一是建立良好的师生关系，帮助中学生建立良好的同伴关系。二是注重结合学科教学进行育人活动。三是根据中学生世界观、人生观、价值观形成的特点，有针对性地组织开展德育活动。四是针对中学生青春期生理和心理发展特点，有针对性地组织开展有益身心健康发展的教育活动。五是指导学生理想、心理、学业等多方面发展。六是有效管理和开展班级、共青团、少先队活动。七是妥善应对突发事件。

有工夫读书谓之福，有力量济人谓之福，有学问著述谓之福，无是非到耳谓之福，有多闻之直谅之友谓之福。

——张潮《幽梦影》

90.中学教师的教育教学评价能力指什么？

关键词：教学评价、学习评价。教育教学评价是依据教学目标对教学过程及结果进行价值判断并为教学决策服务的活动。教育教学评价是研究教师的教和学生的学的价值的过程。教育教学评价一般包括对教学过程中教师、学生、教学内容、教学方法手段、教学环境、教学管理诸因素的评价，但主要是对学生学习效果的评价和教师教学工作过程的评价。教育教学评价的两个核心环节：对教师教学工作过程（教学设计、组织、实施等）的评价——教师教学评估（课堂、课外），对学生学习效果的评价——即考试与测验。

中学教师主要应该从评价方法、评价主体、评价功能三个方面提高教育教学评价能力：一是利用评价工具，掌握多元评价方法，多视角、全过程评价学生发展。二是引导学生进行自我评价。三是自我评价教育教学效果，及时调整和改进教育教学工作。

91.中学教师的沟通与合作能力指什么？

主要是指与学生、与同事、与家长、与社区四个方面的沟通、合作能力。一是了解中学生，平等地与中学生进行沟通交流。二是与同事合作交流，分享经验和资源，共同发展。三是与家长进行有效沟通合作，共同促进中学生发展。四是协助中学与社区建立合作互助的良好关系。

> 年轻就是力量，有梦就有未来！千万不要动不动就说自己老了，错误引导自己！只要勇于有梦，敢于追梦，勤于圆梦，我们就永远年轻！
>
> ——塞缪尔·厄尔曼《年轻》

92.学生们最想和老师们说的心里话是什么？

和学生平等交流的前提是必须了解学生。能够敲开孩子心扉的老师，才是好老师。最近，《中国教育报》新媒体实习编辑胡宏超整理出十六句学生们的心里话。老师们，请听听学生们的心里话吧！

第一句话：老师，我希望您是一个有感情的人，而不仅是教书的机器。

第二句话：老师，请您把我当一个人看待，而不仅是您记分簿上的一个号码。

第三句话：老师，您也需要学，您不学，我怎能从您那里学到新的东西？

第四句话：老师，请您不要单看我的成绩，更要看我所做的努力。

第五句话：老师，不要勉强我把求学当作人生的最大乐趣，至少对我，学习不一定是乐趣。

第六句话：老师，您不仅要教我们知识，更要教我们做人的道理。

第七句话：老师，请辅导我学习自己思考，自己判断，而不仅仅是背诵答案。

第八句话：老师，假如我有所失败或有所困难，尤其在大家面前，不要可怜我，可怜会使我自卑。

第九句话：老师，请您经常给我一点鼓励，不要让您的要求超过了我的能力。

第十句话：老师，在教室里，不要把另一位同学当作我的表率，我可能因此而恨他，也恨您。老师，我若有所成就，也不要把我当作别人的榜样，因为那样会使别人难堪。

第十一句话：老师，请您耐心地听听我所提出的问题。只有您肯听我，我才能向您学习去听别人的意见。

第十二句话：老师，只要您坚持公正，请您对我尽量严格，表面上即使我反对严格，但是我知道我需要您严格。

第十三句话：老师，不要期待我最喜欢您教的课，至少对我，别的课可能更加有趣。

第十四句话：老师，请您记得，您也曾经是学生，您是否有时也会忘带东西，在班上您是否样样第一？

第十五句话：老师，请您也别忘记，大学统考您是怎么考取的，您所念的专业是不是您的第一志愿？

第十六句话：老师，我心中感激；但您不要期待我口头上常说：老师，谢谢您。

在这个飞速发展的时代，每个人都需要精神成长。只有通过精神成长，才能消融我们内在的对立与冲突，使其保持高度的和谐与统一，让我们持久地体验到宁静感与充实感；只有通过精神成长才能恢复神经系统强健而富于弹性的本源状态，使身心和谐一致，从而保持旺盛的生命活力。

93.中学教师的反思与发展能力指什么？

中学教师主要应该从收集信息、针对现实、不断提高等三个方面提高自身的反思与发展能力。一是主动收集分析相关信息，不断进行反思，改进教育教学工作。二是针对教育教学工作中的现实需要与问题，进行探索和研究。三是制定专业发展规划，积极参加专业培训，不断提高自身专业素质。

94.教师专业发展范式是什么？

关键词：知识型、能力型、情感型；建构型、批判型、反思型。教师专业发展范式是指教师专业发展的几种基本类型。20世纪七八十年代以前，教师专业发展范式基本上定位于**知识型、能力型和情感型**三种。20世纪60年代以前，一般认为文化知识的传授就是教师的专业职责，教师知识多多益善，知识越多就越能提高教学质量，就形成了知识模式。到了20世纪60年代以后，人们逐渐认识到，教师不仅要有一般的知识，而且更需要有把知识表达出来、传递出去、教会学生的能力，有与学生进行沟通交流、共同处理课堂事务的能力，于是转向强调能力模

> 德胜者，其心平和，见人皆可取，故口中所许可者多。德薄者，其心刻傲，见人皆可憎，故目中所鄙弃者众。
>
> ——弘一法师

式。同时，许多学者经过大量的调查研究发现，教师如果仅仅拥有知识和能力，也不足以成为好教师。当教师的知识水平达到一定的程度时，影响教师的教学水平和教学质量的主要因素就是情感性因素，于是又形成了新的范式——情感模式，强调对学生的爱心。

随着七八十年代以后现代主义哲学思潮席卷全球，教育学理论和教师教育也自觉吸纳了它的精髓，从而产生出来了一些新的范式，主要有**建构型、批判型和反思型**，从而将教师专业发展范式推向了更高的层次。“建构论”认为知识不是固定的，而是不断扩展的，知识是学习者和教学者之间在交往互动中共同建构的完全个人化，需用生命去体会、理解、增长的“意义”。“批判论”强调教师保持自己的独立思考和独立立场，关心学科之外的社会政治、经济和文化的合理性，主动介入社会生活，运用个人化的经验与理解同化、批判和质疑既定文化，而不能沦为既定制度和群体文化的“俘虏”，不“人云亦云”。“反思论”主张教师要有“反思”意识，不断反思自己的教育教学理念和行为，不断自我调整、自我建构、自我更新，从而实现持续的自我成长。

这六种范式基本代表了教师专业化发展进程中的六个阶段和专业价值取向，但它们不是互相割裂、对立和不兼容的，而是可以协调、统一起来的。我国新课程改革条件下的教师专业发展，应综合吸取上述六种范式的精髓，形成以**知识、能力、情感**范式为基础的，以**建构、批判、反思**范式为发展方向的综合性新型范式。

95.什么是教师教学范式？

关键词：第一教学、第二教学、第三教学。依据教学的特征和发展历史，教师教学范式可以分为第一教学、第二教学、第三教学三种。

第一教学是最为传统的以教师为中心、灌输教科书知识的“填鸭式”教学。以教师为知识的恩赐者和传授者，向学生强行灌输、填塞知识，学生以记忆、模仿、练习为主要学习方法，以掌握教材知识为主要目的。第一教学又称“注入式”教学或“填鸭式”教学，是让学生完全服从教师的定型化、控制性教学。第一教学强调教师要有知识的“一桶水”，用这一桶水倾注到学生身上，使学生获得知识上的“一碗水”，学生只有仰视教师的份儿，因此是一种“不如自己”的教学。

第二教学是“诱导式”教学，它针对第一教学的弊端进行了修正、改进，重视学生的前期经验、学习兴趣和一些生活经验，运用较为灵活的教学方法诱导学生有效地掌握教师所传授的知识。它的重要特征是“诱导”，但最终还是将学生诱导到教师所预设的知识答案、思维模式和思想圈套中去，孙悟空无论如何也跳不出如来佛的手掌心。因此，它与第一教学没有本质的不同，区别只在于第一教学是一种“硬灌”的教学，第二教学则是一种“软灌”的教学，因而也是一种让学生复归教师预期轨道的定型化、控制性教学。第二教学谋求学生像老师一样掌握知识，因此是一种“复制自己”的教学。

第三教学是一种发展学生个性特质和教师独特性的“个性化”教学。它张扬学生本性、弘扬学生的生命精神、开发学生潜能、发展学生个性与特长，它追求有效应对社会变革的挑战，并构筑更有意义的生存方式与思维方式，培育探究精神、创造精神和开拓精神。它追求人人获得人生与学习成功，借助于自主学习和学会学习，形成基础性学力和整体人格。它强调师生在互动、交往基础上共享、共建、互

同理心六原则：

1. 我怎么对待别人，别人就怎么对待我。

2. 想他人理解我，就要首先理解他人。将心比心，才会被人理解。

3. 别人眼中的自己，才是真正存在的自己。学会以别人的角度看问题，并据此改进自己在他们眼中的形象。

4. 只能修正自己，不能修正别人。想成功地与人相处，让别人尊重自己的想法，唯有先改变自己。

5. 真诚坦白的人，才是值得信任的人。

6. 真情流露的人，才能得到真情回报。

> 如果一个教师仅仅满足于获得经验，而不对经验进行深入思考，他可能永远只能停留在一个新手型教师的水准上。在反思中，我们学会了理性思考，提高了学习效率，而工作更像探索的科学家，不再只是辛勤的耕耘者。教师的成长仅有“经验 + 反思”是不够的，还要加上“实践”，因为改革最终将发生在课堂上。

利互惠、共同发展，因此是一种以学生良性发展为本的、师生共同发展的个性化教学；它没有统一的模式和方法，是针对不同的问题与情境，不同学生的情境化、差异性教学；它寻求学生不断质疑和超越知识、教师和权威，彰显自我认识，因此也是一种“超越自己”的教学。新课程改革要求教师摒弃第一教学，扬弃、改革第二教学，迈进第三教学，实现教学范式的转型和教学概念的重建。

96. 什么是教师专业行动？教师专业行动的主要宗旨和基本准则有哪些？

关键词：关心与爱护、理解与宽容、尊重与信任、赞赏与激励、帮助与引导。

教师专业行动就是教师的教育实践活动，也可称为教师教育行动，它由课程行动、课外辅导、班主任工作和课外教育活动等组成。课程行动，是教师对学生实施的最基本的教育行动，是教育实践活动的主体内容和基本形态，因此是教师的基本专业行动。

教师专业行动就是教师的教育活动的外在标志。从整体的应然状态上看，**教师专业行动的主要宗旨和基本准则**包括关心与爱护、理解与宽容、尊重与信任、赞赏与激励、帮助与引导五个方面，它们是有机统一与相互融合的。

一是关心与爱护。从教育层面上讲，关心和爱护学生是教师最重要的职业伦理，也是主要的教育行为观念，没有它就不会有真正的教育，只是训练、规训和教化。教师倾注了一腔爱心，关心、爱护学生，全力诱导，处处为学生着想，这样的行为不能不让学生受到感化。**二是理解和宽容**。理解是指站在学生的角度，去看待学生的言行，和学生进行平等对话，进行心灵的沟通和交流。宽容是指对学生的缺点、错误乃至叛逆行为不去计较，用宽广的心胸去包含、容纳学生的过失，不讽刺、嘲弄，不埋怨。理解和宽容，要有耐心，要学会等待，不可心浮气躁、急于求成。**三是尊重与信任**。首先是尊重。美国一位学者研究了中学生的九万封信，发现学生的第一位需要是希望教育者对他们有尊重与友善的态度，因为尊重是深深根植于人类深层心理中的高层次需要。因此，教师要学会尊重每一位学生，尤其要尊重学业成绩不良、学习困难的学生以及品行有缺陷的学生。其次是信任。要相信每一个学生都是好学生，都具有向善性和可教育性，都可以成人成才。这是一个合格教师的基本教育理念和行动准则。要做到“宁可信其好，不可信其坏”，即使学生犯了错误，也不做坏的推论，要尽量朝好处想。**四是赞赏与激励**。赞赏就是赞美、赞扬、欣赏和赏识。据有关专家研究，趋利避害是所有生物的特性，人的天性更是喜欢赞美而不喜欢批评。研究证明，赞美能使人的精神振奋、能量增加，而否定性评价则可使人情绪低落、能量下降。激励就是激发人的内在动力，调动人的行动积极性，促使人奋发努力的教育行为。**五是帮助与引导**。**帮助**，其一是帮助学生学会认识自己、欣赏自己，发现自己的潜能和优势，更好地建立自信心。其二是帮助学生学会对自己的行为进行合理的评价和反思。其三是帮助学生制定适当的学习目标，选择达到目标的有效途径，设计恰当的学习活动和形成独特、有效的学习方式。其四是帮助学生形成良好的学习习惯，养成良好的学习品质。**引导**是一种心灵的感召，行动的引领，人生的启迪，而不是牵引。引导要因人而异，引导还要因情制宜。

97.什么是教师课程行动？教师课程行动的方式有哪些？

关键词：课程实施行动和课堂教学行动。这里所讲的教师课程行动的主体主要是教师个体。教师课程行动可以是自主自觉的课程实践，也可以是不自觉的课程行动习惯；在教师自觉的课程实践中，可以是忠实执行既定的课程计划或方案，也可以是有意地对其进行

> **理念，是指导人们具体行为的思想观念和精神追求。那么，教育理念就是指导教师的教育行为的思想观念和精神追求。只要有教育行为发生，就一定有教育理念在起作用。**
>
> **——袁振国**

改造与超越，甚至还可以是自行开发与实施课程。**教师的课程行动方式**是教师作为课程实施者的主要标志性行动状态，表现在教师课程角色行动、教师课程实施行动和教师课堂教学行动三个方面。

98.什么是教师课程角色？教师的课程角色应该实现哪些转变？

关键词：促进、引导、合作、解放、研究、研发。教师课程角色是指教师在课程行动中所扮演或承担的角色。新课程的理念要求教师角色要实现从传授到促进、从塑造到引导、从垄断到合作、从控制到解放、从教书到研究、从执行到研发等六个转变。一是从传授到促进。教师再也不能把传授知识作为自己唯一的任务，应把主要行动集中到指导学生学会学习、促进学生自主发展上来。二是从塑造到引导。新课程要求教师做好学生的人生导师，在学生人生中起引导作用。引导包括指导、诱导、辅导和教导等。三是从垄断到合作。教师要从知识、真理的垄断者到学习的合作者。首先，要与学生进行学习合作；其次，教师间合作；最后，与家庭和社会的合作，开发社区课程资源，为学生课程学习提供支持，并为社区人员提供学习的服务。四是从控制到解放。新课程要求教师不用僵化框框和呆板模式来约束学生，不用标准答案和权威解释来圈定学生，也不用自己的见解和方法来做唯一标准，一切以释放学生的潜能、解放学生的精神、调动学生学习积极性为主要目标，激发学生的主动性和创造性。五是从教书到研究。首先，从“教教材”到“用教材来教”，从“依纲扣本”到对教材进行二次开发；其次，善于创设问题情境，激活学生大脑已有信息，使其重新组合，建构新的知识。六是从执行到研发。从实施者到开发、建设者。教师要从单一的课程实施者转变为课程的开发者和建设者，自己去主动进行课程开发，参与学校课程尤其是校本课程的建设。

> **教师的思考要宏观，胸中有整个世界，否则，无论怎样努力，也是狭隘的，只有让天下都在他的心灵之中，他才能走进这个世界。教师应带着一颗思考的大脑从事每一天平凡的工作。**
>
> **——陶西平**

99.课程实施中怎样开发利用教材？

> 学生拥有精彩观念是智力发展的本质。
>
> 给儿童机会让他诞生精彩观念，并让他由于拥有这些精彩观念而为自己感到高兴，就是教学的本质。
>
> ——埃莉诺·达克沃斯

关键词：教材观、教材开发。首先，我们要有正确的教材观。即什么是教材？教材有什么作用？从广义上讲，教材是师生开展教学活动所选择、使用的蕴含着知识、技能、情感、态度、价值观等信息的资源，是教的资源和学的资源的统一，或者说是一切用于学习和教学的材料。狭义上讲，教材就是教科书，也就是师生教学时使用的课本。这里的教材概念，是指教科书。这两种理解在教学上都有意义。其次，我们应该怎样认识教材？从狭义的教材理解，我们说，“要用教材来教，而不是教教材”；从广义的教材来理解，我们说，“课本只是一种教材，不是唯一的教材”。或者说，教材只是课程的一种资源，而不是唯一资源。所以，专家、教师和学生等教学相关人员都可以开发和利用教材，这就需要对教材进行一度开发、二度开发和三度开发。

100.什么是教材的一度开发和二度开发？

关键词：一度开发、二度开发。教材的一度开发（下文简称“一度开发”），从广义上讲，是指教育专家和课程、学科专家对某一教育阶段的课程、教材的整体设计、编订和制作。它往往设计了一类学校或一类专业的课程、教材整体框架和具体样态，成品主要体现为课程标准（纲要）、教科书以及教学参考书或学习指导书等。狭义上讲，一度开发是指学科课程专家对教科书的设计、编订和制作。一度开发过程中开发者必然会自觉不自觉地融入自己的政治态度、价值观念、教育理想、专业知识、人生经验和生活阅历等，也必然会有时代与个人的局限性，需要教师的二度开发来补充材料、拓展视野、丰富思想、更新观念，使之具有时代性、应变性、鲜活性和情境性。

> 教师的职责现在已经越来越少地传递知识，而越来越多地激励思考；除了他的正式职能以外，他将越来越成为一个顾问，一位交换意见的参加者，一位帮助发现矛盾论点，而不是拿出现成真理的人。
>
> ——《学会生存——教育世界的今天和明天》

教材的二度开发（下文简称“二度开发”），是指教师依据自己的教育理念、知识储备和教学经验，对教材进行重新理解、组织、加工和输出的过程。这一过程实际上包含了教师进行教学设计（含传统意义上的备课）和具体实施教学方案的过程，同时也必然包括教师在课堂上的临时理解和发挥，以及在学生和情境的激发下，所产生的新的教学设想（包括新的灵感和直觉的理解）。在这种情况下，教师有时以一种教学机智的方式对教材做出最好的开发与理解，这是教师创造性的体现。可以肯定地说，尽管使用同一教材，但不同素质与修养的教师所做的开发与处理是绝对不同的，其课程实施效果也会大相径庭，正如同样的乐谱，每个表演者都会演奏出不同的乐章一样。

换言之，教师的二度开发就是对专家一度开发产品的发展和创新使用。它既以教材为依托，基于教材，又超越教材，可以从三个向度上展开：一是对既有教材灵活地、创造性地、个性化地运用；二是对其他教学素材资源的选择、整合和优化；三是自主开发其他新的教学资源。二度开发一方面服务于教师本人个性化的教学需求，体现出教师对教材内容的理解与诠释；另一方面也使原有的教材更适合于具体的教育教学情境，服务于学生的需要，有利于学生将教材内容转化为自己知识结构的组成部分。因此，在课程实施过程中，二度开发的作用是不容忽视的。不管是有意识的还是无意识的，教师的人生态度、思想观念、职业理想、人格品性、学科知识、学识品行、教育技能等个体特征，都会与教材内容有机地融为一体，并真实具体地展示出来。因此，当代教师不能仅仅是教材的传声筒和扬声器，而应成为教材的再度开发者。

101.什么是教材的三度开发？

关键词：教材的三度开发。教材的三度开发（下文简称“三度开发”）是指学生对教材的开发。**第一，教材三度开发是必然的。**三度开发是相对于一度开发、二度开发而言的。事实上，不管我们承认与否，学生对教材的三度开发都是客观存在的事实。（1）课程实施或学习过程中，学生总是自觉或不自觉地重新认识教材。（2）从教材本身来看，任何教材不一定是完全与时代、知识发展同步的，必然具有滞后性或超前性，这就为学生的三度开发提供了空间。（3）差异的存在必然导致对教材的不同理解。**第二，教材三度开发的含义、实质与特点是什么？**教材的三度开发是指学生对教材的开发和理解，是学生依据自己的兴趣、经验、知识基础和对时代、社会的感受，对教材的知识、信息和教师的解释所进行的接受、理解、调整、改造乃至批判的活动。其形式包括记忆、理解、诠释、改造、重组、拓展、补充、质疑、批判、创造等。**第三，明确三度开发与一度开发、二度开发的关系。**三者之间既有联系又有区别。就教材开发而言，一度开发与观念层次的课程相对应，二度开发和教学层次的课程相对应，三度开发与体验层次的课程相对应，也就是说，课程学科专家选编教材是一度开发；教师加工教材、进行教学设计和实施教学是二度开发；学生感知、理解、运用教材是三度开发。**第四，明确三度开发的意义与价值。**一是每一个学生都是独一无二的，他们有无穷的潜能、活力和资源，在互动的教学环境中可以有效地促进其他学生甚至教师的发展。二是三度开发是学生作为课程主体应有的权利和义务，他们有权利自由学习、理解和表达。三是三度开发是课程、教学所要达到的理想目标、所追求的最终效果。四是教师应该成为三度开发的促进者。（第96—101问根据邱得乐《课程教师论》改编）

102.怎样在课程实施中培养学生良好的思维习惯？

关键词：亲和力、创设情境、联系为主、探究学习。思维是学生在学习过程中形成思想和能力的基础所在。因此，着力培养学生形象、准确、敏捷的思维习惯是学生提高能力，完成高效学习的关键。那么怎样培养学生的思维习惯呢？**一是提高**

教师的亲和力——学生开动脑筋的发酵粉。教师的亲和力会产生师生之间的信任，和同学之间的认同感反映出他与他人的关系是和谐的，这些都是学习能够发生的基础。**二是创设培养学生思维习惯的情境**。多媒体具有图文、声、像等结合的特点，利用这一特点设计适合学生学习的情境，能有效激起学生学习的兴趣，激活学生的思维，使学生进入主动探索的最佳学习状态之中，而逐渐形成思维习惯。**三是联系地、发展地看问题——建立以联系为主的教学**。我们在教学中重视教学结果，而忽略教学中的联系。“联系能力”则反映着人的想象力的发展水平，具有联系能力的人也一定是一个思维习惯很好的人。**四是让学生习惯于探究学习**。加强探究教学有利于改变单一的学习方式，能达到优化教学过程的目的。优化的教学过程培养的是学生真正的想象力。**五是让学生体验、感受学习**。体验谓之亲身经历、实地领会，指通过亲身实践所获得思维的变化和经验。在学习中，“重过程、重体验、重探究”，以及情感表达中体验运用和研究的快乐。

第七章　班主任专业能力

103.新时期班主任需要哪些专业能力领域？

关键词：建班有方、活动有序、指导有法、评价有术、沟通有道。班主任专业能力即“管理班级、发展学生”的能力。根据教育部《中小学教师培训课程指导标准（班级管理）》（以下简称《指导标准》）共分为五大能力领域。一是班集体建设能力领域，二是组织班级活动能力领域，三是学习与发展指导能力领域，四是综合素质评价能力领域，五是沟通与合作能力领域。

104.什么是班主任核心能力项？各能力领域有哪些核心能力项？

核心能力项是《指导标准》在班主任五大专业能力区域后，又根据每一个能力区域，明确其所包含的基本能力，即“核心能力项”，来分别认定并划分班级管理能力水平。

依据五大能力领域，一是班集体建设能力领域，包括思想教育、日常管理、环境建设和班风建设等四个核心能力项；二是班级活动组织能力领域，包括班会活动、团队活动、文体活动和社会实践活动等四个核心能力项；三是学生发展指导能力领域，包括理想指导、学习指导、生活指导、生涯指导和心理指导等五个核心能力项；四是综合素质评价能力领域，包括品德发展评价、学业发展评价、社会实践评价、艺术素养评价、身心健康评价、劳动素养评价等六个核心能力项；五是沟通与合作能力领域，包括师生沟通与合作、教师间沟通与合作、家校沟通与合作和社区沟通与合作等四个核心能力项。

105.班级思想教育方面专业发展目标是什么？

思想教育方面发展目标，一是把握特点，紧紧围绕培养德智体美劳全面发展的社会主义建设者和接班人的总体目标，能把握不同阶段学生的身心发展规律和特点以及思想品德发展情况，善于通过喜闻乐见的教育形式，将社会主义核心价值观渗透到课堂教学、班级活动、社会实践中。二是言传身教，提高对教师是人类灵魂工程师、人类文明传播者的角色认知，注重言传身教，能以高尚的思想情操影响学生，以优秀的道德品质教育学生，做学生健康成长的指导者和引路人。三是方法适当，能准确、及时地把握学生的思想和行为状况，用合适的方法防止或有效矫正学生的不良行为。

106.什么是班主任能力诊断级差表？

关键词：源于现状、基于实际、自我诊断、激发需求。班主任的培训需求是发展性的内在需求，源于班主任对自身班级管理能力现状与培训目标“差距”的认知。基于我国中小学班主任班级管理工作的实际情况，教育部《中小学教师培训课程指导标准》研发了“能力诊断级差表”（以下简称“级差表”），目的是帮助班主任进行自我诊断，较直观地衡量自己现有的班级管理能力水平，从而找准自身能力与培训（研修）目标的“差距”，激发主动培训（研修）的内在需求。

107.怎样自我诊断思想教育能力水平？

请参照“能力诊断级差表”及其做法，看看你属于哪个水平？（能力水平分为四个等级：一级水平相当于初级水平，二级水平相当于中级水平，三级水平相当于良好水平，四级水平相当于优秀水平，下同）

关键词：我说你听、方法引导、言传身教、潜移默化。

一级水平：“我说你听”。思想教育工作主要靠说教，如热爱祖国、热爱集体、团结互助、尊老爱幼等要反复强调，让学生牢牢记住。

二级水平："方法引导"。用常用的教育方法，在常规教育教学活动中，能有意识地进行思想教育。

三级水平："言传身教"。通过摆事实、讲道理，影响学生思想意识，培养学生辨别能力。

四级水平："潜移默化"。善于从学生感兴趣的话题中寻找教育契机，灵活地、适时地、无痕迹地将思想教育贯穿于教育教学全过程。

108.怎样做好班级思想教育工作？

关键词：方法引导、言传身教、潜移默化

一是方法引导。通过摆事实、讲道理，影响学生的思想意识，培养学生辨别是非善恶的能力。对学生的思想问题具有一定的预见能力，能透过学生的行为判断学生的思想状况，并能够正确归因，努力寻找解决问题的方法。

二是言传身教。在常规教育教学活动中，能有意识地对学生进行思想品德教育。掌握了常用的教育方法，如榜样示范、情感陶冶、实践锻炼等。对学生的思想或行为问题能够理解和宽容，并积极想办法转变。

三是潜移默化。善于从学生感兴趣的话题中寻找教育契机，灵活地使用教育教学方法，将思想教育适时地、无痕迹地贯穿于教育教学全过程，使学生潜移默化地受到熏陶和影响。矫正学生的不良行为有高招、有妙法，逐步成为解决实际问题的能手。

109.怎样提高思想教育专业水平？

关键词：自我诊断（反思）、自我研修、同伴互助、专家引领

一是自我诊断，对照"级差表"典型行为，确定自己是哪一级水平。

二是自我研修，根据自己水平确定研修专题与主题。

三是同伴互助，与同伴研讨实际案例，在研讨中互相交流和帮助。

四是专家引领，针对自己和同伴解决不了的问题，争取寻求科研、教研部门或高校专家引领指导。

参照《中小学教师培训课程指导标准》介绍自我研修主题和专题。

关键词：目标内容、方法途径、热点难点。

不同水平班主任分别需要研修的主题与专题建议表

研修主题1：中小学学生思想教育的目标与内容

编号	专题	内容要点	适用水平
1	中小学思想品德教育的总体目标与内容	认真研读《中小学德育工作指南》；把握《中小学德育工作指南》的主体内容、制定缘由及特点	一、二、三、四
2	中小学学生社会主义核心价值观教育的案例学习与分析	理解社会主义核心价值观教育的意义，通过案例学习分析，掌握中小学学生进行社会主义核心价值观教育的方法	一、二
3	中小学学生法制和安全教育的案例分析	学习《中华人民共和国预防未成年人犯罪法》和《中小学法制教育指导纲要》，理解对中小学学生进行法制教育和安全教育的意义，通过案例分析掌握法制和安全教育的原则、途径与方法	一、二
4	中小学学生规则教育的案例分析	认识遵守规则对法治意识形成的重要性，通过案例学习分析掌握学生规则教育的原则、途径与方法	一、二

研修主题2：中小学学生思想教育的方法与途径

编号	专题	内容要点	适用水平
1	当代中小学学生思想品德发展的新问题及教育对策	了解当代中小学学生的生存与发展环境和当代中小学学生思想品德发展面临的新挑战，知道促进当代中小学学生思想品德发展的措施	二、三、四
2	养成良好品德、行为习惯的措施	认识养成良好品德、行为习惯的意义，把握良好品德、行为习惯的特点与养成措施	一、二
3	隐性德育理念与活动育人	理解隐性德育的内涵，学习文化育人及活动育人的理念与案例解析	二、三

研修主题 3：中小学学生思想教育的热点与难点问题

编号	专题	内容要点	适用水平
1	中小学学生思想教育的经验与智慧学习	学习与借鉴优秀班主任分享经验，思考自己在思想教育中的经验与教训	一、二
2	中小学学生思想教育的案例分析	选取中小学学生思想教育的典型案例并学习、分析或与同行研讨	一、二

注：所列学习研讨内容可依据文件题目或关键词语在网上搜索查找。

110.班级日常管理能力发展目标是什么？

一是了解特点。了解班级日常管理的内容和特点，根据学生的实际情况制定班级日常管理制度，对班级管理有整体规划，有建设目标。二是发现问题。能及时发现班级日常管理中存在的问题，采取恰当的管理方式，促进学生养成良好的习惯。三是有效指导。能有效指导班委会和团队工作，注重培养学生的自主、自律意识和团队协作能力，帮助和引导学生自主管理，确保班级的教育教学秩序。

111.怎样自我诊断班级日常管理能力水平？

请参照“级差表”及其做法，看看你属于哪个水平。

关键词：严格看管、规则约束、经验管理、自主管理。一级水平：“严格看管”。班级常规管理重要的是“不出事”，班主任需要勤跟班、勤督促。其他科任课教师上课，或学生自由活动期间，班主任要经常在旁边盯着。

二级水平：凭“经验管理”。

三级水平：靠“规则约束”。

四级水平：引导学生“自主管理”。

112.怎样做好班级日常管理工作？

关键词：常规管理、规则约束、自主管理

一是落实“常规管理”，了解班级日常管理的内容，能及时发现学生在纪律、卫生习惯、文明礼仪等方面出现的问题，能使用榜样激励、竞赛评比、惩戒等方式确保班级保持良好秩序。

二是加强“制度建设”，制定完善的班级学生行为规则，如《文明公约》《集会要求》《卫生岗位》《仪表规范》等，每项内容要求明确，注重培养学生的管理能力，学生自主、自律意识较强。

三是培养“自主管理”，班级管理需要制度约束，但规章制度的落实更重要。充分发挥班委会和团队干部的作用，培养学生的自主、自律意识。给学生提供参与班级管理的机会，让每个学生都有发言权。

113.怎样提高班级日常管理的专业水平？

关键词：自我诊断（反思），自我研修，同伴互助，专家引领

一是自我诊断，对照“级差表”典型行为，确定自己是哪一级水平。

二是自我研修，根据自己水平确定研修专题与主题。

三是同伴互助，与同伴研讨实际案例，在研讨中互相交流和帮助。

四是专家引领，针对自己和同伴解决不了的问题，争取寻求科研、教研部门或高校专家引领指导。

这里重点介绍自我研修主题与专题。

关键词：内容方法、热点难点

不同水平班主任分别需要研修的主题与专题一览表

研修主题1：班级日常管理的内容与方法

编号	专题	内容要点	适用水平
1	班主任每日、每周管理清单	班主任工作要点，班主任的职责，学习《中小学班主任工作规定》	一
2	班级管理制度的制定	知道班级建设目标，班级管理的类别、制定主体、制定流程	二、三

（续表）

编号	专题	内容要点	适用水平
3	班级的自主管理	理解班级自主管理的内涵，班级自主管理（班委会、团队工作等）的指导方法，班级自主管理案例分析	一
4	信息技术在班级日常管理中的应用	了解掌握班主任如何利用新媒体技术、信息技术、大数据、人工智能等辅助班级日常管理	二
5	班级突发事件的应对策略	知道班级可能突发的事件，突发事件的防范和预案，突发事件的妥善处置，典型突发事件的案例分析	一、二

研修主题 2：班级日常管理的热点与难点

编号	专题	内容要点	适用水平
1	未来班级与班级管理新理念	描绘未来班级的图景，分析未来班级的主要特点及未来班级面貌对班级管理提出的新要求	三、四
2	班级日常管理典型问题的行动研究	挖掘自己在班级日常管理中存在的典型问题，采用行动研究的方法，实施研究并交流研究过程与结果	三、四

注：所有学习研讨内容可依据文件题目或关键词语在网上搜索。

114. 班级环境建设能力发展目标是什么？

关键词：了解内涵、培育特色、共建共创

一是了解内涵与途径。了解班级环境建设的内涵和主要内容，掌握环境建设的途径和方法。二是培育班级特色。能根据学生的学习、活动需求建设班级环境，培育班级特色。三是师生共建共创。能积极发挥学科任课教师、学生、家长等在班级环境建设中的重要作用。

115.怎样自我诊断班级环境建设能力水平?

请参照“级差表”及其做法，看看你属于哪个水平。

关键词：应对检查、规范实用、师生共建、特色鲜明

一级水平：“简单随意，应对检查”。班主任能做的班级环境建设工作有限，主要是班级物品摆放、学习园地布置和环境卫生保持，这些工作比较简单，不用花费太多精力。

二级水平：“规范、整洁、实用”。以评比、检查、督促为手段，保持班级良好的卫生环境。

三级水平：“师生共建，整洁美观”。以亲自参与、岗位轮换、内容更换和竞赛评议等方法组织学生相互学习。

四级水平：“特色鲜明，环境育人”。让教室里的每一面墙壁、每一个角落都具有教育功能。

116.怎样做好班级环境建设工作?

关键词：落实规范、环境育人、特色鲜明。一是落实规范，即落实国家及学校班级环境建设规定，如在规定位置布置国旗、张贴社会主义核心价值观、《中小学生守则》等。二是环境育人，即在检查、督促、竞赛、评比等常规工作的基础上，捕捉和挖掘一切可以利用的教育资源，调动学生、科任教师、家长的积极性和创造性，让教室里的每一面墙壁、每一个角落都具有教育功能。三是特色鲜明，班级环境布置有特色，是师生温馨的家园，让学生具有强烈的归属感和自豪感。

117.怎样提高班级环境建设专业水平?

关键词：自我诊断（反思）、自我研修、同伴互助、专家引领

一是自我诊断，对照“级差表”典型行为，确定自己是哪一级水平。

二是自我研修，根据自己水平确定研修专题与主题。

三是同伴互助，与同伴研讨实际案例，在研讨中互相交流和帮助。

四是专家引领，针对自己和同伴解决不了的问题，争取寻求科研、教研部门或高校专家引领指导。

这里重点介绍自我研修主题与专题。

关键词：内容方法、热点难点

不同水平班主任分别需要研修的主题与专题一览表

研修主题：班级环境建设的内容与方法

编号	专题	内容要点	适用水平
1	班级环境建设的维度与内容	把握班级环境建设中的物理环境、文化环境、制度环境，基于学生学习、活动需求的建设要点	一、二
2	特色班级环境建设经验分享与成果观摩	了解特色班级环境建设的做法，现场观摩	一、二
3	班级环境建设的主体及作用发挥	理解班级环境建设的多主体——学生、班主任、科任教师、家长，不同主体的角色与作用	一、二、三
4	班级特色文化的建设策略	明白班级特色文化的育人意义、班情分析与班级特色文化的定位、优秀班级文化的案例分析与借鉴	二、三

注：所有学习研讨内容可依据文件题目或关键词语在网上搜索。

118.班风建设方面专业发展目标是什么？

关键词：明确作用、整体规划、言传身教。一是明确作用，明确班风是班集体的灵魂，注重发挥班风在增强集体凝聚力、约束力和创造力方面的重要作用。二是整体规划，对班风建设有整体规划，能做好班情分析，确定班集体的奋斗目标，并通过恰当的方式方法培育班风。三是注重言传身教，善于和班级其他教师合作，通过良好的班级舆论巩固和发展良好的班风。

119.怎样自我诊断班风建设能力水平？

关键词：严格纪律、班级舆论、寓教于群、关注需要

一级水平："严格纪律要求"。班风建设主要是抓好班级纪律，以保障学校、科任教师的教育活动正常进行。通过反复强调，严格管理，保证班级风气没有错误导向。

二级水平："把握正确班级舆论"。引导学生树立集体观念，增强集体荣誉感，通过墙报、班团队等舆论阵地，树立典型，表扬先进，帮助学生树立正确的价值观，提高学生辨别是非的能力。

三级水平："寓教于集体活动"。善于通过各种活动，促进团结友爱、合作互助、积极进取，形成班级凝聚力。

四级水平："关注学生发展需要"。根据学生的特点及发展需要，注重引导学生一步步从小目标开始逐步实现大目标。

120.怎样做好班风建设工作？

关键词：活动育人、关注发展。在严格班级纪律和把握舆论导向的基础上，一是坚持活动育人，善于通过运动会、班团队活动、主题教育活动、各种校内竞赛等集体活动促进学生团结友爱、合作互助、积极进取，形成班级凝聚力，注重发挥科任教师、家长的作用。二是关注学生发展需要，根据班级学生的特点及发展需要，与学生共同商讨确定班集体的近期目标和长远目标，注重引导学生一步步从小目标开始逐步实现大目标。师生关系民主，学生间团结友爱，师生经常针对学习或生活中的一些现象进行讨论，形成正确的舆论导向和稳定的集体风貌。

121.怎样提高班风建设专业水平？

关键词：自我诊断（反思）、自我研修、同伴互助、专家引领

一是自我诊断，对照"级差表"典型行为，确定自己是哪一级水平。

二是自我研修，根据自己水平确定研修主题与专题。

三是同伴互助，与同伴研讨实际案例，在研讨中互相交流和帮助。

四是专家引领，针对自己和同伴解决不了的问题，争取寻求科研、教研部门或高校专家引领指导。

这里重点介绍自我研修主题与专题。

关键词：内容方法、经验借鉴

不同水平班主任分别需要研修的主题与专题一览表

研修主题 1：班风建设的内容与方法

编号	专题	内容要点	适用水平
1	班风建设的意义和途径	认识班风建设的意义（有助于学生发展，有助于培养学生的主体性，有助于促进教育教学目标的实现）、良好班风的特征，在活动中培育良好班风的途径	一、二、三
2	基于班情诊断的班风建设	掌握班情诊断的途径与方法（入学调查、建群预热、家长会等），基于班情的班风定位	一、二、三
3	集体意识与良好班级舆论	努力达到集体意识的形成，班级凝聚力的形成，良好班风的形成	一
4	合理制定班级公约	班级公约的制定理念、制定原则，班级公约制定案例分析	一、二

研修主题 2：班风建设的经验与借鉴

编号	专题	内容要点	适用水平
1	优秀班主任班风建设案例分析	对优秀班主任的班风建设案例进行分析、讨论、交流并提炼分析	二、三
2	班风建设中典型性问题的行动研究	反思自己在班风建设中存在的典型问题，并进行行动研究，交流研究过程与结果	三、四

注：所有学习研讨内容可依据文件题目或关键词语在网上搜索。

122.组织班级文体活动方面专业发展目标是什么？

关键词：明确目的、遵循规律、有益身心。一是明确目的，明确开展文体活动的目的是促进学生健康成长，培养学生积极向上的生活情趣和健康文明的生活方式。二是遵循规律，遵循教育规律和学生身心发展特点，既面向全体又关注个体差异开展活动。三是有益身心，把握文体活动的娱乐性和教育性目标，针对学生身心发展规律和特点开展对学生身心健康发展有益的教育活动，在活动中能根据学生差异进行鼓励和引导。

123.怎样自我诊断组织文体活动的能力水平？

请参照"级差表"及其做法，看看你属于哪个水平。

关键词：完成任务、关注结果、培养兴趣、健康成长

一级水平：完成活动任务。在学校组织的运动会、文艺演出等活动前，把要求和任务下达给学生，如活动时间、地点、人员安排、物品准备、组织协调、注意事项等，交由学生干部或家长志愿者完成，对班级学生的参与情况、具体表现、取得什么样的成绩等没有太多要求。

二级水平：仅关注活动结果。

三级水平：重点培养兴趣爱好。

四级水平：促进全面健康成长。

124.怎样才能组织好班级文体活动？

关键词：认真准备、尊重规律、关注差异、育人为本

一是认真准备，在学校的文体活动和比赛前认真组织和准备，在活动过程中，对学生要严格要求。要从班级实际出发，有目的、有计划地开展多种文体活动，在活动中注重调动和发挥学生的积极性和主动性。在活动后带领学生进行总结和反思，培养学生在文体方面的兴趣和特长。

二是尊重规律，尊重学生的身心发展规律和特点，引导学生通过文体活动增强体质、陶冶情操、磨炼意志、培养人格。班级开展的文体活动要形式多样，生动活泼，健康向上。

三是关注差异，在活动中，既能面向全体学生，又能关注到学生身体素质、兴趣爱好等方面的差异；既能让有特长的学生得到充分展示和锻炼，也能为其他学生提供合适的机会，获得一定的发展。

四是育人为本，善于发挥文体活动的教育功能，促进良好班风形成，凝聚团队精神。

125.怎样提高组织班级文体活动的专业水平？

关键词：自我诊断（反思）、自我研修、同伴互助、专家引领

一是自我诊断，对照“级差表”典型行为，确定自己是哪一级水平。

二是自我研修，根据自己水平确定研修主题与专题。

三是同伴互助，与同伴研讨实际案例，在研讨中互相交流和帮助。

四是专家引领，针对自己和同伴解决不了的问题，争取寻求科研、教研部门或高校专家引领指导。

下面重点介绍自我研修主题与专题。

关键词：设计与实施、热点与难点

不同水平班主任分别需要研修的主题与专题一览表

研修主题	专题	内容要点	适用水平
学习班级文体活动的设计与实施	班级文体活动设计与组织中的问题与对策	反思自己在班级文体活动设计与组织中的做法与困惑，研究对策	一、二
	班级文体活动策划与有效实施	学习策划与实施班级文体活动的关键性步骤和方法	二
	优秀班级文体活动案例分析	对优秀班级文体活动案例进行分析，学习育人内涵及设计要点	二、三

（续表）

研修主题	专题	内容要点	适用水平
文体活动组织与实施的热点与难点	文体活动与“育人”	以文体活动为研究对象，剖析和反思如何在活动中促进学生的身心健康	三
	文体活动组织与实施的研究	梳理文体活动组织经验，以文体活动为研究对象进行个案研究的设计、实施与成果表述	四

注：所有学习研讨内容可依据文件题目或关键词语在网上搜索。

126.组织实践活动方面专业发展目标是什么？

关键词：了解特点、掌握要领、设计活动

一是了解特点。了解公益服务类、考察体验类、实践操作类社会实践活动的特点，明确社区服务、参观访问、劳动实践、社会角色体验等活动对增强学生社会责任感、创新精神和实践能力的意义和价值。二是掌握要领。掌握社会实践活动的实施步骤和指导要领，恰当地解决问题。三是设计活动。根据学生发展需要和地域特点，开发社会教育资源，设计实践活动。

127.怎样自我诊断组织实践活动方面的能力水平？

请参照“级差表”及其做法，看看你属于哪个水平。

关键词：完成任务、有序完成、关注效果、整体规划

一级水平：安全完成任务。考虑到学生安全等因素，不主动开展社会实践活动。学校要求组织就组织，学校不要求就不组织。在活动前，反复强调纪律要求和安全注意事项；在活动中，严格看管学生，保证不出差错。

二级水平：按程序组织完成任务。

三级水平：仅关注活动的实际效果。

四级水平：整体规划，促进发展。

128. 怎样做好组织实践活动方面的工作?

关键词：注重调动、整体规划、适合学生、安全第一

一是注重调动。经常组织一些具有班级特点的社会实践活动，注重调动学生参与活动的积极性。

二是整体规划。在活动前，鼓励学生发表自己的意见和建议，并指导学生设计活动内容和形式；在活动中，关注学生，观察学生的行为变化，捕捉学生的不同表现，并及时给予指导，出现问题时能够妥善处理；在活动后，及时总结和反思活动中出现的问题，培养学生的实践能力。

三是适合学生。要根据学生的年龄特点和发展需求，主动开发和利用家长、社区、社会活动资源，开展公益服务、考察体验、实践操作等多种形式的学习活动，注重将教育因素贯穿于活动的全过程，立足于学生长远发展，不单纯追求活动效果。

四是安全第一。在活动中，善于沟通和协调各种关系，能准确研判、主动防范活动中的各种安全隐患。

129. 怎样提高组织实践活动方面的专业水平?

关键词：自我诊断（反思）、自我研修、同伴互助、专家引领

一是自我诊断。对照“级差表”典型行为，确定自己是哪一级水平。

二是自我研修。根据自己水平确定研修主题与专题。

三是同伴互助。与同伴研讨实际案例，在研讨中互相交流和帮助。

四是专家引领。针对自己和同伴解决不了的问题，争取寻求科研、教研部门或高校专家引领指导。

下面重点介绍自我研修主题与专题。

关键词：设计实施、问题研究

不同水平班主任分别需要研修的主题与专题一览表

研修主题	专题	内容要点	适用水平
社会实践活动的设计与实施	了解社会实践活动的类型、特点与形式	了解公益服务类、考察体验类、实践操作类等社会实践活动的特点，各类活动的形式及教育价值	一、二
	社会实践活动设计与有效实施	学习策划与实施社会实践活动的方法，对关键性问题进行研究	一、二
	社会实践活动设计与组织中的问题与对策	反思自己在社会实践活动设计与组织中的做法与困惑，并进行梳理罗列	一、二
	优秀社会实践活动案例剖析	学习优秀社会实践活动案例	二、三
社会实践活动组织与实施的热点与难点	社会实践活动组织与实施的问题研究	以活动育人为研究对象，梳理社会实践活动组织经验	四

注：所有学习研讨内容可依据文件题目或关键词语在网上搜索。

130.学生学习发展指导能力方面包括哪些核心能力项？

关键词：理想、学习、生活、生涯、心理

包括理想指导、学习指导、生活指导、生涯指导、心理指导五个核心能力项。

131.怎样开展理想指导专业发展目标？

关键词：认识意义、掌握方法、因材施教

一是认识意义。认识到对学生进行理想指导关乎的根本任务落实问题，强化理想信念教育的重要意义。

二是掌握方法。掌握对学生进行理想指导的方法，采用学生喜闻乐见的方式，通过有效的教育载体，激发学生将实现个人理想融入实现国家富强、民族振兴、人民幸福的伟大中国梦之中。

三是因材施教。根据学生的年龄特点和认知水平进行理想指导，引导学生从小立志听党话、跟党走，正确认识个人兴趣特长与国家和社会需要的关系，努力培养德、智、体、美、劳全面发展的社会主义建设者和接班人。

132.怎样自我诊断理想指导能力水平？

请参照“级差表”及其做法，看看你属于哪个水平。

关键词：简单指导、团队落实、关注内容、提升意义

一级水平：简单指导，满足应知应会。认为学生年龄还小，认知水平较低，理想信念教育实施起来有一定困难。只是按照学校的教育要求，在日常教育教学活动中适当体现，没有过多地进行理想指导。要求学生牢记党团队知识、社会主义核心价值观等内容，并定期检查背诵情况。

二级水平：仅在团队会中落实。

三级水平：比较关注指导形式和内容。

四级水平：让有意义的事情有意思。

133.怎样做好理想指导工作？

关键词：从小立志、榜样示范、价值意义、潜移默化

一是从小立志。引导学生从小立志向、有梦想，长大后做对国家和社会有用的人。定期开展团队活动，引导学生在学习和实践中获得正确的政治启蒙和情感认同。

二是榜样示范。利用重大纪念日等教育契机，通过历史人物、时代先锋、模范英雄的典型事迹，培养学生热爱党、热爱祖国的朴素感情。善于通过多种喜闻乐见的形式，引导学生主动思考、发现、探索，不断引导学生坚定跟党走中国特色社会主义道路的理想信念。

三是价值意义。充分认识到理想信念是少年儿童的精神之柱、力量之源。引导学生树立正确的国家观、历史观、民族观、文化观和共产主义远大理想是教育的职责所在、使命所系。

四是潜移默化。能根据学生年龄特点，由浅入深、逐步递进地规划设计理想指导的内容和形式，将学科教学与理想指导紧密结合，关注知情意行相统一，“让有意义的事情有意思”，理想指导接地气、有实效，使学生在潜移默化中将个人理想与实现中华民族伟大复兴的中国梦结合起来。

134.怎样提高理想指导方面的专业水平？

关键词：自我诊断（反思）、自我研修、同伴互助、专家引领

一是自我诊断，对照“级差表”典型行为，确定自己是哪一级水平。

二是自我研修，根据自己水平确定研修主题与专题。

三是同伴互助，与同伴研讨实际案例，在研讨中互相交流和帮助。

四是专家引领，针对自己和同伴解决不了的问题，争取寻求科研、教研部门或高校专家引领指导。

下面重点介绍自我研修主题与专题。

关键词：目标内容、方法途径

不同水平班主任分别需要研修的主题与专题一览表

研修主题	专题	内容要点	适用水平
学生理想指导的内容	学习理想指导的基本内涵	学习理想指导的核心内涵，班主任在学生理想指导中扮演的角色	一
	掌握学生理想指导的内容	了解《中小学德育工作指南》中关于学生理想教育的相关论述	一、二
学生理想指导的方法与途径	设计开展学生理想教育	创新理想教育主题，以学科课程为载体，学生主体实践，营造理想育人的文化氛围。	二、三
	学生理想指导的案例研究	以梳理学生理想指导为基础，挖掘学生理想指导中的热点、难点问题，将问题转化为课题，实施案例研究、行动研究	三、四

注：所有学习研讨内容可依据文件题目或关键词语在网上搜索。

135. 开展学习指导方面的专业发展目标是什么？

关键词：学会学习、诊断指导、尊重规律。一是引导学生学会学习，养成良好的学习习惯；保护学生的求知欲和好奇心，培养学生的广泛兴趣、动手能力和探究精神。二是诊断指导，能通过课堂观察、作业、考试及与家长沟通等方式，对学生的学业水平进行诊断和指导。三是尊重规律，尊重教育规律和学生的身心发展规律，了解学生认知发展的规律和特点，掌握集体指导、个别辅导等多种学习指导的途径和方法。

136. 怎样自我诊断学习指导能力水平？

请参照“级差表”及其做法，看看你属于哪个水平。

关键词：管控督促、齐抓共管、科学诊断、激发兴趣

一级水平：尽职尽责，管控督促。按时到班，督促学习，组织学生上交作业，安排课代表将作业本交给各科教师。树立班级学习标杆，号召全班同学向尖子生看齐。利用课间休息时间辅导学生学习，在被其他科任教师告知某些学生上课注意力不集中、不认真完成学习任务、学习成绩下降时，对学生进行严肃批评，或向家长反馈，督促家长配合。

二级水平：明确要求，齐抓共管。

三级水平：面向全体，科学诊断。

四级水平：激发兴趣，注重方法。

137. 怎样做好学习指导方面工作？

关键词：全面关注、面向全体、激发兴趣、注重方法

一是全面关注。关注各学科学生学习的状况，对班级纪律提出具体、明确的要求，和所有科任教师保持联系，了解各学科的学习情况，进行观察，找学生谈心，告诫学生集中精力听讲。引导家长配合各科教师的工作，形成教育合力。

二是面向全体。对各层次学习水平的学生都给予足够的重视，通过多种方式，对学生的学业水平进行诊断，提高学生成绩有可行的办法，如经常安排成绩好的学生介绍学习经验，交流学习心得，带动全班学生共同进步。

三是注重激发学生的学习兴趣。提高学生学习主动性，通过多种方式，引导学生反思和改进学习方法，提高学习效率。

四是注重方法。善于凝聚班级科任教师的集体力量，合理地给各科教师分配辅导时间，为科任教师营造良好的施教环境。学生学习有目标、有方向、有劲头，不同学习水平的学生都能得到尊重和爱护，班级形成比、学、赶、帮的学习氛围。

138.怎样提高学习指导方面的专业水平？

关键词：自我诊断（反思）、自我研修、同伴互助、专家引领

一是自我诊断，对照“级差表”典型行为，确定自己是哪一级水平。

二是自我研修，根据自己水平确定研修主题与专题。

三是同伴互助，与同伴研讨实际案例，在研讨中互相交流和帮助。

四是专家引领，针对自己和同伴解决不了的问题，争取寻求科研、教研部门或高校专家引领指导。

下面重点介绍自我研修主题与专题。

关键词：学习特点、激发动机、方法策略、问题研究

不同水平班主任分别需要研修的主题与专题一览表

主题	专题	内容要点	适用水平
学习理论与学生学习指导的方法	中小学学生学习的特点	了解中小学学生学习的规律与特点，支持学生学习的环境	一、二
	学生学习动机的激发与维持	动机的定义，影响学习动机的因素，激发与维持学习动机的方法	一、二
	研究经常不交作业的学生的指导方法	对学生经常不写作业、不交作业的情况进行分析，多种指导方法及运用效果	一、二
	学习学生课堂干扰行为的影响及应对策略	掌握培养学生良好听课习惯的方法与策略	一、二
	学习指导的内容与方法	学情诊断，学习指导的内容，学习指导的途径与方法	一、二

（续表）

主题	专题	内容要点	适用水平
学生学习指导的问题研究	中小学学生学习问题的心理归因与对策	观察学生在学习能力、态度、行为中的典型问题及行为表现，分析学生学习问题背后的心理归因，探寻解决方案	一、二
	中小学学生学习指导中的典型问题及对策	书写自己在学生学习指导中的经验与困惑，分析问题，探讨对策	一、二
	学生学习指导的典型问题研究	学生学习指导中的典型问题梳理，对典型问题进行研究	三、四

注：所有学习研讨内容可依据文件题目或关键词语在网上搜索。

139.班级活动组织能力包括哪些核心能力？

关键词：班级活动、组织能力、核心能力。班级活动组织能力包括：文体活动组织能力、团队活动组织能力、班会活动组织能力和实践活动组织能力等四个核心能力项。

140.开展生活指导方面专业发展目标是什么？

关键词：明确目的、掌握方法、有针对性。一是明确目的。认识到生活指导的目的是培养学生良好的生活习惯、健康的生活情趣和乐观的生活态度。二是掌握方法。了解学生生活指导的基本内容，重视学生的视力健康，掌握行为强化、榜样示范、环境熏陶、生活体验等学生生活指导的途径和方法。三是有针对性。能结合学生的身心发展特点，开展有针对性的教育活动，培养学生良好的行为习惯、生活习惯和劳动习惯。

141.怎样自我诊断生活指导能力水平？

关键词：自我诊断、自理能力、指导方法。请参照“级差表”及其做法，看看你属于哪个水平。

一级水平：零散、随机指导——认为学生毕竟年龄小，生活自理能力需要老师指导、督促，但重要的还在于家庭培养。学生能按照学校的要求做就行了，完成得怎么样不必过于计较。

二级水平：严格要求，制度约束。

三级水平：关注细节，指导方法。

四级水平：渗透到教育活动中。

142.怎样做好生活指导方面工作？

关键词：渗透教育、指导方法、严格要求

一是渗透到教育活动中。能根据学生的年龄实际，提出具体要求，将学生生活能力的培养渗透到教学和班级日常管理中。从中教给学生正确的生活自理方法，培养学生在生活中独立解决问题的能力，引导学生积极进取、乐观向上、热爱自然、珍惜生命。

二是关注细节，指导方法。关注学生的校内外安全，利用班会、家长会对学生进行交通安全、预防地震、有效防火、严防暴力、预防溺水等相关教育。不断为学生创设多种生活情境，开展丰富的生活体验活动，培养学生主动探究的意识，养成自觉劳动、勤俭节约等良好的生活习惯。

三是严格要求，制度约束。班级制定作息时间要求、行为要求、纪律卫生要求等，并做好人员分工，要求学生按照分工完成任务，对完成得不好的学生进行批评教育。注重培养学生良好的生活习惯，对个人学习用品、生活用品的整理和摆放提出具体要求，并定期总结反馈。

143.怎样提高生活指导专业水平？

关键词：自我诊断（反思）、自我研修、同伴互助、专家引领

一是自我诊断。对照“级差表”典型行为，确定自己是哪一级水平。

二是自我研修。根据自己水平确定研修主题与专题。

三是同伴互助。与同伴研讨实际案例，在研讨中互相交流和帮助。

四是专家引领。针对自己和同伴解决不了的问题，争取寻求科研、教研部门或高校专家引领指导。

下面重点介绍自我研修主题与专题。

关键词：内容方法、问题研究

不同水平班主任分别需要研修的主题与专题一览表

研修主题 1：学生生活指导的内容与方法

编号	专题	内容要点	适用水平
1	学生生活指导的内容与策略	掌握研讨学生生活指导的内容，陈述遇到的问题与困惑，初步探索归因与策略	一
2	学生生活指导案例分析：问题与对策	对学生生活指导案例进行分析，研讨和交流学生生活指导中的典型问题与困惑	一、二
3	学生生活指导要在“细节”上下功夫	中小学学生的校园、家庭生活内容多而杂，教师如何细心指导学生养成良好的生活习惯	一、二
4	基于学生实际的活动指导	分析、了解学生实际生活的特点，生活的教育意义，生活指导的重点	一、二、三

研修主题 2：学生生活指导的问题研究

编号	专题	内容要点	适用水平
1	学生生活指导相关问题研究	学习梳理和分享学生生活指导经验，掌握学生生活指导中的热点、难点问题，并将问题转化为课题，实施行动研究，交流研究成果	三、四

注：所有学习研讨内容可依据文件题目或关键词语在网上搜索。

144.开展生涯指导方面专业发展目标是什么？

关键词：明确目的、掌握方法、正确引导。一是明确目的。明确生涯指导的目的是引导学生认识自我、适应社会、职业启蒙，提高对高中学生选科选考的指导能力，为学生实现个人理想奠基。二是掌握方法。了解国内外生涯指导的相关理论、经验和做法，了解学生生涯认知阶段的基本内容和指导方法。三是正确引导。能结合学生的意愿和兴趣，通过开展校内外角色模拟实践体验活动，引导学生了解当前的职业划分和将来可能面临的世界，渗透职业启蒙教育，逐步对学生进行职业定向与探索方面的指导，为将来进行职业选择做准备。

145.怎样自我诊断生涯指导能力水平?

请参照“级差表”及其做法，看看你属于哪个水平。

一级水平：按要求做，专业知识欠缺，能按照上级要求对学生进行劳动教育、感恩教育、理想教育等，但缺少生涯指导方面的专业知识。

二级水平：有意识地进行职业启蒙教育。

三级水平：有目的、有计划地指导。

四级水平：关注未来规划及人生理想指导。

146.怎样做好生涯指导工作?

关键词：渗透教育、关注细节、严格要求

一是渗透到教育活动中。尊重学生的不同想法，积极引导学生规划好自己未来的职业选择。指导学生阅读名人传记或励志、创业故事，并展开讨论和反思，为学生实现个人理想打下坚实基础。能够结合教育活动或学科教学，有意识地渗透生涯规划内容，引导学生认清“爱一行，干一行”与职业选择、改变等的辩证关系。

二是关注细节，指导方法。有目的、有计划地指导学生开展“模拟职场招聘会”等活动，或到社会各职业场所开展体验和社会小调查，体验不同行业劳动者的苦与乐、付出与回报等，了解他们创造的社会价值；引导学生了解当前的职业划分和将来可能面临的世界，尊重学生现阶段的职业规划倾向，为日后其进行职业选择奠定认知基础。

三是严格要求，制度约束。理解中小学学生生涯指导的重要意义。指导学生在家庭、学校中开展角色体验活动和服务活动，了解不同行业劳动者的辛苦付出，引导学生在体验过程中学会感恩，不断进步和成长。渗透职业启蒙教育，用“三百六十行，行行出状元”的思想影响学生。

147.怎样提高生涯指导专业水平？

关键词：自我诊断（反思）、自我研修、同伴互助、专家引领

一是自我诊断。对照“级差表”典型行为，确定自己是哪一级水平。

二是自我研修。根据自己水平确定研修主题与专题。

三是同伴互助。与同伴研讨实际案例，在研讨中互相交流和帮助。

四是专家引领。针对自己和同伴解决不了的问题，争取寻求科研、教研部门或高校专家引领指导。

下面重点介绍自我研修主题与专题。

关键词：理论方法、问题研究

不同水平班主任分别需要研修的主题与专题一览表

研修主题1：生涯教育的理论与指导方法

编号	专题	内容要点	适用水平
1	中小学学生生涯教育的内容	小学生：适应社会、人生理想、了解职业 初中生：职业选择、适应社会、人生理想的指导，了解职业概况，指导职业定向与探索，引导学生树立职业理想	一、二
2	中小学学生职业体验活动设计	理解中小学学生职业体验活动的主旨，分析优秀案例，活动设计练习及点评	一、二
3	国外生涯教育的实施及启示	学习国外生涯教育的发展轨迹、理念、举措及启示	二、三
4	心理发展阶段理论与生涯指导	学会借助案例分析如何依据人的心理发展阶段理论设计生涯指导方案	三

研修主题 2：中小学学生生涯指导的问题研究

编号	专题	内容要点	适用水平
1	生涯指导案例分析：问题与对策	分析学生生涯指导案例，研讨、交流生涯指导中遇到的问题与对策	一、二
2	优秀生涯指导案例分析	分析、讨论优秀生涯指导案例，交流并展示分析成果	二、三
3	生涯指导的热点与难点问题研究	梳理和分享学生生涯指导经验，掌握学生生涯指导中的热点、难点问题，并将问题转化为课题，实施行动研究，交流研究成果	四

注：所有学习研讨内容可依据文件题目或关键词语在网上搜索。

148.开展心理指导方面专业发展目标是什么？

关键词：把握特点、掌握方法、个别指导。一是把握特点。能准确把握中小学学生的生理和心理发展特点，注重在班级中营造积极、民主、安全的心理氛围。二是掌握方法。掌握保护和促进学生身心健康发展的策略，了解青春期相关知识以及青春期教育方法。三是个别指导。关注随迁子女、留守儿童、特殊儿童群体的实际需要，并通过个别谈话、集体辅导等方式对其进行有效的心理指导。

149.怎样自我诊断心理指导能力水平？

请参照“级差表”及其做法，看看你属于哪个水平。

一级水平：凭借经验开展心理指导——认为心理辅导工作比较专业，应该由心理老师或者专业工作者承担。

二级水平：捕捉普遍问题开展心理指导。

三级水平：通过活动进行心理指导。

四级水平：贯穿于教育活动全过程。

150.怎样做好心理指导方面的工作?

关键词：贯穿过程、活动指导、捕捉问题

一是贯穿于教育活动全过程。将心理辅导工作有意识地渗透到日常教育中，洞察学生内心，了解学生需要，经常琢磨能够促进学生心理健康的活动和妙招。持续开展各种心理辅导活动，利用文体活动、团体心理辅导、班团队活动等，面向全体学生开展情绪调控、人际交往、应对挫折、学校适应、青春期心理健康辅导，班级氛围积极、健康、民主、和谐。能准确识别和判断出患有多动症、抽动症、情绪障碍、人格障碍等身心问题的特殊学生，并积极主动地运用心理学相关知识和方法，采取针对性措施进行干预和疏导。

二是通过活动进行心理指导。经常通过团体辅导、情景剧、班级活动、案例分析、模拟体验等多种方式开展集体心理疏导。当班级学生出现有心理问题的迹象时，能及时发现，主动查找资料，或者向专业人员请教，及时进行疏导。针对有特殊情况或者有心理问题（障碍）的学生，能准确识别并及时进行干预和转化。

三是捕捉普遍问题开展心理指导。关注学生心理健康，理解学生，愿意倾听学生的心声，能捕捉到学生发展中遇到的比较普遍的心理问题。当班级发生同伴交往的矛盾和冲突时，能利用班会、课间时间进行疏导和处理。遇到有身心发展障碍的学生，能凭经验判断出是属于多动症、抽动症、自闭倾向、情绪障碍、学业困难等的哪一类，并利用家校合作、个别行为指导等方式进行教育和引导。

151.怎样提高心理指导专业水平?

关键词：自我诊断（反思）、自我研修、同伴互助、专家引领

一是自我诊断。对照“级差表”典型行为，确定自己是哪一级水平。

二是自我研修。根据自己水平确定研修主题与专题。

三是同伴互助。与同伴研讨实际案例，在研讨中互相交流和帮助。

四是专家引领。针对自己和同伴解决不了的问题，争取寻求科研、教研部门或高校专家引领指导。

下面重点介绍自我研修主题与专题。

关键词：理论与内容、问题研究

不同水平班主任心理指导方面分别需要研修的主题与专题

研修主题1：中小学学生心理发展理论与心理指导的内容

编号	专题	内容要点	适用水平
1	中小学学生的心理发展特点及行为表现	中小学学生的心理发展特点，中小学学生的行为表现	一、二
2	中小学学生的认知问题及解决策略	对自我的认知偏差，对人际关系的不良认知，对挫折的不良认知	一、二
3	中小学学生的情绪问题及解决策略	不稳定型情绪问题、抵触型情绪问题、退避型情绪问题	一、二
4	中小学学生的意志问题及解决策略	自律性问题、坚忍性问题、果断性问题	一、二
5	中小学学生的交往问题及解决策略	不良认知型交往问题、偏见型交往问题、青春期学生交往问题，如何指导学生进行人际交往	一、二
6	中小学学生的异常心理诊断与辅导	多动症、抽动症、自闭症、对立违抗、交往障碍、情绪障碍、阅读障碍、人格障碍的诊断标准与辅导策略	一、二

研修主题2：中小学学生心理指导的方法与问题研究

编号	专题	内容要点	适用水平
1	心理健康教育的基本方法	团体心理辅导方法、个别心理辅导方法	一、二
2	学生心理指导典型案例分析	对学生心理指导典型案例进行分析、讨论、交流并展示分析成果	一、二
3	青春期学生的心理教育问题与解决策略	青春期学生的心理特点与问题行为，通过案例分析青春期学生心理教育的典型问题及解决策略	一、二

（续表）

编号	专题	内容要点	适用水平
4	积极心理学与学生心理健康教育的途径与方法	积极心理学的研究领域，学生积极品质的培养，在班级管理中运用积极心理学的方法与练习	二、三
5	学生心理指导相关问题研究	在梳理和分享学生心理指导经验的基础上，挖掘学生心理指导中的热点、难点问题，并将问题转化为课题，实施行动研究，交流研究成果	三、四

注：所有学习研讨内容可依据文件题目或关键词语在网上搜索。

152.综合素质评价能力领域包括哪些核心能力项？

综合素质评价能力领域包括品德发展评价、学业发展评价、社会实践评价、艺术素养评价、身心健康评价、劳动素养评价等六项核心能力。从品德、学业、社会实践、艺术素养、身心健康、劳动素养等六大方面开展。

153.开展品德评价专业发展目标是什么？

关键词：明确目的、指导赏识、积极引导。一是明确目的。能认识到学生品德发展评价的目的在于促进和发展学生的优良品德，利用评价结果不断改进教育工作。二是指导赏识。能通过对学生的日常表现进行观察、诊断和指导，发现和赏识每位学生的进步。三是积极引导。能引导学生进行积极的自我评价，灵活使用多元评价方式，多视角、全过程、恰当地评价和指导学生品德发展。

154.怎样自我诊断品德评价能力水平？

请参照“级差表”及其做法，看看你属于哪个水平。

一级水平：注重品德发展的外在表现——评价学生的品德发展情况，主要是“观其行”。看学生行为举止是否符合中小学学生日常行为规范，对违反学校相关规范要求的学生进行批评教育。

二级水平：多种方式，促进发展。

三级水平：循序渐进，多元评价。

四级水平：立德树人，全面发展。

155.怎样做好品德评价工作？

关键词：全面发展、多元评价、多种方式

一是立德树人，全面发展。明确立德树人是教育的根本任务，知道立什么样的德，培养什么样的人。关注学生品德发展的整体状况，注重用良好的教师行为和班级风气，不断激励学生对自己的道德认知和道德行为进行改进和提升。通过生动活泼的教育形式和中华传统优秀文化作品，大力弘扬新时代主旋律和社会正能量，激励和引导学生明辨是非、善恶、美丑，促进学生良好品德形成。允许学生一次做不到，下次努力做，培养他们的自觉性，变“要我做”为“我要做”。

二是循序渐进，多元评价。了解学生品德发展的过程和特点，对小学低年级学生进行评价时，由浅入深、由概念到行为，制订不同层次的评价标准。为学生创设具体情境，有计划、有目的地使学生获得反复训练道德行为的机会，逐步形成正确的观念和行为习惯。强调多元化评价，建立学生、家长、教师等共同参与、交互作用的评价制度，形成积极、友好、民主的评价氛围，共同促进学生品德发展。

三是多种方式，促进发展。能抓住教育时机，结合学生在日常学习和生活中的品德表现，采取口头表扬、操行评语、观察记录等多种方式进行有效的指导和评价，有计划、有目的地开发评价卡片或评价量表等，调动学生的积极性，主动开展学生品德评价，促进学生良好品德形成。

156.怎样提高品德评价专业水平？

关键词：自我诊断（反思）、自我研修、同伴互助、专家引领

一是自我诊断。对照“级差表”典型行为，确定自己是哪一级水平。

二是自我研修。根据自己水平确定研修主题与专题。

三是同伴互助。与同伴研讨实际案例，在研讨中互相交流和帮助。

四是专家引领。针对自己和同伴解决不了的问题，争取寻求科研、教研部门或高校专家引领指导。

下面重点介绍自我研修主题与专题。

关键词：理论方法、问题研究

不同水平班主任分别需要研修的主题与专题一览表

研修主题 1：学生道德发展理论与品德发展评价方法

编号	专题	内容要点	适用水平
1	中小学学生品德发展表现性评价	了解表现性评价的基本特点、一般功能、核心要素、操作策略等	一、二
2	学生品德发展评价的方法与激励策略	掌握学生进行日常品德发展评价的方法，激励策略（如表扬条、积分卡等）的设计与实施	一、二
3	国内外学生品德发展评价比较	分析国内外学生品德评价的主要内容与典型方法、策略	二、三
4	国内外中小学学生道德发展理论前沿问题	了解国外中小学学生道德发展理论的新进展，国内中小学学生道德发展理论的新进展	三、四

研修主题 2：中小学学生品德发展评价的问题研究

编号	专题	内容要点	适用水平
1	学生品德发展评价案例分析：典型问题与对策	分析、研讨学生品德发展评价典型案例，交流学生品德发展评价中的常见问题与困惑	一、二

注：所有学习研讨内容可依据文件题目或关键词语在网上搜索。

157.完善学业评价方面专业发展目标是什么？

关键词：观点正确、了解内容、掌握方法。一是观点正确。能树立正确的学业发展评价观，明确学业发展评价与核心素养培养的关系，通过评价培养学生终身发展和应对未来挑战所需要的学习能力。二是了解内容。了解学生学业发展评价的主要内容，关注学生兴趣特长发展，重视学生发现问题、提出问题、解决问题能力以及实践探究能力和综合表现能力的发展与指导。三是掌握方法。掌握学业发展评价的方法，对学生学业发展进行针对性、综合性和发展性评价，引导学生学会学习。

158.怎样自我诊断学业评价能力水平？

请参照“极差表”及其做法，看看你属于哪个水平。

一级水平：关注学业成绩——学生学业评价重点是看考试分数，要想方设法提高班级学生的考试分数。

二级水平：关注学习态度。

三级水平：注重学习习惯。

四级水平：引导自主学习。

159.怎样做好学业评价方面的工作？

关键词：自主学习、注重习惯、关注态度

一是引导自主学习。以发展的眼光看待学生的学习，不以学生的学业成绩“论英雄”。关注学生的学习潜能，尊重学生之间的学力差异，客观评价学生的学习素质。以全面衡量学生学业发展和反映学生个体差异为出发点，关注学生学业成绩的变化与发展，全面、深入地反映学生的学习状况和学习过程。关注学生学习中的实际问题解决能力和实践能力的培养，发挥评价的激励和诊断功能，通过评价促进学生全面发展。

二是注重学习习惯。根据学生的年龄特点和课程特点制定学习评价要点，形成有特色的学业评价机制。经常对学生的预习、复习、听写、书写、发言、讨论等情况进行总结与评价，促进学生养成积极的学习态度，培养良好的学习习惯。及时将学生的学习状况反馈给家长，与家长交流学生的学业成绩，注重学生的学习态度、学习习惯，想方设法引导学生形成良好的学习习惯。

三是关注学习态度。关注学生的学习态度，当学生的学习态度积极时，能及时进行表扬和鼓励。与家长沟通时，不仅将学生的学习成绩通报给家长，也重视反馈学生的学习态度和兴趣，如学生对哪门课感兴趣、学生在课堂上的表现等，将终结性评价与形成性评价结合起来，促进学生学业水平提高。

160.怎样提高学业评价方面的专业水平？

关键词：自我诊断（反思）、自我研修、同伴互助、专家引领

一是自我诊断。对照“级差表”典型行为，确定自己是哪一级水平。

二是自我研修。根据自己水平确定研修主题与专题。

三是同伴互助。与同伴研讨实际案例，在研讨中互相交流和帮助。

四是专家引领。针对自己和同伴解决不了的问题，争取寻求科研、教研部门或高校专家引领指导。

下面重点介绍自我研修主题与专题。

关键词：理论方法、问题研究

不同水平班主任分别需要研修的主题与专题一览表

研修主题 1：学生学业发展评价的理论与方法

编号	专题	内容要点	适用水平
1	学生学业发展评价的内容解析	了解学生兴趣特长发展，把握学生发现问题、提出问题、解决问题的能力，培养学生的实践探究能力和综合表现能力	一、二、三
2	基于大数据的学生学业发展评价	了解大数据时代学习评价的理念与特点（帮助学生学习、关注个体差异、注重多元评价、评价反馈可视等），掌握在学生学业发展评价中使用大数据的途径和方法	一、二三、四
3	多元智能理论及智能评价	学习多元智能理论的主要观点及多元智能评价方法	二

（续表）

编号	专题	内容要点	适用水平
4	中小学学生课堂学习评价	了解课堂学习评价的目的、内容与方法，评价结果的反馈与作用	一、二
5	国外学生学业发展评价模式与启发	举例与分析国外学生学业发展评价典型模式，总结对我国学生学业发展评价的启发	三、四

研修主题 2：学生学业发展评价的问题研究

编号	专题	内容要点	适用水平
1	学生学业发展评价中的典型问题分析	了解学生学业发展评价中的常见问题，陈述自己在学生学业发展评价中的困惑，并进行研讨和交流	一、二
2	学生学业发展评价优秀案例剖析	分析学生学业发展评价优秀案例，讨论、交流并展示分析成果	二、三
3	学生学业发展评价的热点与难点问题	梳理和分享学生学业发展评价做法，掌握中小学学生学业发展评价中的热点、难点问题，并将问题转化为课题，实施行动研究，交流研究成果	四

注：所有学习研讨内容可依据文件题目或关键词语在网上搜索。

161.开展健康素养评价方面专业发展目标是什么？

关键词：理解意义、掌握方法、关注健康

一是理解意义。理解身心发展评价对学生全面发展的重要意义，认识到用积极心理学思想对学生身心发展进行评价的积极作用。二是掌握方法。了解身心发展评价的指标，掌握身心发展评价的基本方法，能利用学生成长档案，促进学生积极发展。三是关注健康。关注学生的身心健康发展，重视学生近视防控工作。

162.怎样自我诊断健康素养评价能力水平？

请参照“级差表”及其做法，看看你属于哪个水平。

一级水平：随机评价。在学生评语中渗透——评价学生时多采用正面引导，经常使用“你真棒”“你做得真好”等鼓励性语言。根据学校的要求或班级管理需要，对学生的饮食习惯、作息时间安排、文明礼仪等进行评价，并在期末学生操行评语中有所涉及。

二级水平：凭借经验，进行评价。

三级水平：根据学生特点运用多种方法进行评价。

四级水平：建立系统、有效评价机制，根据特点整体评价。

163.怎样做好健康素养评价工作？

关键词：建立系统、有效评价、多种评价、整体评价

一是建立系统、有效的评价机制。建立过程性评价机制，设计身心发展访谈卡、观察体验表、活动评价卡等评价工具，细致地记录学生的身心发展情况，建立有效的学生近视防控评价机制。在评价中，注意保护学生的自尊心，注重激发学生的内在发展动力，细化学生身心发展评价的主要指标，关注学生获得良好经验的过程，将学生积极的思考、行为和感悟从无意识转变为有意识，促进学生形成内在的成就感和自豪感。

二是根据学生特点运用多种方法进行评价。发挥评价对促进学生身心健康发展的作用，帮助学生在情绪、社会性、人格等方面健康发展。能够用积极心理学的主要观点与思想，对学生的健康生活方式、情绪行为调控能力、人际沟通能力进行评价。在评价过程中，不仅考虑班级全体学生的需要，还考虑学生的差异，细化评价指标，开展适合班级学生的评价与评比。

164.怎样提高健康素养评价的专业水平？

关键词：自我诊断（反思）、自我研修、同伴互助、专家引领

一是自我诊断。对照“级差表”典型行为，确定自己是哪一级水平。

二是自我研修。根据自己水平确定研修主题与专题。

三是同伴互助。与同伴研讨实际案例，在研讨中互相交流和帮助。

四是专家引领。针对自己和同伴解决不了的问题，争取寻求科研、教研部门或高校专家引领指导。

下面重点介绍自我研修主题与专题。

关键词：内容方法、问题探讨

不同水平班主任分别需要研修的主题与专题一览表

研修主题：中小学学生身心发展评价的方法与问题研究

编号	专题	内容要点	适用水平
1	小学生身心发展的特点	了解小学生生理发展的主要特征和小学生心理发展的主要特征	一、二
2	初中生身心发展的特点	了解初中生生理发展的主要特征和初中生心理发展的主要特征	一、二
3	中小学学生身体发展评价的内容	了解“绿色评价指标体系”，掌握身心发展水平指标下的身体形态机能、健康生活方式两项评价内容	一、二
4	中小学学生心理发展评价的内容	了解“绿色评价指标体系”，掌握身心发展水平指标下的审美修养、人际沟通、情绪行为调控三项评价内容	一、二
5	基于积极心理学的学生身心发展评价方式	学习积极心理学的主要观点，了解学生身心发展评价是为了学生幸福、健康地成长，评价工具开发与作用	一、二、三
6	中小学学生身心发展评价的难点问题研究	梳理和分享学生身心发展评价做法，掌握与身心发展评价相关的典型问题，确定研究选题方向及相关的研究方法	三、四

注：所有学习研讨内容可依据文件题目或关键词语在网上搜索。

165. 艺术素养评价方面专业发展目标是什么？

关键词：提高素养、了解内容、掌握方法。一是提高素养。通过艺术素养评价促进学生在艺术领域学习、体验、表达等方面的综合表现，提高学生的艺术素养。二是了解内容。了解学生艺术素养评价的主要内容，根据学生差异进行观察和分析。三是掌握方法。掌握学生艺术素养过程性评价的方式、方法。

166. 怎样自我诊断艺术素养评价能力水平？

请参照“级差表”及其做法，看看你属于哪个水平。

关键词：关注课程、关注实践、关注感知、关注个性

一级水平：关注艺术课程学习水平。按照上级和学校的要求填写评价表，根据学科教师的反馈，对学生的表现进行口头评价。

二级水平：关注学习水平和艺术实践。

三级水平：关注艺术感知力和欣赏力。

四级水平：关注个性发展。

167. 怎样做好艺术素养评价工作？

关键词：关注实践、关注特长、尊重个性

一是关注实践。关注学生学习水平和艺术实践，经常过问学生的学习情况，主动与学科教师沟通，结合出勤、参与度、学习任务等对学生进行口头评价。二是关注特长。关注特长发展，从基本知识技能、艺术活动的参与度、感知力、欣赏力等方面对学生进行评价。三是尊重个性。关注学习过程中的进步与提高，指导学生进行自评和互评。

168. 怎样提高艺术素养评价的专业水平？

关键词：自我诊断（反思）、自我研修、同伴互助、专家引领

一是自我诊断。对照“级差表”典型行为，确定自己是哪一级水平。

二是自我研修。根据自己水平确定研修主题与专题。

三是同伴互助。与同伴研讨实际案例，在研讨中互相交流和帮助。

四是专家引领。针对自己和同伴解决不了的问题，争取寻求科研、教研部门或高校专家引领指导。

下面重点介绍自我研修主题与专题。

关键词：研读文件、内容方法、问题研究

不同水平班主任分别需要研修的主题与专题一览表

研修主题	研修专题	内容要点	适用水平
艺术素养评价的方法与问题研究	认真研读《中小学生艺术素质测评办法》	研读中共中央办公厅、国务院办公厅《关于全面加强和改革新时代美育工作的意见》，了解学校美育工作的特点（以美育人，以文化育人，提高学生的审美和人文素养），知道《中小学生艺术素质测评办法》的研制背景、目的和原则、指标体系的构成与使用方法	一、二
	综合素质评价背景下的学生艺术素养评价	认识学生综合素质评价的意义与原则，理解学生艺术素养与综合素质的关系，知道学生艺术素养评价的理念、内容、方式与结果的使用	一、二、三
	学生艺术素养评价体系建构与实施的问题研究	能通过学生艺术素养评价典型案例分析，针对学生艺术素养评价体系的建构与实施中的问题，开展研究设计、实施与成果表述	三、四

注：所有学习研讨内容可依据文件题目或关键词语在网上搜索。

169.开展劳动素养评价专业发展目标是什么？

关键词：理解目的、实施评价、全程评价。一是理解目的。理解劳动素养评价的目的，促进学生形成良好的劳动习惯和积极的劳动态度。二是实施评价。结合学生的日常学习和生活进行观察、诊断和指导。三是全程评价。使学生树立正确的劳动观念，恰当运用评价方法，多维度、全过程地进行综合评价。

170.怎样自我诊断劳动素养评价能力水平？

请参照“级差表”及其做法，看看你属于哪个水平。

关键词：完成任务、关注态度、培养感情、综合育人

一级水平：奖勤罚懒，完成劳动任务。教学生自己的事情自己做和必备的劳动技能。在班级设定日常劳动岗位，督促学生完成班级卫生清扫及个人物品整理，主要采取“奖勤罚懒”的方式对学生的劳动情况进行评价。

二级水平：家校沟通，关注态度。

三级水平：培养学生的劳动情感，评价方式多样。

四级水平：发挥综合育人功能，评价科学有效。

171.怎样做好劳动素养评价工作？

关键词：劳动观念、建章立制、过程评价、综合育人。一是劳动观念。家校沟通，传递劳动光荣的观念。二是建章立制。把对劳动的评价纳入常规评价制度，有明确的奖励机制，能运用多样的评价方式调动学生的劳动积极性。三是过程评价。为学生建立评价档案，请家长、公益服务对象、学生同伴等共同为学生的劳动情况进行评价。四是综合育人。有针对性地对学生进行个别评价、针对性地开展劳动教育，发挥劳动的综合育人功能，以劳树德、以劳增智、以劳强体、以劳育美、以劳创新，促进学生德、智、体、美、劳全面发展，为学生的终身发展和人生幸福奠基。

172.怎样提高劳动素养评价专业水平？

关键词：自我诊断（反思）、自我研修、同伴互助、专家引领

一是自我诊断。对照“级差表”典型行为，确定自己是哪一级水平。

二是自我研修。根据自己水平确定研修主题与专题。

三是同伴互助。与同伴研讨实际案例，在研讨中互相交流和帮助。

四是专家引领。针对自己和同伴解决不了的问题，争取寻求科研、教研部门或高校专家引领指导。

下面重点介绍自我研修主题与专题。

关键词：认识意义、方法途径、问题研究

不同水平班主任分别需要研修的主题与专题一览表

研修主题	专题	内容要点	适用水平
中小学学生劳动素养评价的方法与问题研究	新时代劳动教育的重要性	认真研读《中共中央国务院关于全面加强新时代大中小学校劳动教育的意见》，知道劳动最光荣、劳动最崇高、劳动最伟大、劳动最美丽	一、二 三、四
	学生劳动素养评价的方法	学生劳动素养评价优秀案例分析，陈述自己评价学生劳动素养时常用的方法与困惑，并进行研讨和交流	一、二
	中小学生劳动素养评价的问题	在梳理和研究学生劳动素养评价做法的基础上，挖掘中小学生劳动素养评价中的热点、难点问题，并将问题转化为课题，实施行动研究，交流研究成果	三、四

注：所有学习研讨内容可依据文件题目或关键词语在网上搜索。

173. 开展实践评价的专业发展目标是什么？

关键词：理解作用、多元评价。一是理解作用。理解社会实践评价对增强学生社会责任感、提高社会实践能力、促进社会性发展的导向作用。二是多元评价。熟悉社会实践评价的主要内容，采用多元评价方式，有效运用档案袋进行过程性评价和表现性评价，对学生的综合素养进行全面评价。

174. 怎样自我诊断实践评价能力水平？

请参照“级差表”及其做法，看看你属于哪个水平。

关键词：完成任务、显性评价、关注变化、全面评价

一级水平：按规定要求评价。按照学校计划，组织学生参加社会实践活动。围绕参与活动的数量，给学生一个总体评价。对评价的内容、方式、方法等缺少深入思考，评价的随机性较大。

二级水平：围绕显性成果评价。

三级水平：关注学生的成长变化。

四级水平：关注过程，全面评价。

175.怎样做好实践评价方面工作？

关键词：多方参与、关注过程、全面评价

一是多方参与。关注学生参加社会实践的表现和问题解决情况，调动家长志愿者、相关学科教师、社会专业人员等参与协同指导与评价。

二是关注过程。开发多种形式记录和评价学生的学习过程及显性成果，通过现场观察和访谈等适当方式，反映学生在社会实践活动中的成长和变化。不仅重视对结果的评价，也重视过程的评价，关注学生的收获和进步。

三是全面评价。结合档案袋中的作品质量评价学生的社会实践态度、收获及进步程度等；通过学生在社会实践中的表现评价学生的合作交往、沟通交流、文明规则、社会责任等素养；开展常态化、多元性评价，促进学生社会实践能力提高。

176.怎样提高实践评价方面专业水平？

关键词：自我诊断（反思）、自我研修、同伴互助、专家引领

一是自我诊断。对照“级差表”典型行为，确定自己是哪一级水平。

二是自我研修。根据自己水平确定研修主题与专题。

三是同伴互助。与同伴研讨实际案例，在研讨中互相交流和帮助。

四是专家引领。针对自己和同伴解决不了的问题，争取寻求科研、教研部门或高校专家引领指导。

下面重点介绍自我研修主题与专题。

关键词：内容方法、档案袋法、关键能力

不同水平班主任分别需要研修的主题与专题一览表

研修主题 1：社会实践评价的方法与问题研究

研修主题	专题	内容要点	适用水平
社会实践评价的方法与问题研究	学生社会实践评价的内容、标准和方法	掌握评价内容（认知基础、实践能力和实践品质）、评价指标体系，评价方法	一、二
	档案袋评价在社会实践活动中的有效运用	掌握档案袋评价的基本特点、操作步骤、案例分析等	一、二
	学生在社会实践活动中的关键能力评价	以社会实践能力为核心，重点对问题解决能力、信息处理能力、合作交往能力、社会服务能力、创意设计能力、综合理解能力等项目进行评价	三
	社会实践评价优秀案例剖析与撰写	社会实践评价的目标、原则和措施，优秀案例的撰写	四

注：所有学习研讨内容可依据文件题目或关键词语在网上搜索。

177. 沟通与合作能力包括哪些核心能力？

关键词：师生、教师、家校、社区。沟通与合作能力包括师生沟通与合作、教师之间沟通与合作、家校沟通与合作、社区沟通与合作等四个核心能力项。

178. 师生沟通与合作方面专业发展目标是什么？

关键词：学生为本、了解特点、差异沟通。一是以学生为本。熟悉师生关系特点，强化正确的学生观。二是了解特点。了解不同阶段学生的身心发展特点，了解学生的家庭状况和个性特征。三是差异沟通。根据差异，采取恰当的沟通方式。

179.怎样自我诊断师生沟通与合作能力水平？

请参照“级差表”及其做法，看看你属于哪个水平。

关键词：树立威信、抓住时机、注重技巧、良师益友

一级水平：平等公正，树立威信。平等、公正地对待学生，在学生面前具有一定的威信。通过教育教学活动观察学生的言行，了解学生的表现，采取合适的方式，面向全体施教。

二级水平：抓住时机，采取恰当的沟通方式。

三级水平：理解信任学生，注重沟通技巧。

四级水平：讲究沟通艺术，是学生的良师益友。

180.怎样做好师生沟通方面工作？

关键词：倾听学生、理解信任、尊重人格

一是倾听学生。愿意倾听学生的心声，善于捕捉时机与学生沟通和交流，经常表扬学生，言行中饱含关爱、期待与赞赏；对犯错误的学生有耐心，能够将问题转化为帮助学生成长进步的契机。

二是理解信任。真诚地对待、理解和信任学生，经常和学生谈心，通过多渠道了解学生的学习和生活情况。

三是尊重人格。平等对待每一位学生，尊重学生的人格。具有较强的洞察力，能及时发现学生的细微变化，采取喜闻乐见的形式，如谈心、开展文体活动或班团队活动等，对学生进行正确的世界观、价值观、人生观引导。深受学生爱戴，是学生的良师益友。

181.怎样提高师生沟通的专业水平？

关键词：自我诊断（反思）、自我研修、同伴互助、专家引领

一是自我诊断。对照“级差表”典型行为，确定自己是哪一级水平。

二是自我研修。根据自己水平确定研修主题与专题。

三是同伴互助。与同伴研讨实际案例，在研讨中互相交流和帮助。

四是专家引领。针对自己和同伴解决不了的问题，争取寻求科研、教研部门或高校专家引领指导。

下面重点介绍自我研修主题与专题。

关键词：了解策略、沟通艺术、师生关系、心理辅导

不同水平班主任分别需要研修的主题与专题一览表

研修主题	专题	内容要点	适用水平
师生沟通的问题与方法研究	学习观察和了解学生的策略	学会制作观察记录单、学生访谈单、问卷等学生信息收集工具与使用	一、二、三
	沟通的艺术	知道如何说学生才会听，如何听学生才会说	一、二
	创建良好的师生关系	采用道具搭建，明确师生关系的本质，研讨创建良好师生关系的策略	一、二
	师生沟通案例剖析	不同问题情境下的师生沟通的方法与技巧	一、二
	学习心理咨询理论与技术	学习理论，练习倾听与提问、表达的技巧	三
	师生有效沟通问题研究	善于梳理师生沟通经验，挖掘师生沟通中的热点、难点问题，把问题转化为课题，实施行动研究	四

注：所有学习研讨内容可依据文件题目或关键词语在网上搜索。

182.教师之间沟通与合作的发展目标是什么?

关键词：认识作用、形成合力、沟通艺术。一是认识作用。充分认识科任教师在班级管理中的重要作用。二是形成合力。尊重、信任，建立合作互助的同事关系，形成合力。三是沟通艺术。掌握一定的沟通艺术与能力，共同商讨学生教育和班级建设中的问题，促进学生发展。

183.怎样自我诊断教师之间沟通与合作能力水平？

请参照“级差表”及其做法，看看你属于哪个水平。

关键词：简单联系、主动问询、积极配合、合作互助

一级水平：简单联系，沟通协作。教育班级学生要尊重、信任科任教师，了解科任教师的要求，关注课上的表现，配合科任教师做好教学工作，及时处理科任教师反映的问题。

二级水平：主动问询，解决问题。

三级水平：积极配合，树立威信。

四级水平：密切沟通，合作互助。

184.怎样做好教师之间沟通方面的工作？

关键词：尊重信任、参与管理、讲究艺术。一是尊重信任。尊重、信任科任教师，与科任教师沟通紧密，掌握学生整体情况和学习上的薄弱环节，商定解决问题的方法。邀请科任教师参加班级活动，增进了解，配合科任教师做好学生的教育工作。二是参与管理。参与班级管理，创造条件让科任教师多接触班级事务、参与班级管理，发挥科任教师的积极性和创造性。三是讲究艺术。掌握沟通艺术，化解师生间的矛盾，与科任教师相互学习、支持，关系融洽，共同促进学生的发展。

185.怎样提高教师之间沟通方面的专业水平？

关键词：自我诊断（反思）、自我研修、同伴互助、专家引领

一是自我诊断。对照“级差表”典型行为，确定自己是哪一级水平。

二是自我研修。根据自己水平确定研修主题与专题。

三是同伴互助。与同伴研讨实际案例，在研讨中互相交流和帮助。

四是专家引领。针对自己和同伴解决不了的问题，争取寻求科研、教研部门或高校专家引领指导。

下面重点介绍自我研修主题与专题。

关键词：问题策略、建立纽带、影响要素

不同水平班主任分别需要研修的主题与专题一览表

研修主题	专题	内容要点	适用水平
教师间沟通与合作的问题与方法研究	了解教师间沟通的问题与策略	了解班主任与科任教师沟通中存在的突出问题和策略	一、二
	建立科任教师与家长的沟通纽带	学习做好家长和科任教师关系中的桥梁，分析家长与科任教师间的主要矛盾及沟通策略	二、三
	学习影响人际交往的主要因素	学习影响人际关系的主要因素、人际交往中的障碍及克服方法	三
	研究教师合作的相关问题	梳理教师沟通与合作经验，挖掘教师合作中的热点、难点问题，把问题转化为课题，实施行动研究	四

注：所有学习研讨内容可依据文件题目或关键词语在网上搜索。

186.家校沟通与合作专业发展目标是什么？

关键词：提高认识、建立渠道、化解矛盾。一是提高认识。重视家校合作，根据类型特点选择恰当的沟通方式。二是建立渠道。借助多种途径，建立常态化沟通渠道。三是化解矛盾。掌握常见矛盾的类型、原因和方法，化解矛盾，妥善解决家校沟通问题。

187.怎样自我诊断家校沟通与合作能力水平？

请参照“级差表”及其做法，看看你属于哪个水平。

关键词：上传下达、主动沟通、积极合作、形成合力

一级水平：上传下达，严格督促。按照要求定期开家长会、教学开放课等活动，通过沟通平台向家长传达通知。当学生出现问题时，及时与家长取得联系，向家长反馈具体情况，与家长交流时不太注意方式和态度。

二级水平：畅通渠道，主动沟通。

三级水平：真诚平等，积极合作。

四级水平：民主和谐，形成合力。

188.怎样做好家校沟通与合作方面工作?

关键词：观念引导、有效沟通、尊重家长、搭建平台

一是观念引导。向家长介绍国家的教育政策和学校的办学理念，引导家长树立正确的教育观念，掌握科学的家庭教育方法。

二是有效沟通。建立稳定多样的沟通途径，有准备、有目的地进行家访，了解学生成长历程。运用各种方法，及时、客观、全面地向家长反映学生在学校的表现，既关注学生的学习情况，也关注学生的健康成长。

三是尊重家长。真诚平等，善解人意，善于预判和处理各种家校矛盾，设身处地地为家长和学生着想，得到家长的信赖和尊重。

四是搭建平台。充分发挥家委会的作用，有意识地为家长搭建互相学习的平台，适时召开家教经验交流会，请家长介绍有效的家教经验。

189.怎样提高家校沟通方面的专业水平?

关键词：自我诊断（反思）、自我研修、同伴互助、引领家长

一是自我诊断。对照“级差表”典型行为，确定自己是哪一级水平。

二是自我研修。根据自己水平确定研修主题与专题。

三是同伴互助。与同伴研讨实际案例，在研讨中互相交流和帮助。

四是专家引领。针对自己和同伴解决不了的问题，争取寻求科研、教研部门或高校专家引领指导。

下面重点介绍自我研修主题与专题。

关键词：了解特点、批判继承、家校共育、沟通方式

不同水平班主任分别需要研修的主题与专题一览表

研修主题	专题	内容要点	适用水平
家庭教育观念与方法	了解当前家庭教育的主要特点和问题	研读《家长教育行为规范》，了解当前家庭教育的主要特点与问题，正确理解家庭教育观念，掌握家庭教育的科学方法	一、二
	学习传统家庭教育思想	学习优秀的传统家庭教育的内容、方法以及借鉴内容	三
	构建和谐家校共育制度	构建家校共育制度，梳理家校共育途径与技巧、困惑与对策	一、二、三
	学习家庭教育指导方法	学习培养孩子的良好习惯、建立良好的亲子关系方法	一、二
家校沟通的有效方式	家长会的类型与组织	知道家长会在家校沟通中的作用、家长会的类型、召开家长会的过程与方法	一
	了解不同家庭类型的家校沟通途径、方法、问题与对策	当前不同家庭类型的特点，家校沟通的主要途径与方法（家长会、微信群、QQ群等），研讨家校沟通中存在的问题与策略	一、二、三
	家校沟通案例分析	对家校沟通优秀案例进行分析	二、三、四
	家委会管理与指导	家委会的职责与作用，不同班情的家委会特点，家委会管理案例分析	一、二、三
家校矛盾与对策	班级突发事件与家校沟通	班级突发事件的典型案例分析，危机事件的应对与处理	一、二
	家校矛盾中的法律维护	家校矛盾举例，以例释法	二、三
	家校常见矛盾的类型、原因和对策	家校常见矛盾的主要表现形式、原因分析与应对策略	二、三

注：所有学习研讨内容可依据文件题目或关键词语在网上搜索。

190.社区沟通与合作专业发展目标是什么？

关键词：认识意义、掌握方法、指导学生。一是认识意义。认识到学校与社区建立良好关系的意义与途径。二是掌握方法。掌握与社区沟通与合作的方法，创造性地开发利用社区的教育资源开展教育教学活动。三是指导学生。指导学生走进社区、服务社区，使其在社区进行参与式、体验式、探究式学习。

191.怎样自我诊断社区沟通与合作能力水平？

请参照“级差表”及其做法，看看你属于哪个水平。

关键词：完成任务、主动联系、赢得支持、合作共赢

一级水平：完成规定任务。对社区资源有一定了解，为完成学校的任务，与社区相关人员进行必要的沟通协调，落实场地安排、人员组织、安全防护等相关工作。

二级水平：主动与社区建立联系。

三级水平：主动联系，赢得支持。

四级水平：开发资源，合作共赢。

192.怎样做好社区沟通与合作方面的工作？

关键词：主动沟通、利用资源。一是主动沟通。主动与社区相关部门取得联系，赢得社区的支持，双方协商制订活动计划，明确活动主题。进入社区前，带领学生进行充分准备，让学生掌握必要的知识。二是利用资源。有较强的课程开发意识，创造性地利用社区教育资源开展教育教学活动，组织学生走进社区、服务社区，积极开展参与式、体验式、探究式学习，促进学生健康成长。

193.怎样提高社区沟通与合作方面的专业水平？

关键词：自我诊断（反思）、自我研修、观摩学习

一是自我诊断。对照“级差表”典型行为，确定自己是哪一级水平。

二是自我研修。根据自己水平确定研修主题与专题。

三是同伴互助。与同伴研讨实际案例，在研讨中互相交流和帮助。

四是专家引领。针对自己和同伴解决不了的问题，争取寻求科研、教研部门或高校专家引领指导。

下面重点介绍自我研修主题与专题。

关键词：有效开发、利用资源、搭建平台、经验反思

不同水平班主任分别需要研修的主题与专题一览表

研修主题	专题	内容要点	适用水平
社区沟通与合作的方法与问题	社区资源的有效开发	学习有效开发和利用社区资源的途径、问题及对策	一、二
	班级管理中社会资源开发与利用的典型问题分析	学习开发和利用社会资源时存在的突出问题以及应对策略与技巧	一、二
	建立社区学校，搭建合作育人平台	了解学校、社区、家庭共建社区学校的意义、模式和途径，利用社区学校开展合作育人活动	二、三
	班级管理中社区资源开发和利用的经验与反思	反思自己在社区资源开发和利用中的经验与思考，并进行研讨和交流	三
	班级管理中社区资源开发和利用的问题研究	梳理社区资源开发经验，挖掘社区资源辅助班级管理中的热点、难点问题，将问题转化为课题，实施行动研究，交流研究成果	四

模式篇

教育作为一个系统，包括宏观层次的培养目标，中观层次的课程与教材，微观层次的教育方法，上述三者构成了教育的循环系统。教师、学生、教学内容构成了教学的三要素。而能联结教学结构中各要素并使之具有相对稳定性、范式性的教学模式，便是课堂教学的集结点、落脚点，是课堂教学工作的枢纽，其地位是不言而喻的。本篇共分两章，侧重教学模式，兼顾教育模式、课程模式、育人模式和教师培训模式，设计了59个相关问题，并通过简答和列表的方式介绍了50多种模式。

优秀教师的五种心理能力：

角色适应力，

心灵感悟力，

情绪控制力，

心理承受力，

教育表现力。

第八章　教育、教学模式

1.什么是模式？什么是教学模式？

关键词：教学理论、结构框架、活动程序。“模式”一词是英文model的汉译名词。model还译为“模型”“范式”“典型”等。一般指被研究对象在理论上的逻辑框架，是经验与理论之间的一种可操作性的知识系统，是再现现实的一种理论性的简化结构。最先将“模式”一词引入到教学领域，并加以系统研究的人，当推美国的乔伊斯（B.Joyce）和韦尔（M.Weil）。教学模式可以定义为是**在一定教学思想或教学理论指导下建立起来的较为稳定的教学活动结构框架和活动程序**。作为结构框架，突出了教学模式从宏观上把握教学活动整体及各要素之间内部的关系和功能；作为活动程序则突出了教学模式的有序性和可操作性。

2.什么是教育模式？它和教学模式有什么关系？

> 台上45分钟课外下苦功，课堂品质决定人生品质。
>
> ——陈瑜

关键词：广义教育模式、狭义教育模式。教育模式是人们对教育进行有效实践而采取的一种教育策略的集合体系，其特点主要是体现出一定的程式。教学模式是在一定教学思想或教学理论指导下建立起来的较为稳定

> 教师常见的五个心理弱点：
>
> 1. 过于清高；
> 2. 当面不说，背后说；
> 3. 对什么都看不惯；
> 4. 好为人师，刚愎自用；
> 5. 缺乏社会经验。

的教学活动结构框架和活动程序。教育是培养人的活动。教学是通过教师的教和学生的学这一共同活动培养人的。很明确，教学模式是包含在教育模式之中的，教学模式不过是教育模式的一个部分。也可以说，教学模式是狭义的教育模式。本章所讲的教学模式是广义的教学模式，不限于课堂教学，或者说是与教育模式没有严格区分的教学模式。

3.什么是教学模式的结构？包括哪些因素？

关键词：理论依据、教学目标、操作程序、实现条件、教学评价。教学模式通常包括五个因素，这五个因素之间有规律地联系着就是教学模式的结构。五个因素是理论依据、教学目标、操作程序、实现条件和教学评价。一是理论依据。教学模式是一定的教学理论或教学思想的反映，是一定的教学理论指导下的教学行为规范。不同的教育观往往提出不同的教学模式。**二是教学目标。**任何教学模式都指向和完成一定的教学目标，在教学模式的结构中教学目标处于核心地位，并对构成教学模式的其他因素起着制约作用，它决定着教学模式的操作程序和师生在教学活动中的组合关系，也是教学评价的标准和尺度。**三是操作程序。**每一种教学模式都有其特定的逻辑步骤和操作程序，它规定了在教学活动中师生先做什么、后做什么，各步骤应当完成的任务。**四是实现条件。**实现条件是指能使教学模式发挥效力的各种条件因素，如教师、学生、教学内容、教学手段、教学环境、教学时间等等。**五是教学评价。**教学评价是指各种教学模式所特有的完成教学任务、达到教学目标的评价方法和标准等。由于不同教学模式所要完成的教学任务和达到的教学目标不同，使用的程序和条件不同，当然其评价的方法和标准也有所不同。

4.教学模式有哪些特点？

五个特点：指向性、操作性、完整性、稳定性、灵活性。一是指向性。由于任何一种教学模式都是围绕着一定的教学目标设计的，而且每种教学模式的有效运用也是需要一定条件的，因此不存在对任何教学过程都适用的普适性的模式，也谈不上哪一种教学模式是最好的。教学过程中在选择教学模式时必须注意不同教学模式的特点和性能，注意教学模式的指向性。**二是操作性**。教学模式为人们提供了一个比抽象的理论具体得多的教学行为框架，具体地规定了教师的教学行为，使得教师在课堂上有章可循，便于教师理解、把握和运用。**三是完整性**。教学模式是教学现实和教学理论构想的统一，所以它有一套完整的结构和一系列的运行要求，体现着理论上的自圆其说和过程上的有始有终。**四是稳定性**。教学模式是大量教学实践活动的理论概括，在一定程度上揭示了教学活动带有的普遍性规律。一般情况下，教学模式并不涉及具体的学科内容，所提供的程序对教学起着普遍的参考作用，具有一定的稳定性。但是这种稳定性又是相对的。**五是灵活性**。作为并非针对特定的教学内容教学，体现某种理论或思想，又要在具体的教学过程中进行操作的教学模式，在运用的过程中必须考虑到学科的特点、教学的内容、现有的教学条件和师生的具体情况，进行细微的方法上的调整，以体现对学科特点的主动适应。

> 教育是心灵的艺术。这个心灵既是指教师的心灵，也是指学生的心灵。从某种意义上讲，教育是师生心灵和谐共振、互相感染、互相影响、互相欣赏的精神创造过程。它是心灵对心灵的感受，心灵对心灵的理解，心灵对心灵的耕耘，心灵对心灵的创造。
>
> ——李镇西

5.教学模式的地位如何？

关键词：发展趋势、工作枢纽。主要有两点：**一是教学论发展是新趋势。**教学模式是教学论发展中的新的研究课题，从1972年乔伊斯和韦尔发表《教学模式》专著起，教学模式的研究，已受到国内外教育理论和教育实践家的普遍关注。我国教育理论工作者和广大教师在实践的基础上，也进行深入的理论研究，力图建立新的教学模式体系，这一切说明教学模式在教育系统所处的地位十分重要，引起广大教育工作者的高度重视。**二是教育循环系统和教学工作的枢纽。**教育作为一个循环系统，包括宏观层次的培养目标，中观层次的课程与教材，微观层次的教学方法，上述三者构成了教育的循环系统，而教师、学生、认知内容构成了教学的三要素。在教学系统中，能联结教学结构中各要素并使之具有相对稳定性、范型性的教学模式，便是课堂教学的集结点、落脚点，是课堂教学工作的枢纽，其地位是不言而喻的。

6.教学模式有哪些作用？

要点有三个：中介、方法、成长。教学总是包括理论和实践两个方面。教学模式兼有理论和实践两方面的特点。从理论上讲，教学模式是实施教学的理论，是设计与组织教学的理论，因此，可以说它是教学理论的具体化。它本身就体现着一定的教学思想、课程思想，同时它又规定着对教学过程中的具体方式、原则、教学结构、教学程序的综合，是教学实践与教学经验的系统概括。

具体讲有三点作用：一是中介作用，二是提供方法，三是促进成长。

一是教学模式的中介作用。一方面，教学模式来源于实践，是对一定的具体教学活动方式进行优选、概括、加工的结果，是为某一类教学及其所涉及的各种因素和它们之间的关系提供的一种相对稳定的操作框架，这种框架有着内在的逻辑关系的理论依据，已经具备了理论层面的意义。另一方面，教学模式又是某种理论的简化表现方式，它可以通过简明扼要的象征性的符号、图式和关系的解释，来反映它所依据的教学理论的基本特征，使人们在头脑中形成一个比抽象理论具体得多的教学程序性的实施程序。便于人们对某一教学理论的理解，也是抽象理论得以发挥其实践功能的中间环节，是教学理论得以具体指导教学，并在实践中运用的中介。

二是教学模式的方法论意义。长期以来，人们在教学研究上习惯于采取单一刻板的思维方式，比较重视用分析的方法对教学的各个部分进行研究，而忽视各部分之间的联系或关系；或习惯于停留在对各部分关系的抽象的辩证理解上，而缺乏作为教学活动的特色和可操作性。教学模式的研究指导人们从整体上去综合地探讨教学过程中各因素之间的相互作用和其多样化的表现形态，以动态的观点去把握教学过程的本质和规律，提供可操作的方法、程序，同时对加强教学设计、研究教学过程的优化组合也有一定的促进作用。

三是促进教师专业成长。教学模式研究有利于教师的实践能动性和创造性的发挥。教学过程理论具有高度的概括性和抽象性，教学实践具有丰富的活动性和可操作性。教学模式则可以较好地发挥教学理论具体化和教学活动方式概括化的中介作用。即教学模式是教学实践的产物，相对于实践是升华而高于实践，教学模式又是教学理论的演绎，相对于理论是派生而低于理论。研究和探讨教学模式，可以丰富和发展教学理论，又有利于指导教学改革实践，促进教师专业化成长。

7.教学模式与教学过程的关系如何？

关键词：抓特点、抓关键。教学模式的研究是抓特点，抓关键；教学过程的研究是看顺序，看发展。两者既有差异性，又有同一性。从辩证的观点看，模式中有过程，过程中有模式。一种教学模式，总有相对应的教学过程；反之亦然。变换过程常导致教学模式发生变换，具有对应性、同步性。两者既然有如此紧密的联系，那么，在研究教学模式的时候，就不能不对应地研究教学过程。

8.教学模式与教学方法的关系是怎样的？

关键词：主要矛盾、基本特征、概括抽象。教学模式要分析主要矛盾，认识基本特征；教学方法是为了达到一定教学目的而选择的教学方式、途径和手段。两者既有差异性，又有同一性。一般地说，教学模式较为概括、抽象，而教学方法则较为具体、实在。当然也有例外。从方法论说，模式是一种科学的方法；从模式论讲，方法可以形成模式。一种相对稳定的、卓有成效的教学方法，常常要应用多种教学方法；一种长期使用的教学方法有自身的特征，则可以形成某种教学模式。大的教学模式要应用多种教学方法，大的教学方法可抽象出较多的教学模式。因此，本书所讲的教学模式有的也是教学方法。

9.教师在实践中怎样建构教学模式？

关键词：打破神秘感、自主构建。

查有梁先生提出教学建模10条建议：

①打破教学建模的神秘感，每位教师都可自主建构教学模式。

②新课程、新标准、新教材，需要建构新的教学模式。

③从古至今，在实践中行之有效的教学模式，仍然有效。例如：孔子的“启发”式，《学记》的“善喻”式。

> 常见的四种不良个性的教师：
>
> 1. 冲动型教师；
> 2. 专制型教师；
> 3. 放任型教师；
> 4. 强迫型教师。

④采用“原型”→“模式”→“应用”，即“实例”→“模式”→“实例”的方式建模。应用这个公式，听一节课，就可建构一个教学模式。

⑤听一节课，先记下教学过程，再找出特点和取一个恰当的名称。

⑥找出这一节课教学的关键词——要简明、要鲜明、有变化。

⑦记下教学过程时，要撇开具体内容，小步抽象概括，概括要相对准确。

⑧在小学课堂教学中，每一个教学阶段是一个“节目”，不宜过长、过短，大约5分钟，每节课的“节目”约6～8个。

⑨教学建模是一种有效方法，能促进教学创新。

⑩教学模式是多种多样的，灵活变化的。要通过教学实例去建构教学模式，从而领悟出怎样建构教学模式。

10.古代有哪些教学（教育）模式？

请看下表：

代表人物	特点与方法	基本过程	借鉴意义
孔子	伦理中心，启发教学	学—问—习—思—行	启发式
柏拉图	重视数学，辩论中学	对话—辩论—思考—善	对话式
刘徽	问题中心，从例中学	问题—解法—原理—应用	问题式
朱熹	读书中心，研讨中学	学—问—思—辩—行	研讨式

11.近代有哪些教学（教育）模式？

代表人物	特点与方法	基本过程	借鉴意义
夸美纽斯	适应自然，班级教学	模仿自然—发现偏差—加以纠正	班级式
赫尔巴特	教师中心，从课中学	明了—联想—系统—方法	阶段式
杜威	学生中心，从做中学	暗示—问题—假设—推理—验证	实用式
蔡元培	贯穿美育，综合教学	自学—引领—综合—直觉—美	美感式
陶行知	生活中心，互教互学	生活—行动—联系—前进	生活式

教育者应具备明察秋毫的教育敏感、情不自禁的教育本能和化险为夷的教育机智。做到了这些，教育者所期待的“最佳教育时机”是随处可见，并且常常不期而至。

——李镇西

12.现代有哪些教学（教育）模式？

代表人物	特点与方法	基本过程	借鉴意义
布鲁纳	结构中心，发现教学	获得—结构—转换—发现—评价	发现模式
布鲁姆	目标中心，评价教学	目标定向—实施教学—形成性测试—反馈矫正—平行性测试	掌握模式
巴班斯基	方法中心，择优教学	选择—优化—组织—激励—检测	优化模式
合作教育学	人道中心，合作教学	兴趣—引导—合作—发展	合作模式
系统教育学	系统中心，模式综合	整体—历史—结构—变换—整体	系统模式

13.教学模式的发展趋势是什么？

关键词：多样化、演绎型、学为主、现代化

一是从单一教学模式向多样化教学模式发展。自从赫尔巴特提出“四段论”教学模式以来，经过其学生的实践和发展，逐渐以“传统教学模式”的名称成为20世纪教学模式的主导。以后杜威打着反传统的旗号，提出了实用主义教学模式，20世纪50年代以来一直在“传统”与“反传统”之间来回摆动。20世纪50年代以后，由于新的教学思想层出不穷，再加上新的科学技术革命使教学产生了很大的变化，教学模式出现了“百花齐放，百家争鸣”的繁荣局面。据乔伊斯和韦尔1980年的统计，教学模式有23种之多，其中我国提出的教学模式就有10多种。

低情商的三种障碍：

1. 缺乏自控能力。
2. 缺乏自省意识。
3. 缺乏自励精神。

二是由归纳型向演绎型教学模式发展。归纳型教学模式重视从经验中总结、归纳，它的起点是经验，形成思维的过程是归纳。演绎型教学模式指的是从一种科学理论假设出发，推演出一种教学模式，然后用严密的实验来验证其效用。它的起点是理论假设，形成思维的过程是演绎。归纳型教学模式来自教学实践的总结，不免有些不确定性，有些地方还不能自圆其说。而演绎型教学模式有一定的理论基础，能够自圆其说，有自己完备的体系。

> 要树立学生是主体的观念。老师要放开让学生去思考，自己去体会，自己去探索。要倡导启发式、探究式、讨论式、参与式教学，帮助学生学会学习。
>
> ——顾明远《绿叶集》

三是由以“教”为主向以“学”为主的教学模式发展。传统教学模式都是从教师如何去教这个角度进行阐述，忽视了学生如何学这个问题。杜威的“反传统”教学模式，使人们认识到学生应当是学习的主体，由此开始了以“学”为主的教学模式的研究。现代教学模式的发展趋势是重视教学活动中学生的主体性，重视学生对教学的参与，根据教学的需要合理设计“教”与“学”的活动。

四是教学模式的日益现代化。在当代教学模式的研究中，越来越重视引进现代科学技术的新理论、新成果。有些教学模式已经开始注意利用电脑等先进的科学技术的成果，教学条件的科学含量越来越高，充分利用可提供的教学条件设计教学模式。

14.从教学论的角度看，教学模式有哪些基本类型？

关键词：问答、授课、自学、合作、研究。从教学论角度来分，可以分为五种基本类型。教学论包括十分广泛的研究范围，它的主体应当是不可分割的两大部分：教的理论和学的理论。教学论的核心必然涉及两类人：教师和学生。在教学过程中，教师要发挥主导性，学生要发挥主动性。由教师之间关系耦合的强与弱，或者说由教学过程的重心偏向教的方面还是学的方面，可以引申出五种类型的教学模式：问答模式、授课模式、自学模式、合作模式、研究模式。请看下表：

模式名称	模式特点	基本教学过程
a.问答模式	师生问答，启发教学	提问—思考—答疑—练习—评价
b.授课模式	教师中心，系统授课	传授—理解—巩固—运用—检测
c.自学模式	学生中心，自学辅导	自学—解疑—练习—自评—反馈
d.合作模式	互教互学，合作教学	诱导—学习—讨论—练习—评价
e.研究模式	问题中心，论述答辩	问题—探索—报告—答辩—评价

教学论的五种模式a、b、c、d、e是一个发展序列。从a到e，学生的学习主动性愈来愈强，体现了“教是为了不教”这一规律；从a到e，教师教学的主导性愈来愈深化，体现了“教是为了学生发展”这一目标。

教学模式可以重新组合。在实践中，我们更应该重视多种教学模式的组合应用。我国教育实践工作者，提出实践的基础教学模式，从教学的角度看，多数有两种或两种以上组合的特点。既高度重视学生学习的主动性，又充分重视教师的主导性。基本上属于两种模式相加类型。

“授课+自学”型，如上海段力佩的“茶馆式”：读读、议议、讲讲、练练。大体属于d+c型。

“合作+自学”型，如武汉黎世法的单元模式：六课型单元教学法。大体属于d+c型。

“自学+问答”型，如辽宁魏书生的六步教学法：定向、自学、答疑、自测、总结。大体属于c+a型。

“合作+授课”型，如上海顾泠沅的回授模式：诱导尝试、归纳回授。大体属于d+b型。

“自学+问答+合作”型，如洋思中学的“先学后教，当堂训练”。基本属于c+a+d型。

“自学+合作+问答”型，如杜郎口中学的“三三六”模式。基本属于c+d+a型。

(9—14问根据查有梁《教育模式》改编)

15. 应用于多学科课堂教学的教学模式主要有哪些？

> 对任何一个教育者来说，其教育失误是难以避免的也是可以原谅的：经验不足啊，工作粗心啊，方法简单啊，褒贬失当啊等等；但是，最不能原谅的教育失误，便是对学生心灵的伤害。
>
> ——李镇西

关键词：传递接受、自学辅导、探究、概念获得、现象分析、奥苏贝尔、范例教学、抛锚式、合作学习、发现式。教学模式是教学理论的具体化，是教学实践的概括化的形式和系统，具有多样性和可操作性，因此教师对教学模式的选择和运用是有一定要求的，教学模式必须要与教学目标相契合，要考虑实际的教学条件，针对不同的教学内容来选择教学模式，当然首先还是要了解有哪些教学模式，它们的特点是什么。**应用于中小学多学科的教学模式主要有十种：一是传递—接受式，二是自学—辅导式，三是探究式教学，四是概念获得模式，五是现象分析模式，六是奥苏贝尔模式，七是范例教学模式，八是抛锚式教学，九是合作学习模式，十是发现式模式。**

16. 什么是传递—接受式？

传递—接受式教学模式一览表

理论基础	基本程序	教学原则	辅助系统	教学效果	实施建议
行为心理学原理，尤其受斯金纳操作性条件反射的训练心理学的影响	复习旧课—激发学习动机—讲授新课—巩固练习—检查评价—间隔性复习	根据学生的知识结构的认知水平对教学内容进行加工整理。发挥教师的主导作用	课本、黑板、粉笔、挂图、模型、投影仪等	优点：短时间内接受大量的信息。缺点：模式单一化，不利于创新和培养能力	在介绍讲解性的内容上运用比较有效，应试比较可行；单一使用，易造成一种“满堂灌”的效果，高分低能

该教学模式源于赫尔巴特的四段教学法，后来由苏联凯洛夫等人进行改造传入我国，在我国广为流行。很多教师在教学中自觉不自觉地都用这种方法教学。该模式以传授系统知识、培养基本技能为目标。其着眼点在于充分挖掘人的记忆力、推理能力与间接经验在掌握知识方面的作用，使学生比较快速有效地掌握更多的信息量。该模式强调教师的指导作用，认为知识是教师到学生的一种单向传递，非常注重教师的权威性。

给学生以心灵的自由，就是给学生以思想的自由，感情的自由，创造的自由——当我们无视学生的潜在能力，把他们当作“低能儿”进行“培养”的时候，学生的表现也许让我们不甚满意甚至失望；但是，如果我们充分信任学生，给他们提供机会并积极鼓励、激发、诱导其展示自己的智能时，学生所迸发出的创造性思维火花常常令我们惊喜。

——李镇西

17.什么是自学—辅导式？

自学—辅导式一览表

理论基础	基本程序	教学原则	辅助系统	教学效果	实施建议
人本主义，发挥学生的主体性	自学—讨论—启发—总结—练习巩固	难度适宜，适时点拨，先学后教	提供必要的学习材料和辅助设施	优点：提高能力，增强自主性、创造性；缺点：需要时间长，大班难	选择学生感兴趣的内容，要求教师组织能力和业务水平高，避免讲解，多启发

自学—辅导式的教学模式是学生在教师的指导下自己独立进行学习的模式。这种教学模式能够培养学生的独立思考能力，在教学实践中也有很多教师在运用它。

实施建议是，最好选择难度适中、学生比较感兴趣的内容进行自学，教师要有很高的组织能力和业务水平，避免讲解而是多启发。

于永正的“五重教学”（语文）：

重情趣：对学生有情，对教学有情，有趣味性。

重感悟：尊重学生，尊重规律，让学生自己感受和领悟。

重积累：语言的积累，生活的积累和感受（情感）的积累。

重迁移：举一反三，运用；读的迁移和写的迁移。

重习惯：一是学习习惯，二是运用语言的习惯。

18. 什么是探究式教学？

探究式教学一览表

理论基础	基本程序	教学原则	辅助系统	教学效果	实施建议
皮亚杰和布鲁纳的建构主义的理论，注重前认知，注重体验式教学，培养探究和思维能力	问题—假设—推理—验证—总结提高	建立民主宽容的教学环境，充分发挥学生的思维能力，教师要掌握学生的前认知特点，实施一定的教学策略	需要一定的供学生探究学习的设备和相关资料	优点：培养创新能力和思维能力，以及合作的精神和自主学习的能力。缺点：一般在小班进行，需要较好的教学支持系统，需要时间比较长	尊重学生主体性，创设民主平等的环境，多鼓励，不要轻易地对学生说对或错，以引导为主，不轻易告知探究的结果

探究式教学以问题解决为中心，注重学生的独立活动，着眼于学生的思维能力的培养。实施建议是，在探究性教学中，教师一定要尊重学生的主体性，创设一个

宽容、民主、平等的教学环境，教师要对那些打破常规的学生予以一定的鼓励，不要轻易地对学生说对或错，教师要以引导为主，切不可轻易告知学生探究的结果。

高效课堂评价的“四看”“五有”：

“四看”：一看自主的程度，二看合作的效度，三看探究的深度，四看生成的高度。

“五有”：一有精彩的展示，二有巧妙的生成，三有得意的发现，四有真实的感动，五有会心的微笑。

19. 什么是概念获得模式？

概念获得模式一览表

理论基础	基本程序	教学原则	辅助系统	教学效果	实施建议
布鲁纳、古德诺和奥斯汀的思维研究理论	选定概念—确定属性—选择例子—导入概念化过程—呈现例子—学生概括并定义—提供更多的例子—进一步研讨并形成正确概念—概念的运用与拓展	概念获得模式是采取“归纳—演绎”的思维形式	需要大量正反例子，课前教师需要精心地准备	能够培养学生的归纳和演绎能力，能够形成比较清晰的概念，能够培养学生严谨的逻辑推理能力	针对概念性很强的内容实施教学，课前教师要对概念的内涵与外延做很好的梳理

该模式的目标是使学习者通过体验所学概念的形成过程来培养他们的思维能力。该模式主要反映了认知心理学的观点，强调学习是认知结构的组织与重组的观

点。实施建议是，针对概念性很强的内容实施教学，课前教师要对概念的内涵与外延做很好的梳理。

20.什么是巴特勒学习模式?

巴特勒学习模式（“七段”教学论）一览表

理论基础	基本程序	教学原则	辅助系统	教学效果	实施建议
信息加工理论	设置情境—激发动机—组织教学—应用新知—检测评价—巩固练习—拓展与迁移	注重元认知的调节，利用学习策略对学习任务进行加工，最后生成学习结果	一般的课堂环境，掌握学习策略的教师	普适性，根据不同内容可以转化为不同的教学法，教师灵活驾驭可达到好的教学效果	研究型教师，具有一定的教育学和心理学的知识，掌握元认知策略，可灵活运用这种教学模式

20世纪70年代美国教育心理学家巴特勒提出教学的7要素，并提出“七段”教学论，在国际上影响很大。实施建议是，教师应该是一位研究型的教师，具有一定的教育学和心理学的知识，掌握元认知策略，可以灵活运用这种教学模式。

所谓“教育良知”，其实就是“以心换心”。如果你是孩子，你希望你遇到怎样的老师，你就做那样的老师；如果你是家长，你希望你的孩子遇到怎样的老师，你就做那样的老师。

——李镇西

21.什么是抛锚式教学？

抛锚式教学一览表

理论基础	基本程序	教学原则	辅助系统	教学效果	实施建议
建构主义	创设情境—确定问题—自主学习—协作学习—效果评价	情境与问题一致，问题难易适中，要具有一定的真实性，要充分发挥学生的主体性	巧设情境，合作学习	能培养学生的创新能力、解决问题能力、独立思考能力、合作能力等	创设情境并适时抛出问题，注意情境感染与熏陶作用

这种教学要求建立在有感染力的真实事件或真实问题的基础上。确定这类真实事件或真实问题被形象地比喻为“抛锚”，因为一旦这类事件或问题被确定了，整个教学内容和教学进程也就被确定了(就像轮船被锚固定一样)。

22.什么是范例教学模式？

范例教学模式一览表

理论基础	教学原则	辅助系统	教学效果	实施建议
遵循认知规律：从个别到一般，从具体到抽象的过程	要遵循这个基本顺序：从个别入手，归纳成类，再从类入手，提炼本质特征，最后上升到规律与原理	选取不同的带有典型性的范例	有助于培养学生的分析能力，有助于学生理解规律和原理	比较适合社会科学中的一些原理和规律教学，范例有代表性，能激发学生的兴趣

范例教学模式比较适合原理、规律性的知识。它是德国教育实践家M.瓦根舍因提出来的。实施建议是，比较适合社会科学中的一些原理和规律教学，范例要有一定的代表性，最好能激发学生的兴趣。

23.什么是现象分析模式？

现象分析模式一览表

理论基础	基本程序	教学原则	辅助系统	教学效果	实施建议
建构主义的认知理论，非常注意学生利用自己的先前经验	出示现象—解释现象的形成原因—现象的结果分析—解决方法分析	现象能够反映本质规律，创设民主环境，充分发挥学生的主体性，让他们进行解释说明	真实的现象感受，最好有音像辅助设备	培养学生的分析能力、综合能力	调动学生的思维，让他们去发现现象背后的规律；选取的现象要具有一定的典型性，能揭示现象背后的规律

实施建议是，教师要调动学生的思维，让他们去发现现象背后的规律；选取的现象要具有一定的典型性，能揭示背后的规律。

> **没有爱就没有教育，没有兴趣就没有学习。**
>
> **教育的爱是建立在师生相互信赖的基础上的。这种爱将是巨大的教育力量。**
>
> **——顾明远《绿叶集》**

24. 什么是奥苏贝尔模式？

奥苏贝尔模式一览表

理论基础	基本程序	教学原则	辅助系统	教学效果	实施建议
“有意义接受学习”理论。“认知—接受”说	提出先行组织者—逐步分化—综合贯通。①呈现先行组织者；②呈现学习课题或学习材料；③认知结构的加强	新知识与已有知识之间建立了联系；新旧知识的同化	认知的内驱力、自我提高的内驱力和附属的内驱力。其中，认知的内驱力最为重要，也最稳固	提倡在课堂中使用讲授教学模式。认为讲授法是一种最经济、最便捷、最有效的教学方式	（1）只适合于知识学习，而且是陈述性知识的学习过程，不全适用于解释程序性知识的学习过程。（2）根据学生原有知识状况进行教学

奥苏贝尔是认知结构理论的具体化的实用者。他通俗地认为认知结构就是书本知识在学生头脑中的再现形式，是有意义学习的结果和条件。他着重强调了概括性强、清晰、牢固、具有可辨别性和可利用性的认知结构在学习过程中的作用，并把建立学习者对教材的清晰、牢固的认知结构作为教学的主要任务。

25. 什么是合作学习模式？

合作学习模式一览表

理论基础	基本程序	教学原则	辅助系统	教学效果	实施建议
建构主义学习理论、合作学习理论	明确任务—小组学习（检查、讨论、表现）—组际交流—评价	主体参与，全员参与，主动参与，差异参与，自我管理，人际合作	以集体授课为基础，学生个人学习为前提，主要形式是班内组成若干学习小组	师生之间、学生之间的互动；为学生的全面发展特别是学生的个体社会化发展，创造适宜的环境和条件	教师精心设计合作学习的内容，让学生做到“三自”“三有”，即自己提出问题，自己分析问题，自己解决问题，并在合作的过程中有争论，有发现，有创新

它是一种通过小组形式组织学生进行学习的策略。小组取得的成绩与个体的表现是紧密联系的。约翰逊(D.W.Johnson，1989)认为合作式学习必须具备五大要素：①个体积极的相互依靠；②个体有直接的交流；③个体必须都掌握给小组的材料；④个体具备协作技巧；⑤群体策略。合作式学习有利于发展学生个体思维能力和动作技能，增强学生之间的沟通能力和包容能力，还能培养学生的团队精神，提高学生的学业成绩。

课堂里的合作有四点不足之处：首先，如果学得慢的学生需要学得快的学生的帮助，那么对于学得快的学生来说，在一定程度上就得放慢学习进度，影响自身发展。其次，能力强的学生有可能支配能力差或沉默寡言的学生，使后者更加退缩，前者反而更加不动脑筋。再次，合作容易忽视个别差异，影响对合作感到不自然的学生的学习进步。最后，小组的成就过多依靠个体的成就，一旦有个体能力不足或不感兴趣，则会导致合作失败。

26.什么是发现式教学?

发现式教学一览表

理论基础	基本程序	教学原则	辅助系统	教学效果	实施建议
布鲁纳的认知结构学习理论（发现学习论）	获得—结构—转换—发现—评价	（1）动机原则；（2）结构原则；（3）程序原则；（4）强化原则	三种最基本内在动机：好奇内驱力（求知欲）、胜任内驱力（成功的欲望）、互惠内驱力（人与人之间和睦共处的需要）	（1）发展认知能力，增强智慧潜力。（2）提高学习兴趣，激发内在动机。（3）让学生学会发现与探究方法。（4）“发现学习”有助于记忆	（1）全面深入地分析教材。(2)选取灵活程序和方式组织教学过程。(3)提供反馈信息，并教育学生自我反馈

发现式教学是以培养学生探索知识、发现知识为主要目标的一种教学模式。

这种模式最根本的地方在于让学生像科学家一样来体验知识产生的过程。布鲁纳(J.S.Bruner)认为发现式教学法有四个优点：（1）提高学生对知识的保持。（2）教学中提供了便于学生解决问题的信息，可增加学生的智慧潜能。（3）通过发现可以激励学生的内在动机，引发其对知识的兴趣。（4）学生获得了解决问题的技能。根据许多心理学家对这种教学模式的研究，它更适合于低年级的教学，而且在课堂上运用太费时间，又难以掌握。

27.什么是微课？微课有哪些主要特点？

关键词：微课程、视频课程。微课是微课程的简称，它是以微型教学视频为主要载体，教师针对某个学科知识点（如重点、难点、疑点、考点等）或教学环节（如学习活动、主题、实验、任务等）而设计开发的一种情境化、支持多种学习方式的新型在线网络视频课程。网络上对“微课程”这一概念有很多个定义。但是总体来看，微课程就是要把老师的课程，用数字化手段数字化。数字化的最大好处是可以替代老师上课，同学们在任何时间、任何地点，可以反复来看，这是微课程的最大好处。微课程应该记录什么呢？第一点，是记录教师个人对教学内容的理解；第二点，是记录教师帮助学生认知的教育策略、教学方法和他与学生的情感活动。

“微课”的主要特点。一是教学时间较短：教学视频是微课的核心组成内容。“微课”的时长一般为5—8分钟，最长不超10分钟。**二是教学内容较少：**相对于较宽泛的传统课堂，“微课”的问题聚集，主题突出，更适合教师的需要。**三是资源容量较小：**“微课”视频及配套辅助资源的总容量一般在几十兆左右，视频格式须是支持网络在线播放的流媒体格式，师生可在线流畅地观摩课例，查看教案、课件等辅助资源；也可灵活方便地将其下载保存到终端

> **成长是一本无字的书，你只有书写它，才会留下岁月的印痕；成长是一首无言的诗，你只有解读它，才会体会诗意的胸怀；成长是一眼无底的泉，你只有深挖它，才会品味清冽的甘醇；成长是一面无形的镜，你只有对照它，才会映照出奋进的影子。**
>
> **——王秀菊**

设备（如笔记本电脑、手机、MP4等）上实现移动学习、“泛在学习”。**四是资源组成结构构成“情境化”**：资源使用方便。“微课”选取的教学内容一般要求主题突出、指向明确、相对完整。它以教学视频片段为主线“统整”教学设计、多媒体素材和课件、课后教学反思、学生反馈意见等教学资源，营造了一个真实的“微教学资源环境”。

怎么设计微课程？微课程和纸质教材之间，不是排斥的关系，而是互补的关系，各有各的用处。微课程设计的程序有三大要素：第一，选题。选重点、难点和易错点。如果你刚开始做微课程，我建议你从易错点开始。第二，设计。设计就是报告内容结构。但是我特别要强调创意，回顾了三五分钟讲一个点，创意视频，如果照本宣科念，学生不喜欢。第三，制作。制作主要是在技术上学生能看清楚。目前在我们组织的教学里面，首先是用手机和平板摄像，老师在备稿纸上写，然后录下来就可以了。

28.什么是翻转课堂式教学模式？

关键词：新型教学、“学—教”模式。翻转课堂式教学模式是从英语Flipped Class Model翻译过来的术语。“翻转课堂”又被称为“颠倒教室”。2011年在美国各地中小学兴起，目前北美洲已经有上千所中小学开展这一新型教学模式。

传统的教学模式是老师在课堂上授课，布置作业，让学生回家练习。而在“翻转课堂”中，教师创建视频，学生在家中或课外观看视频中教师的讲解，回到课堂上师生面对面交流和完成作业。**课堂变成了老师学生之间和学生与学生之间互动的场所，包括答疑解惑、知识的运用等，从而达到更好**

教师健康人格的职业特征：

1. 认真负责。
2. 乐观有爱心。
3. 刻苦钻研。
4. 自尊、自信。
5. 团结合作。
6. 自控、坚忍。
7. 独立、创新。

的教育效果。也就是说，“翻转课堂”将教学由“教—学”模式变成“学—教”模式，是一种“翻转课堂式教学模式”。

2007年，美国科罗拉多州Woodland Park High School的化学老师乔纳森·伯尔曼和亚伦·萨姆斯在课堂中采用“翻转课堂式”教学模式，并推动这个模式在美国中小学教育中使用。随着互联网的发展和普及，翻转课堂的教学方法逐渐在美国流行起来并引起争论。

目前，**“慕课”“微课”“翻转课堂”已成为课堂教学改革的流行语**，其来势之猛，大有颠覆传统课堂、迎来课堂教学革命之势。已经引起了国内许多中小学和教育行政部门的重视，我国山东济南7所中小学试行“翻转课堂”后，江苏、广东、四川等多省市中小学陆续开始了“翻转课堂”教育试点。如山东省昌乐一中宣称是省内第一家“慕课学校”，从2013年秋季新学期开始在初一、高一各取两个班进行翻转课堂实验。山东省济南市历下区教育局也于2013年7月颁布了“翻转课堂”教改实验实施意见,提出在全区义务教育阶段学校积极开展数字化网络环境下学习方式的探索,开展“翻转课堂”教学的研究。特别是华东师范大学2013年9月成立了慕课中心，并组织了高中、初中、小学慕课联盟(C20MOOCs)，开展了一系列的研讨活动。

互联网的普及和计算机技术在教育领域的应用，使“翻转课堂式”教学模式变得可行和现实。学生可以通过互联网去使用优质的教育资源，不再单纯地依赖授课老师去教授知识。而课堂和老师的角色则发生了变化。老师更多的责任是去理解学生的问题和引导学生去运用知识。

翻转课堂式教学模式特点有四：视频短小、信息清晰、重新建构、检测方便。“翻转课堂”备受关注，是因为“翻转课堂”有如下几个鲜明的特点：**第一，教学视频短小精悍**。大多数的视频都只有几分钟的时间，比较长的视频也只有十几分钟。每一个视频都针对一个特定的问题，有较强的针对性，查找起来也比较方便；视频的长度控制在学生注意力能比较集中的时间范围内，符合学生身心发展特征；通过网络发布的视频，具有暂停、回放等多种功能，可以自我控制，有利于学生的自主学习。**第二，教学信息清晰明确**。萨尔曼·可汗的教学视频有一个显著的特点，就是在视频中唯一能够看到的就是他的手，不断地书写一些数学的符号，并缓慢地填满整个屏幕。除此之外，就是配合书写进行讲解的画外音。这是“翻转课堂”的教学视频与传统的教学录像之间的不同之处。**第三，重新建构学习流程。**通常情况下，学生的学习过程由两个阶段组成：第一个阶段是“信息传递”，是通过教师和学生、学生和学生之间的互动来实现的；第二个阶段是“吸收内化”，是在课后由学生自己来完成的。由于缺少教师的支持和同伴的帮助，“吸收内化”阶段常常会让学生感到挫败，丧失学习的动机和成就感。“翻转课堂”对学生的学习过程进行了重构。“信息传递”是学生在课前进行的，老师不仅可以提供视频，还可以提供在线的辅导；“吸收内化”是在课堂上通过互动来完成的，教师能够提前了解学生的学习困难，在课堂上给予有效的辅导，同学之间的相互交流更有助于促进学生知识的吸收内化过程。**第四，复习检测方便快捷。**学生观看了教学视频之后，是否理解了学习的内容，视频后面紧跟着的四到五个小问题，可以帮助学生及时进行检测，并对自己的学习情况做出判断。教学视频另外一个优点，就是便于学生一段时间学习之后的复习和巩固。评价技术的跟进，使得学生学习的相关环节能够得到实证性的资料，有利于教师真正了解学生。

29.“慕课”与“微课”的实质是什么？在课堂教学中的效果如何？

关键词：接受学习、先听后练。“慕课”翻转的是教师讲课的时间和地点，并没有翻转接受性学习的本质。“慕课”是一种大规模开放式的在线课程(Massive Open Online Courses，简称MOOCs)。“翻转课堂”(Flipped Classroom或Inverted Classroom)是指学生在家里观看教师事先录制好的或是从网上下载的讲课视频，回到课堂师生面对面交流和完成作业的一种教学形态。“慕课”强调的是用“微视频”(微课)，区别于传统的一节课45分钟的网上教学或“空中课堂”，每段视频不超过15分钟，便于集中学生的注意力和分解难点，力求保持学习的有效性。基础教育课程改革以来，人们提倡由过去的“接受性学习”变为学生自主合作的“探究性学习”。有的“慕课”推广者强调这种新的教学形式有助于学生的探究性学习，是“先学后教”，是对传统课堂的颠覆和翻转。事实上，“慕课”所提倡的“先学”已不是新课程改革意义上的“先自学”，而是“先听课”。所谓“先学后教”，是在老师没有讲授之前让学生自学课本，并特别强调在课堂上自学，教师根据学生的自学情况再进行点拨。而现在的“慕课”是“先听课”。学生在家里或课外不是自学课本，而是观看教师的讲课视频。学生不用自己探究，教师把重点和难点都进行了分解，甚至对课文的分析或对例题的解题步骤都讲得很具体，学生只用做练习题就可以了。与传统的接受性学习不同的是：过去是在课堂上听老师讲课，现在是在家里听老师讲课，只是换了个时间和地方，翻转的是时间和地点，但没有翻转接受性学习的实质。新课程改革所提倡的探究性学习也被翻转回了接受性学习。其实，慕课的本意是为缺课学生补课用的，而不是提倡大部分学生都用这种方式学习。“慕课在发达国家主要应用于成人的高等教育，而不是基础教育。在欧美国家的基础教育领域，对于慕课等新技术的应用并不风风火火，而是相对保守。”

30.“慕课”与“翻转课堂”会加重学生的负担吗?

“翻转课堂”是否会加重学生的课外负担?这是我们更为关注的问题。现在都强调要减轻学生的学业负担，虽然各地的具体规定不同，但减轻学生课后作业是大势所趋，这里的课后作业不仅指复习作业，也包括预习作业。如果每节课课前都让学生在家自学15分钟，中小学一天6—7节课，至少要有5节新课，就需要观看75分钟的“微课”，这还不包括学生看后理解消化和做练习的时间，更不包括中学生必要的课后复习作业，这是否会加重学生的课后负担?上海市教委基础教育处处长倪闽景先生说：“从现在的慕课现状来看，有人认为可以实现基础教育的课堂翻转，大量的知识可以放在课外通过网络来自主学习，但是我认为这种做法是有悖教育伦理的——在课程标准高度统一和考试模式极其单一的情况下，让学生大量利用课外时间学习，势必会加重学生课业负担。”华东师范大学的钟启泉教授也认为：“某些慕课还不如说是应试教育课堂搬家，应试教育精致化、普及化。”不管什么教学形式，都要以减轻学生的课外负担为前提条件。我们说的提高课堂教学效率，是向课堂40分钟或45分钟要效率，而不是向24小时要成绩。要通过提高课堂教学效率，在保证完成国家课程标准的前提下，把课后时间还给学生，让学生有更多的时间发展自己的爱好特长，落实国家中长期教育规划中所提出的让学生了解社会、动手实践，参加社区服务和社会实践活动。

31.“慕课”和“微课”的积极作用与适用范围应该是什么？

关键词：资源共享、教师备课、转化后进、家长辅导、课后复习、假期自学。 我们说“翻转课堂”会加重学生的课后负担并没有忽视“慕课”和“微课”带来的积极作用。“慕课”和“微课”是借助先进的信息技术和网络平台实现的，其积极作用不能低估。**它表现在优质资源共享和自学的灵活性上。** 目前传统课堂的小班上课，由于一个学校教师水平的参差不齐，一些优秀教师所教的班有限，别的班的学生没法享受优秀教师的资源，更别说学校之间的差距。如何发挥优秀教师的讲课资源，“慕课”和“微课”可以部分地解决这一问题。

我们认为，“慕课”不能完全颠覆传统的实体课堂，不能代替老师在课堂上的现场点拨和指导，只能作为课堂教学的一种补充。其作用主要表现在以下六个方面：一是适于教师在备课时借鉴学习。通过“慕课”可以募集到许多优秀教师的讲课课件，这些优秀教师对课程标准的理解、对教材的分析、对课堂教学的设计都是难得的课程资源，如果教师在备课时能学习借鉴这些优秀资源，一方面会提高个人的专业素养，另一方面可以直接借鉴学习，提高自己的教学水平。二是适于转化学习困难的学生。在课堂上同样的授课时间，学习困难的学生并不能完全掌握，教师也没有时间专门去照顾这些学生。过去靠课堂笔记难以复现教师讲课的情景，现在有了微视频，学生在课后复习时可以反复观看，加深理解。还可以根据“慕课”提出的练习题进行变式练习，确实有助于转化学习困难的学生。三是适于家长辅导孩子。现在家长普遍重视孩子的学习，有的家长想辅导自己的孩子苦于不能了解教师的讲课进度和要点，也有的限于文化水平觉得辅导不了。现在有了“微课”，家长在家也可以反复观看，首先自己明白，然后检查和辅导自己的孩子就方便多了。四是适于学生的课后复习。根据艾宾浩斯的遗忘规律，学生在课堂上学得再扎实，过后不复习也会遗忘，而学生在复习时如果能够观看老师的微视频，会加深自己对教材的理解，会复现老师讲课的情景，激活记忆的细胞，提高复习的效果。所以老师在课后可以把自己的微视频放到网络上，供学生复习时参考。五是适于缺课学生的补课和异地学习。有些学生因病因事缺课，过后找老师补课，一是老师不可能有时间及时给学生补课，二是老师补课时也不会完全像在课堂上讲课那么具体。如果有了“微视频”，学生即使在外地，也可以通过网络下载老师的“微课”自学，及时补上所缺的课程。六是适于假期学生的自学。中小学生每年的寒暑假时间都比较长，除了参加一些必要的社会实践活动，一般老师都会布置一些预习和复习作业。如果老师能够根据学生的需要事先录制一些“微课”帮助学生预习或复习，也能够提高学生的自学效果。当然，用于预习的视频要区别于教师讲课的视频，不然又变成了“先教后练”的接受性学习。

总之，对于慕课、微课这样的新生事物，我们要积极研究和实验，取其所长，避其所短，既不能盲目追风，轻易“翻转课堂”，又不能一概排斥，忽视现代化手段带来的积极作用。

32.我国学者及教师研究并应用于中小学的某一学科教学的教学模式主要有哪些？

主要有北大附中特级教师张思明老师的高中数学“导学探索、自主解决”的教学模式、浙江杭州大学教育系兼职教授邱学华“先试后导、先练后讲”的尝试教学法、江苏南通师范第二附属小学李吉林的中小学语文情境教学法、上海华东师大一附中张思中的“十六字”外语教学法、辽宁省特级教师魏书生的中学语文“六步”教学法、中国科学院心理研究所卢仲衡的初中数学自学辅导教学法、湖北大学教育心理学教授黎世法的“异步”教学法、陕西师范大学教授张熊飞的中学数学“诱思探究”教学法、山东财政学院副教授王敏勤的和谐教学思想下的“四环节”课堂教学模式、北京现代教学研究所所长马承的英语“三位一体”教学法等。

33.张思明的高中数学“导学探索、自主解决”教学模式是怎样的？

基本主张	内容要点	基本环节	内容要点
(1) 课堂是学习知识和培养能力的主阵地	教师不应该把知识机械地“一瓢一瓢”地舀到学生的“桶”里	环节一：创设情境，激发强烈的探究欲望，使学生情绪高昂、思维活跃	通过创设新奇、有趣或富有挑战性的情境，使问题得以解决
(2) 数学是“做”出来的，不是“教”出来的	只在课堂上“听”课，没有活动，不能形成真正的学习	环节二：师生平等探索	创设平等、民主、友爱的师生关系，和谐、宽松的课堂气氛
(3) 数学教学必须重视教学过程	让学生亲身感受，让学生动脑、动手、动口	环节三：学生自主解决问题	让学生处在主体的活动下，主动积极地动眼、动耳、动口、动脑、动手
(4) “以教为主”转向“以学为主”	教师平等地参与学生的探索和学习活动，学生通过自主的探索来完成课堂教学	环节四：自我评价与成果巩固	引导学生对探索发现的结论或成果进行评价和自我总结
		环节五：求异思维培养与问题链的延伸	培养学生自主设问、质疑的思维习惯和能力

34.邱学华的“先试后导、先练后讲”尝试教学法是怎样的？

步骤	教学程序	变式
尝试准备	准备练习，“以旧引新”，准备题过渡到尝试题，为学生解决尝试题铺路架桥	（1）调换式。把基本式中某几步调换一下。例如，第三步“自学课本”与第四步“尝试练习”可以调换一下
尝试问题	出示尝试题→提出问题，给学生尝试活动提出任务，进入问题的情境	（2）增添式。根据教学需要，可以在基本式上增添一步或几步。例如，可以增添一步学生讨论

（续表）

步骤	教学程序	变式
尝试指导	自学课本→学生产生了好奇心，同时产生解决问题的愿望。这时引导学生自学课本就成为学生切身的需要	（3）结合式。当学生比较熟悉和适应尝试教学以后，基本式的7步就不必分得那么清楚，可以有机地结合进行
尝试练习	尝试练习→根据不同学科的特点有多种形式。教师要巡视，以便及时了解学生的困难在哪里，为后面讲解提供信息	（4）课外预习补充式。教学内容较多时，就产生了矛盾，即7步全放在课堂里进行时间不够。为了解决这个矛盾，就出现了课外预习补充式
尝试评价	学生讨论→尝试会出现不同答案，学生会产生疑问，要引导学生讨论，不同看法也可以争论	
再次尝试	教师讲解→帮助学生系统掌握知识	
	第二次尝试练习	

一个完整的尝试教学过程包括以下六个步骤：尝试准备→尝试问题→尝试指导→尝试练习→尝试评价→再次尝试。各类学校的各门学科都可以按照上述的通用模式来设计各自的教学操作程序。根据尝试教学理论的实质和“先试后导、先练后讲”的基本特征，在教学实践中逐步形成一套基本操作模式，其教学程序分成七步进行：准备练习→出示尝试题→自学课本→尝试练习→学生讨论→教师讲解→第二次尝试练习。

35.李吉林的中小学语文情境教学法是怎样的?

李吉林老师的情境教学随着改革大潮进入课堂教学，通过教师调动学生，创造各种情境，激发学生的主动性和创造性，让课堂在情境中扩大，幻化成课文中的各种意境。教学中一旦出现“心有灵犀一点通”的局面，就具有很强的凝聚力、吸引力和感染力。发挥好语文教学中的情境效应，不仅对激发学生的求知欲望、增强学生的学习兴趣、发展学生的智力能力具有重要的作用，而且对于促进素质教育的深入发展、提高教学质量产生积极的影响。各学科中都可以设置情境，开展情境教学。请看下表：

导入情景	意义	课堂情境	意义
(1) 问题导入	结合课文，提出疑问，激发悬念，心存疑问，渴望答案	(1) 生活情境的创设	从课内到课外，然后又从课外回到课内
(2) 故事导入	先讲一个相关故事，迅速引起学习兴趣	(2) 表演情境的创设	利用课文具备的戏剧性，创设一种表演情境，激发学生
(3) 扮演“角色”	不知不觉中配合老师扮演情境中的“角色”	(3) 音乐情境的创设	利用音乐使学生进入课文情境，体会感情，感受意境
(4) 实验导入	实验的好处是直观性，在语文教学中结合课文动手做实验	(4) 竞赛情境的创设	利用争强好胜的、渴望表现的心理，激发竞赛情境
(5) 诗词导入	运用与课文相关的诗词做铺垫，可以创设一种优美的情境	(5) 作文情境的创设	用轻松的写作情境来消除畏惧心理，是必需的
(6) 生活导入	生活情境导入课文，消除学生畏惧情绪，轻松愉快进入课文学习	(6) 内心体验的创设	

什么是有文化的课，是目中有人的课，是心中有数的课，是手中有法的课。我只能这样阐述，我只谈谈我的个人感受，有文化起码是目中有人，是有学生的课，是考虑他人人格健康成长的课，它应该是心中有数，应该是考虑学生是有差异的，根据学生差异采取非常有效的方式。

——程红兵

36.张思中的“十六字”外语教学法是怎样的？

张思中的“十六字”外语教学法一览表

核心理念	内容要点	攻克难关
适当集中（集中教学）	集中内容、材料、时间，集中手段与方法	单词难记关
反复循环	一是运用各种记忆法，二是运用多种循环方式	语法难懂关
阅读原著	（1）指导学生阅读；（2）阅读外国中小学原版教科书；（3）阅读、翻译外国的书报杂志	阅读背诵关
因材施教	关注个体差距和群体差距	听说口语关

· 核心理念：适当集中、反复循环、阅读原著、因材施教。

37.顾泠沅的数学“尝试指导—效果回授”教学模式是怎样的？

“尝试指导—效果回授”教学模式一览表

步骤	内容要点
（1）诱导	启发诱导，创设问题情境，形成认知冲突
（2）尝试	探究知识，阅读教材等，数式图形观察，试探试验，探求新知识新方法
（3）归纳	归纳结论，纳入已有知识系统
（4）变式	编制好顺序排列的练习题，进行变式练习
（5）回授	教师及时收集、评定学生的尝试学习效果，有针对性地组织质疑和讲解
（6）调节	学完每个单元后再回授调节，阶段过关

38. 卢仲衡的初中数学自学辅导教学法是怎样的？

步骤	内容要点
“启、读、练、知、结”	“启”是启发，“读”是阅读，“练”是练习，“知”是及时知道结果，“结”是小结
第一阶段	主要是教给学生阅读方法。阅读分粗读、细读、精读
第二阶段	让学生逐渐形成自学习惯，具体做法是，教师拟定启发自学提纲和小结检查提纲，让学生自学35分钟，然后按小结检查提纲提问，训练口语表达，小结巩固收获
第三阶段	要求学生写章节或单元总结，归纳各部分知识之间的逻辑关系，鼓励学生发现问题和提出问题。具体做法是，教师不再给启发自学提纲，只指出应该注意之点，鼓励学生边自学边概括，注眉批或做笔记
第四阶段	形成良好的自学习惯，充分发挥学生的独立性。这一阶段延续到初中毕业

自学辅导教学就是在教师的指导和辅导下，以学生自学为主的教学过程。它的优点在于能更多地调动学生学习的主动性，并且能较好地发挥教师的主导作用，从而提高学生的学习成绩和培养学生独立思考、独立学习的能力。

这种教学法是对传统课堂教学法的重大改革。它以初中学生为对象。从初一开始，就把传统课堂教学以教师讲授为主变为在教师指导、辅导下以学生自学为主。每节课，教师要保证学生有连续30—35分钟的自学时间。在此期间，教师不打断学生的思考。所用教材有三个本子：课本，供学生阅读；练习本，印有习题，并留有做题的空白；答案本，供学生核对答案。学生利用这三个本子进行自学、自练和自改作业。

> **在教学实践中，许多优秀教师总结出这样的教学过程：教一扶一放。按照我们实验的体会，这个转化过程可分为教读、导读和自读 3 个主要阶段。**
>
> **——余文森**

自学辅导教学法的课堂教学步骤是“启、读、练、知、结”。

39.黎世法的“异步”教学法是怎样的？

黎世法的“异步”教学法（“六段教学方式”）一览表

学生学习步骤	内容要点	教师指导
自学	要求学生通过自学基本掌握一个单元的教学内容	提出问题（学生学习前）
启发	旨在为新旧知识在学生的头脑中建立有效的联系，寻求和提供恰当的解决问题的认识条件	指示方法（学生学习前）
复习	在教师的指导下，继续解决在新单元学习中尚未解决的问题，并在此基础上，对所学的新知识进行初步的系统化、概括化	学生学习（六步学习）
作业	独立地将所学的新知识灵活运用于实际，使知识具体化，形成新的技能，进一步加深和巩固对新知识的理解	明了学情（学生学习过程中）
改错	在教师的指导下，发现错误，分析错误原因，改正作业错误，掌握正确方法	研讨学习（学生学习过程中）
小结	在教师指导下，运用科学的学习方法和思维方法，使所学的知识进一步系统化、概括化	强化小结（学生学习将结束时）

“异步”教学法是黎世法在1981年2月至1984年12月，经过研究和大规模实验后，将教师的“五步指导法（提出问题—指示方法—明了学情—研讨学习—强化小结）”与学生的“六步学习过程”综合起来，构成的“六阶段有效教学过程”（简称“六段教学方式”）的异称，即“提出问题—指示方法—学生学习（六步学习）—明了学情—研讨学习—强化小结”，从而使学生的学与教师的教实现有效的统一。

40.张熊飞的中学数学“诱思探究”教学法是怎样的？

“诱思探究”教学法一览表

方法	观点	课堂模式
诱导	学生为主体	启发

（续表）

方法	观点	课堂模式
思考	教师为主导	探索
探索	训练为主线	研究
研究	思维为主攻	运用

“诱思探究”教学法，就是诱导、思考、探索、研究的教学方法。这个教学法是陕西师范大学张熊飞教授集基础教育27年的实践经验、潜心研究22年而创立的，其目的在于探讨课堂教学领域实施素质教育的理论与实践，揭示客观教学规律，构建具有中国特色的适用于素质教育的现代教学法。“诱思探究”教学法既是一种教学方法，又是一种教学理论，它继承和发展了我国传统的启发式教学思想，其内涵包括三方面：诱思教学思想论、诱思教学模式论、三维教学目标论（掌握知识、发展能力、陶冶品德）。提出了“学生为主体，教师为主导，训练为主线，思维为主攻”的教学思想以及落实这一思想的诱思探究教学模式，即在课堂教学中按照“探索—研究—运用”的因果层次关系去安排教学内容，组织教学，实现变教为诱、变学为思的目的。河北衡水中学的教学模式主要就是来源于“诱思探究”教学法。

41.王敏勤的“四环节”课堂和谐教学模式是怎样的？

“四环节”课堂和谐教学模式一览表

教学环节	内容要点
(1) 导入新课，明确目标	教师在导入新课后，要向学生出示或说明这堂课的学习目标
(2) 自学指导，整体感知	教师提出自学的要求，指导学生自学教材。做到四明确：明确时间、明确内容、明确方法、明确要求
(3) 检查点拨，探寻规律	检查学生的掌握情况，更要引导学生寻找规律和解决这一类问题的方法，培养整体思维的习惯和解决问题的能力
(4) 练习达标，拓展提高	运用规律和方法进一步理解和分析教材，完善和巩固学习的知识和方法

所谓和谐教学，就是按照系统论的观点，在教学活动中，力求使教学过程诸要素之间以及教学过程与教学环境之间始终处于一种协调、平衡的状态，从而提高教

学质量，培养学生的创新精神、实践能力和自学能力，使学生的基本素质和个性品质得到全面、和谐、充分的发展。

王敏勤认为，首先，和谐教学是一种教学的指导思想。在教学的过程中，各种教学要素如果配合得合理、恰当，达到一种和谐的状态，它们就会形成一种合力，促进课堂教学质量的提高，促进学生素质的健康发展。如果它们配合得不够合理，就会形成一种分力，每种要素不但自身的优势不能发挥，还会抵消别的要素的功能，直接影响课堂教学的效果。其次，和谐教学是一个动态的过程。教学过程中各种要素从不和谐到和谐，又会出现新的不和谐，从而在更高的层次上达到一种新的“和谐”。正是这种矛盾运动，推动了教学过程的不断发展，使教学过程处于一种动态的平衡与协调状态。教师的作用就在于准确把握各种教学要素和环境的变化规律，及时调整各种要素的搭配关系，使教学过程始终处于一种动态的和谐状态。

> 后教的“教”体现3个特点：一是针对性。二是参与性。三是开放性。
>
> ——余文森

42.马承的英语“三位一体”教学法是怎样的？

字母、音素、音标三位一体		词汇、语法、阅读三位一体	
（1）字母名称音教学	字母都有名称音。字母名称音既有音又有形，音素是字母在单词中的读音	（1）词汇编码，提前记忆	以音为序，整体记忆。理解和推理是记单词高效率的重要因素
（2）音素教学	马承教学音素时是根据字母名称音来学习辅音字母的音素	（2）语法提前略讲与随进度精讲相结合	时态相对集中讲，将语法表格化、公式化，将句子归纳成肯定句、否定句、疑问句和答句，简略为肯、否、问、答
（3）音标教学	通过教唱英语语音歌学其他音标，学生在读读、说说、唱唱、玩玩的过程中就轻松地学会了音标	（3）阅读与词汇、语法教学同步进行	精读要“精”，泛读要“广”。精读泛读都要强调同步阅读，即用学过的词汇、语法、句型进行阅读

43. 我国新课程改革以来用于多学科的中小学教学模式主要有哪些？

我国新一轮课程改革以来，来自学校第一线且影响较大的教学模式有：山东杜郎口中学的“3.3.6.(10+35)”课堂教学模式，江苏泰州洋思中学的“先学后教，当堂训练”教学模式，山东昌乐二中的“271”模式、兖州一中的“三步六段”教学法和“35+10”循环大课堂教学模式，安徽铜陵铜都双语学校的“五环大课堂”教学模式，江苏东庐中学的“教学合一”（讲学稿）教学模式，等等。由于篇幅有限，大家想了解可以自己网上查阅，这里不一一介绍了。

44. 课程改革的具体目标是什么？新课程倡导的教学方式和学习方式是什么？

关键词：课程功能、课程结构、课程内容、课程实施、课程评价、课程管理；学思结合、知行统一、因材施教；自主式、合作式、探究式。

根据教育部《基础教育课程改革纲要（试行）》，基础教育课程改革的具体目标有六个：**一是改变课程功能：**改变课程过于注重知识传授的倾向，强调形成积极主动的学习态度，使获得基础知识与基本技能的过程同时成为学会学习和形成正确价值观的过程。即知识与技能，过程与方法，情感、态度、价值观“三维目标”。**二是改变课程结构：**改变课程结构过于强调学科本位、科目过多和缺乏整合的现状，整体设置九年一贯的课程门类和课时比例，并设置综合课程，以适应不同地区和学生发展的需求，体现课程结构的均衡性、综合性和选择性。**三是改变课程内容：**改变课程内容“难、繁、偏、旧”和过于注重书本知识的现状，加强课程内容与学生生活以及现代社会和科技发展的联系，关注学生的学习兴趣和经验，精选终身学习必备的基础知识和技能。**四是课程实施的改变：**改变课程实施过于强调接受学习、死记硬背、机械训练的现状，倡导学生主动参与、乐于探究、勤于动手，培养学生搜集和处理信息的能力、获取新知识的能力、分析和解决问题的能力以及交流与合作的能力。**五是改变课程评价：**改变课程评价过分强调甄别与选拔的功能，发挥评价促进学生发展、教师提高和改进教学实践的功能。**六是改变课程管理：**改变课程管理过于集中的状况，实行国家、地方、学校三级课程管理，增强课程对地方、学校及学生的适应性。

新课程倡导的教学方式方法有哪些？根据《国家中长期教育改革和发展规划纲要(2010—2020年)》，新课程形势下，倡导的教学方式方法是“学思结合（启发式、探究式、讨论式、参与式）、知行统一、因材施教”。具体内容如下：**一是注重学思结合**。倡导启发式、探究式、讨论式、参与式教学，帮助学生学会学习，激发学生的好奇心，培养学生的兴趣爱好，营造独立思考、自由探索的良好环境。**二是注重知行统一**。坚持教育教学与生产劳动、社会实践相结合。开发实践课程和活动课程，增强学生科学实验、生产实习和技能实训的成效。**三是注重因材施教**。关注学生不同特点和个性差异，发展每一个学生的优势潜能。推进分层教学、走班制、学分制、导师制等教学管理制度改革。

新课程下提倡的学习方式主要有哪些？新课程提倡的学习方式主要有三种：**一是自主学习，**学习者自主确立学习目标、制定学习进度、选择学习内容，应用学习策略，在解决问题中学习、进行自我评价，并能做出相应的调适。**二是合作学习，**即学习者通过小组里的互助性学习，共同完成学习任务。小组成员既需要承担个人责任，还需要进行互动活动进行促进性的学习。**三是探究学习，**即学习者通过确定探究主题，在创设的探究情境中，开展有组织的探究活动，展示探究成果，从而获得知识、技能，形成探索精神和发展创新能力。

> 如果我不得不将所有的教育心理学原理还原为一句话的话，我将会说，影响学习的最重要因素是学生已经知道了什么，根据学生的原有知识状况进行教学。
>
> ——奥苏贝尔

第九章　课程模式、育人模式和培训模式

45.什么是课程模式？课程模式与教学模式的关系如何？

什么是课程模式？**课程模式是按照一定的课程思想和理论以及学生的年龄特征和学科发展状况，对课程目标、课程内容、课程结构、课程实施、课程评价做出简要概括，为教学实践提供一种可选择的形式系统。**（顾明远在其所著的《教育大辞典》中，将课程模式理解为课程发展模式和课程理论模式，即在课程发展中根据某种思想或理论，选择和组织教学内容、教学方法、教学管理手段以及制定教学评价原则而形成的一种形式系统，用以表明课程理论研究的地位、范围和功能。）

课程模式与教学模式的关系怎样？模式作为一种科学方法，它的要点是提取特征、分析主要矛盾、认识过程、进行合理分类。任何课程模式都要受一定的教育思想影响，受教学规律支配，与教学过程、教学方法、教学内容发生必然联系，所以课程模式与教学模式也存在必然联系。课程模式与教学模式具有内在的逻辑关系，其主要表现在以下方面：**第一，课程模式是选择教学模式的重要依据。**人们在进行教学改革的时候并不是先确定教学模式，而是先制订出课程改革方案，在课程改革方案的基础上，规划课程内容、课程结构、课程实施、课程评价等内容，这势必要影响到教学模式的确立。**第二，教学模式是一定的课程模式得以实施的基本保证。**在教学模式中实现课程目标时，教学模式成了课程模式得以实施的基本保证。没有课程模式中的课程目标和课程内容，教学模式在很大程度上便成了无目的、无内

容的空洞盲目的教学行为系统；没有教学模式的运用，课程模式便失去了实现的主要途径和最好机会。**第三，课程模式、教学模式相互融合与渗透。**从方法论的角度看，模式是一种科学的方法。方法也可以形成一定的模式，一种卓有成效的课程模式常常需要多种教学模式去实施。在教学模式改革的基础上，也可以抽象出许多的课程模式。课程模式与教学模式是不可分的整体。

46.北京十一学校的课程模式是怎样的？

北京十一学校课程模式一览表

教育理念	课程设置	课程实施模式	教学组织模式	教学的原则	模式特点
因材施教、课程整合理念、最近发展区理论、学生第一	实施国家课程与开发学校课程，实现课程的校本化；学生自主选择课程；建立校本“课程超市”	走班制 学分制 大小学段制 导师制	调整教学关系，建设新的课堂文化：教师导学、学生自学、合作学习。减少“讲和听”，增加“说与做”	（1）充分的思考时间；（2）提供学法指导；（3）提供学习方式；（4）问题源于学生，问题解决依靠学生；（5）评价交给学生	（1）尊重学生；（2）尊重规律；（3）调整教学关系；（4）坚持多元评价；（5）课程开发，教材整合，方式方法更新；（6）导师制，学生选老师

注：（1）课程设置：有效实施国家课程与积极开发学校课程，实现课程的校本化；学生自主选择课程；建立校本“课程超市”，数学分了六个班，物理、化学则有三个，难度自选。除了这些，学校一共提供400多门课程和272个社团。

（2）课程实施模式：①走班制：不同学科在不同的学科教室上课；②学分制：引导学生在德、智、体、美、劳等诸方面得到全面发展；③大小学段制：每学期分“两大一小”学段，大学段主要进行统一课程的集中学习，两个大学段之间是为期2周的小学段，不安排统一的学习内容，没有老师，也没有作业。

（3）教学组织模式：调整教学关系，建设新的课堂文化。教师导学、学生自学、合作学习；①构建自主互助学习型课堂；②不断探索创新有效教学模式；③拓展教学空间；④加强多种教育资源建设。(一)注重激发学生内在的学习需求，编写《十一导学讲义》；(二)组编《十一作业》。

(4) 教学原则：①尽可能给学生提供充分的思考时间；②尽可能给学生提供学法指导；③尽可能给不同的学生提供与学习内容匹配的学习方式；④教学的问题来源于学生，问题的解决依靠学生；⑤评价权交给学生。

(5) 模式特点：尊重学生的兴趣。重视教学常规，尊重教学规律，贴近学科学习规律和学生认知规律；调整教学关系，减少讲和听，增加说与做。坚持多元评价，促进学生多元发展。课程开发，教材整合，教学方式与学习方式更新；没有班主任，但有导师制。学生任选自己喜欢的老师，甚至可以约谈校长。

点评：北京十一学校，一人一张课程表

没有固定班级，没有固定教室，一学期有两周没有老师没有作业……而学生的满意度却超过90%。“十一学校是新世纪以来众多推进课程改革、实施素质教育的普通高中学校的代表和典型。”在十一学校召开的教育部新闻发布会上，教育部基础教育二司副司长申继亮对这所学校的教育改革给予了高度评价。

走班上课：一人一张课程表

在北京十一学校，全校有4174名学生，就有4174张不同的课程表。学生们采取“走班上课”制，每个人都按照自己所选择的课程安排一天的“行程”。

十一学校校长李希贵认为教育应立足于“每一个”个体的自主成长，创造适合每一位学生发展的模式，让每一位学生成为自主发展的主体，教育的目的在于发现每位学生的不同特点和个性差异，唤醒他沉睡的潜能。为此，十一学校通过对国家课程、地方课程的校本化，构建了一套分层、分类、综合、特需的课程体系，创立265门学科课程、30门综合实践课程、75个职业考察课程、272个社团、60个学生管理岗位，供学生选择。在这些课程中，除了少数的必修课外，其余大部分是选修课程，所有课程排入每周35课时的正式课表，学生不仅可以选择课程，还可以选择上课时段，真正做到自主选择，一人一张课程表。

大小学段：自主学习提高效率

为了给学生更多的自主选择空间，十一学校实施了“大小学段制”。每个学期分两个大学段和一个小学段，大学段主要进行统一课程的集中学习，两个大学段之间是为期2周的小学段，不安排统一的学习内容，没有老师，也没有作业。学生可以根据自己的学习需求，制定自主学习规划。有的学生选择仍到学校自习，有的学生利用这段时间走出学校，到社会和实验基地进行体验学习，有的学生则在家阅读喜欢的文学作品……虽然课时缩短了，但这并没有影响学生的学习成绩，反而，由于自主性提高带动了学习效率的提升，很多同学的学习成绩更好了。

全员育人：打破行政班级界限

随着选课走班的实施，原来的行政班级界限和班主任管理模式被打破，学生在不同的教学班级之间流动，这无疑增加了教师管理的工作量和工作难度。推动教师转型，转变惯性思维，成为变革成功与否的关键因素。对此，十一学校提出全员育人的教育理念，在年级层面实施“分布式领导”模式，把教学管理事务分解为导师、咨询师、学科教研组长、小学段与研究性学习主管、过程性评价主管、终结评价与诊断主管、选课与排课主管、教育顾问（特殊行为问题）、自主研修主管、考勤主管、大型活动主管等多个岗位。由任课教师根据自己的专长，主动承担，既确保了年级工作和教育教学管理的高效、有序，又给每一位教师搭建了施展个人才华的平台。

效果显著：学生满意度明显提升

经过四年的实践探索，学生状态、教师情态和学校形态都发生了很大的变化。其中，90.3%的学生认为“学校所学的课程对自己的未来发展有重要意义”；94.8%的同学认为“我能够根据学习目标安排自己的学习”，开放性和动态性营造了每个成员积极参与、共同负责的新型群体关系，学生对他人、集体、社会负责的意识和能力提升，2012年两会期间，学校“人大代表助理团”的同学在平时搜集舆情民意和调研的基础上形成了8份提案，通过全国人大代表宋鱼水提交到了两会。

从2007年开始，十一学校以提供选择性的课程为起点，以制度变革为保障，最终实现从价值选择到教学组织形式、从课程结构到管理制度、从教学方式方法到学校组织文化等全方位的转变。对此，校长李希贵说：“我们的路径很清晰：发现每

一位学生的不同，唤醒每一位学生的潜能，启动每一位学生的内动力，让每一位学生成为自我发展的承担者。只有解放了学生，让他们拥有相信自己的力量，他们才能去实现心中的梦想。”（人民网记者申宁，实习生秦颖）

> **我认为，给每个学生提供最适合的教育，这才是最好的教育，才是最公平的教育。人人学奥数是最不公平的教育，奥数只适合于少数对数学有天赋的学生，人人都学扼杀了其他的才能。**
>
> **——顾明远**

47. 上海建平中学的课程模式是怎样的？

上海建平中学：**“合格＋特长”“规范+选择”的课程模式**。建平中学坚持进行教学改革，初步形成了“合格+特长”的课程模式，使学生的特长和个性都得到了发展和培养，教学质量大面积提高，一大批拔尖学生脱颖而出。

项目	要点	备注
课程建设的基本目标	统整德育与教学活动，构建以课程为中心，以教师、学生为课程主体，以活动为载体，以学分制评价为纽带，以“开放性、选择性、综合性”为课程文化内涵，适合学生发展的课程系统	
宗旨	创造适合学生发展的课程。确立课程的服务意识，学校教育的产品是服务，学校应该创造适合学生发展的课程	
课程观念	课程不能仅仅视为学科，课程是教师、学生、教材、环境四因素的整合，课程本质上是一种教育进程，是一种实践状态的教育。主体是教师和学生，他们是课程的开发者、知识的建构者，在师生平等对话、合作学习的过程中，教师有效地指导，热情地鼓励，学生积极地探究，自主地建构	

（续表）

项目	要点	备注
课程文化特性	基础性、开放性、选择性、综合性	
课程结构	建立以“领域、科目、模块”为系列的三级课程结构系统	
课程建构的几项重要原则	a.德育渗透原则；b.自主探究原则；c.合作协同原则；d.师生互动原则；e.前瞻开放原则	
课程管理与评价	在课程实施中关注过程，在过程中关注评价，在评价中关注价值	

模式介绍：

(1) 办学理念和育人目标

“促进人的社会化与个性化的和谐发展”“合格+特长”“规范+选择”；学生培养目标：自立精神、共生意识、科学态度、人文情怀、领袖气质。

(2) 课程文化建设

“课程”是一个具有多层面、多重含义的复杂概念。我们对课程的基本定义是，以给学生获得体验为预期的有计划的显形或隐形的教育教学活动过程及学科。因此，一切有目的有计划的教育活动，都可被视为课程形态。

课程是学校常态工作的中心，课程也是学校的特色标志，课程方面显现出来的异同，是学校间的本质差别所在。从这个意义上说，建设校本课程，是提升学校核心发展力的必经之路。基于这样的认识，我们开展了持续六年的课程文化建设的探索与实践历程。

①对课程文化建设的基本认识。课程建设的基本目标：学校一切教育活动都是课程。**宗旨：**创造适合学生发展的课程。**课程观念：**课程不能仅仅视为学科。课程是教师、学生、教材、环境四因素的整合。课程本质上是一种教育进程，是一种实践状态的教育。**课程文化特性：**基础性、开放性、选择性、综合性。**课程结构：**建立以“领域、科目、模块”为系列的三级课程结构系统。**课程建构的几项重要原则（见上表）。课程管理与评价：**在课程实施中关注过程，在过程中关注评价，在评价中关注价值。增强诊断性评价，加强激励性评价。以金苹果奖、奖励学分以及课程学习诊断及建议书等为载体构建学校尊重差异、张扬个性、发挥强势、体验成功的课程评价体系。

②**课程文化建设的整体规划**。统整了原有课程，把原有课程形态分为国家课程、校本课程、国际课程，分别探索不同类型课程的课堂教学形态。

附：建平中学课程规划表

课程归类	国家课程（地方课程）	学校课程　　（校本课程）	国际课程
课程形态	必修课程 基础性课程	选修课程　活动课程 拓展类课程　研究性课程	多样开放
课程目标	满足合格要求	落实办学特色 追求特长发展	与国际教育对话、接轨

48. 什么是育人模式？育人模式与教育模式及教学模式是什么关系？

“育人”有广义和狭义之分。广义的育人就是教育，如“育人为本”中指的育人。狭义的育人指的是培育人的思想道德、人格修养、行为习惯，即德育。如“教书育人”中指的育人。当然育人模式也有广义和狭义之分。“教学模式”应该包含在广义的育人模式之中。这里指的是狭义的育人模式，即德育模式。这里介绍雷夫·艾斯奎斯［美］（以下简称“雷夫”）、魏书生、李镇西及潍坊广文中学的几种育人模式供大家学习和借鉴。

49. 雷夫老师的育人模式是怎样的？

请看下表：

雷夫的道德成长路线图	科尔伯格的“道德认知发展六阶段理论”
第一阶段：我不想惹麻烦。第一阶段的思维是以恐惧为基础，而我们要孩子们有良好行为表现的最终目的，是让他们相信这么做是对的，不是因为害怕惩罚才去做	水平一是前习俗水平，包括阶段一——以惩罚与服从为价值取向阶段，阶段二——以个人的功利主义目的与交换为价值取向阶段
第二阶段：我想要奖赏。“贿赂行为”常见于全国各地的教室。身为每天站在第一线的教育工作者，我很清楚要让小孩守规矩确实是全世界最难的事情之一	

（续表）

雷夫的道德成长路线图	科尔伯格的“道德认知发展六阶段理论”
第三阶段：我想取悦某人。以取悦老师为表现动机，也是很温馨的事情。和大多数教室里的情形相比，这已经好太多了。但是我们还是可以做得更好。我常常这么取笑或质疑我的学生：你们是为了我才刷牙的吗?你们是为了我才系鞋带的吗?你听得出这有多可笑吗?	水平二是习俗水平，包括阶段三——以协调人际关系为价值取向阶段，阶段四——以维护社会秩序和履行个人义务为价值取向阶段
第四阶段：我要遵守规则。我是这么教学生的：规则固然有其必要性，然而在我们最景仰的英雄当中，有许多人之所以能成就伟业，正是因为他们不守规则。人的一生中有时并无规则可循，更重要的是，有时规则根本就是错的。能达到第四阶段是件好事，但我们必须更加努力，更上一层楼	
第五阶段：我能体贴别人。不论是对儿童或是成人，第五阶段都是很难企及的。能帮助孩子们对周围的人产生同情心是非常了不起的成就	水平三是后习俗水平，包括阶段五——以社会契约为价值取向阶段，阶段六——以普遍道德原则为价值取向阶段
第六阶段：我有自己的行为准则并奉行不悖。第六阶段不但是最难达到的，也是最难教的，因为行为准则存在于个人的灵魂中，其中还包括一份健全的人格在内。这就是最美好的境界了。“最高的境界不是外在的褒奖，而是内心的愉悦。”	

《第56号教室的奇迹》的作者雷夫·埃斯奎斯，从一个平凡教师的视角，讲述了一个不平凡的故事。第56号教室的孩子大多贫困，来自移民家庭，英语也不是他们的母语，这些似乎注定平凡的学生却在一个充满爱心与智慧的老师的培养下，在全国测试中成绩高居全美标准化测试前5%，他们长大后纷纷就读于哈佛、斯坦福等顶尖大学并取得不凡成就。第56号教室的孩子是幸福的，作为雷夫·埃斯奎斯的学生，他们得到了特别宽松、快乐、积极的教育环境。作者的着眼点不在“成功”，而在过程上。他心态平和而自信地写了许多发生在第56号教室中他和他的学生们之间的零碎事儿。这些小事儿在许多教室里都会发生，情形似乎大同小异，但

是第56号教室却让这些小事具有了不同的功能和意义。一些孩子，他们有幸从这间教室走过，他们的人生，因此改变了走向，改变了高度……

> **人存在的价值……最重要的是人格的建树，精神的挺立。要让学生心灵无杂草，无尘埃，无污秽，唯一的方法就是用美德占据心灵的旷野，在孩子的心灵里播种上高尚人格的种子、进取精神的种子。**
>
> **——牛和泉《基础教育：为学生终身发展作准备》**

50.潍坊广文中学的育人模式是怎样的?

潍坊广文中学“五新五系列六体验”育人模式简表

“五新”	五系列	六体验	模式特点
“课程新体系” “文化新氛围” “德育新形式” “互动新桥梁” “活动新时空”	科学文化素质、艺术审美素质、道德行为素质、身心健康素质、劳动技能素质	环境体验 成功体验 困难体验 劳动体验 责任体验 艺术体验	这一全新育人模式，把学校一年当中的系列活动用不同的主题串联起来，形成模块体系，每月确定一个活动主题，围绕这个主题设计一个主题节或系列活动，广泛发动学生参与，以此不断提升学生的综合素质，引起社会广泛关注

为促进学校各项文体活动更加规范、有序地进行，进一步强化校园文化建设，近来，潍坊广文中学根据自身实际成功构建了“主题引领，模块推进”这一全新育人模式，把学校一年当中的系列活动用不同的主题串联起来，形成模块体系，每月确定一个活动主题，围绕这个主题设计一个主题节或系列活动，广泛发动学生参与，以此不断提升学生的综合素质，引起社会广泛关注。

51.魏书生老师的育人模式是怎样的？

魏书生老师总结的《育人九诀》

(1) 点亮“盏盏心灯”	每天都由学生写上一则格言，点亮“心灯”。有利于学生选择正确的道路，朝着自己理想的高峰攀登
(2) 确立“座右铭”	每个学生必须根据自己的实际情况，确立“座右铭”，激发全班同学你追我赶的积极性
(3) 自我“精神充电”	在语文课前三分钟全班同学起立，各自想着自己最崇拜的人，学习这位伟人是怎样不怕挫折、战胜困难的，于是就有了战胜困难的决心和勇气
(4) 主办“班级日报”	培养学生们的综合能力，如写作能力、书法绘画能力、版面设计能力
(5) 坚持“道德长跑”	每天都需要写一篇日记，天天坚持，让那些所见所闻、所思所感、风土人情、崇拜的人、喜欢的书、感人的事时刻影响着学生，激励着学生不断地进取
(6) 加强“体育锻炼”	魏老师的学生每天要坚持长跑5000米，做仰卧起坐、俯卧撑100次，男女生同样。不仅增强了体质，而且磨炼了同学们的意志
(7) 撰写“自我教育说明书”	写说明书，让学生“新我”与“自我”斗争，进行自我教育
(8) 行使“主人权利”	让学生们时刻认识到自己是生活的主人，是学习的主人，学生们才能把学习当作是耕种自己的“责任田”，体验到自己的价值
(9) 享受“快乐人生”	教育学生坚守住快乐的心理阵地，让学生体验生活的快乐、学习的快乐，畅谈竞争的快乐、吃苦的快乐

要加强对中小学生敬畏感和幸福感的培养。培养孩子的敬畏感，包括敬畏生命、敬畏自然、敬畏崇高、敬畏美好等，也就是要培养孩子对生命价值的认识，对自然的亲近，对崇高事物的追求和向往。

——朱小曼

52.李镇西老师的班级管理模式是怎样的？

李镇西老师独特的班级管理模式

（1）轮流“执政”的干部制度	体现了学生高度自觉的班级主人翁责任感，同时，又有利于学生在竞争中培养自己的各种创造能力和奉献精神
（2）宜于竞赛的小组结构	有利于小组内同学之间凝聚力的产生、上进心的培养、互助精神的发扬，更有助于整个班级集体主义向心力的形成和进取创造精神的激发，使班集体充满温暖和活力
（3）发展个性的兴趣社团	为了发展学生个性、培养学生多种能力，这些兴趣社团活动的时间一般是午间、周末、星期日或节假日等课余时间
（4）多元交流的友谊班级	先后与乐山市五通桥中学、成都十二中和北京外国语学院的学生班级结成友谊班，把班级建设置于一个更广阔的天地，变思想教育的封闭性为开放性，利用班外的一些积极因素增强班级教育；同时，让学生在与友谊班的交往中增长社会知识，扩展胸襟视野，培养社交能力
（5）共同享用的集体财物	在班级内部有意识地创设一部分属于大家的共同财物，交给学生自己管理、使用，这也是培养学生集体主义情操的有效方法
（6）陶冶心灵的口琴乐团	全班每一个同学都是演奏者。学生进校第一天，李镇西便要求全班同学每人必备一支口琴，口琴乐团便这样自然组成了。他常利用班会课或其他课余时间教学生吹奏口琴。到了初三，口琴乐团已初具规模，除大多数学生的口琴之外，还有两名小提琴手和十来名手风琴演奏者
（7）独立主编的“班级日报”	由全班同学轮流担任主编“出版”手抄报。从“未来班”正式成立之日起出第一期，以后每天按时“出版”，星期日、节假日也不中断，直到毕业。《未来日报》确实体现了学生集体观念与创造精神的有机统一
（8）记录班史的班级日记	从新生进校的第一天起，便由值日生写每天的班级日记。班级日记有两个基本要求：一要认真按时完成，不得有缺漏。二要忠实记下班上的各项成绩、存在的问题以及班内当日发生的各种大事或变化等等
（9）师生共同确定班名、班训、班徽、班旗、班歌	让学生一进校就参与班级管理。在班集体初建时期，就要引导学生的民主意识，尊重学生的自主愿望。新的班级一成立，学生间彼此陌生又新鲜，此时许多学生会有“一切重新开始”的向上的心理，这就成了调动学生积极因素的切入点

> 在中小学阶段，应该让孩子们真正感受到称赞是幸福，不断超越自我是幸福，克服困难实现了目标同样是幸福。
>
> ——朱小曼

53.中小学教师培训模式主要有哪些？

关键词：“经验—故事”“问题—思考”“问卷—反思”“案例—建构”“问题—建构”“钥匙—工具”。中小学教师培训模式，按照内容和层次结合的方法分类，可以分为运行模式、组织模式和教学模式三类，三者依次与宏观模式、中观模式、微观模式相对应，也依次与教育行政部门（含被授权的团体和机构）、培训机构（含中小学校）和培训者相对应。培训运行模式制约着培训的组织模式的选择，而培训组织模式决定着培训的教学模式。这里指的是中小学校（培训机构）组织的微观模式即教学模式。查有梁先生经过20多年探索和对教育理论的理性思考，概括教师教育的有效模式有六种：其一，“经验—故事”培训模式。给教师提供经验和实例，让大家在相互交流经验中受到启发。其二，“问题—思考”培训模式。给教师提供思考的问题，让大家通过交流各自的看法而受到激励。其三，“问卷—反思”培训模式。给教师提供问卷调查，让大家从调查结果中相互理解和促进。其四，“案例—建构”培训模式。给教师提供具体的案例，让大家从案例中把握有效的方法。其五，“问题—建构”培训模式。针对需要建构的教育模式，提出和解决一系列相关的问题。其六，“钥匙—工具”培训模式。（直接给出可操作的方法，并用一句话来简要概括这种方法。）

54.什么是“经验—故事”培训模式？

特点：给教师提供经验和实例，让大家在相互交流经验中受到启发。

“经验—故事”培训模式一览表

	作者总结的经验
备课的经验	（1）备课时要对三套不同的教材来回比较，从而选择较适合学生的教学内容和方法 （2）在假期中把新学期的课完全备好。教学策略是按照“整体→部分→整体”进行教学。要尽量通读学生已经学过的教材 （3）备课要掌握教材的整体结构，要深入了解学生的现状与需求
上课的经验	（4）上课怎样开头，怎样结束，要反复推敲。开头要激发兴趣，结束要让人回味 （5）上课要关心每位学生。要使绝大多数学生都能真懂，体现出“因材施教” （6）要善于提出恰当的问题，要让学生有独立思考和独立操作的时间。肃有笑声 （7）教学过程的关键是“交流—互动”。要依据教学内容和学生实际，尽可能让学生自己活动 （8）每次上课后，要及时记下自己成功之处和不足的地方。要做“教学日记”，随时总结经验，自觉进行反思
考试的经验	（9）千方百计要让成绩差的同学考出好成绩。一定要增强每位学生的自信心，激发学生的学习兴趣 （10）让每一位学生在一学年中都有获得前三名的经历，对你的教学留下美好的回忆 （11）对成绩优秀的学生，真正有效的促进方法，是让他们深切地知道“不进则退” （12）每次考试后，应立刻将正确答案公布或发给每位学生。要学生“趁热打铁”
提问的经验	（13）教案的核心是设计问题。要深浅适度，利于启发；要有生活背景，能激发兴趣；要有实际意义，为今后学习奠基；解答要及时反馈，真正巩固 （14）提问与思维。“选择思维”的问题是：“这是唯一的解决办法吗？还有其他解决办法吗？”增加思路。“前瞻思维”的问题是：“如果那样做，会出现什么情况呢？”要有预见 （15）“情感思维”的问题是：“出现这样的结果满意吗？我的情感上能接受吗？”尝试体验；“换位思维”的问题是：“别人怎样看这个问题？别人会有怎样的感受？”设身处地 （16）要鼓励学生提问题。要将学生的问题集中起来，进行系统研究。努力做到针对性强，切实帮助解决学生提出的问题。从问题到问题，学无止境

（续表）

	作者总结的经验
综合的经验	(17) 对学生好的言行，要及时给予肯定的回应；对学生不好的言行，及时给予否定的回应。大多数应"肯定回应"，"否定回应"占少数 (18) 每一学年都要调查统计学生喜欢什么样的教师。力争在自己最弱的一项上，有所改进 (19) 每上一节课，要设想全人类都在倾听，要认真负责、实事求是、力戒偏见。要以自己的全部智慧来上好每一节课 (20) 要珍惜时间。力争以较少的时间，让学生掌握较多的知识，培养较强的能力，学会独特的审美，发展良好的人格

"经验—故事"培训模式的特点是：给教师提供经验和实例，让大家在相互交流经验中受到启发。教师经常总结自己的经验，经常吸取他人的经验，才有利于增强教育研究能力和教学研究能力。

55. 什么是"问题—思考"培训模式？

模式的特点：给教师提供思考的问题，让大家通过交流各自的看法而受到激励。

每一学年，一所学校的所有教师，集中1—2小时，回答下列20个问题。然后，将大家的答案印出来，相互交流，相互学习。这是一个相互促进的好办法。这20个问题的回答，正好反映了一位教师正在使用的教育学，即实用教育学。这20个问题是：

（1）对您影响很大的教育论著有哪三本？(教材除外，写出作者、书名)

（2）在您所教学科中，对您影响很大的专业论著有哪三本？(教材除外，写出作者、书名)

（3）您最满意的论文或论著是哪三篇(本)？

（4）您认为教师最重要的师德有哪三点？

（5）您喜欢的教育名言是哪三句？

（6）您认为学生最不喜欢的教师有哪三项缺点？

学校教育要进行结构性变革：

课程的结构性变革：从统一到选择

教学的结构性变革：从被动到主动

评价的结构性变革：从单一到多元

活动的结构性变革：从学科的延伸到社会性协作

——袁振国

(7) 您最喜欢的老师对您影响很深的有哪三条？

(8) 您给学生的鼓励性的赠言有哪三句？

(9) 您认为优秀教师最重要的素质有哪三条？

(10) 您认为优秀校长最重要的素质有哪三条？

(11) 您认为优秀家长最重要的素质有哪三条？

(12) 您认为优秀学生最重要的素质有哪三条？

(13) 您在教学中好的经验有哪三点？

(14) 您经常采用的教学艺术有哪三项？

(15) 您经常采用的教学技术有哪三项？

(16) 您对品德不良的学生常常采用的教育策略有哪三点？

(17) 您对成绩很差的学生常常采用的教学策略有哪三点？

(18) 您对心理素质差的学生常采用的教育策略有哪三点？

(19) 您经常选择的教学原则有哪三种？

(20) 您经常采用的教学模式有哪三种？

56.什么是“问卷—反思”培训模式？

特点：给教师提供问卷调查，让大家从调查结果中相互理解和促进。

教育是培养人，重在提高素质。教育要培养人的“四大素质”：思想道德素质、文化科学素质、劳动技能素质、身体心理素质。经过10多年的调查研究，在《给教师的20把钥匙》一书中，向教师提供了10个教育人才素质调查的问卷：

问卷A，优秀教师的素质调查；问卷B，优秀学科教师的素质调查；问卷C，优秀班主任的素质调查；问卷D，优秀主任的素质调查；问卷E，优秀校长的素质调查；问卷F，优秀家长的素质调查；问卷G，优秀学生的素质调查；问卷H，学习优秀的学生素质调查；问卷M，学生不良行为表现的调查；问卷N，学生不良行为的原因调查。

我们的方法是：每一张问卷列出40条，让被调查者(主要是学生、教师、校长、家长，社会上其他公民也可使用)根据各自的直觉和逻辑、认识和感情，选择出相对最重要的10条即可。问卷不针对任何个人，因此，真实性较高；调查问卷不伤害任何个人，因此，不使人反感；调查问卷不填写被调查者的个人姓名，因此，不使人为难和不安。调查问卷的设计是半封闭式与开放式相结合的。所谓“半封闭式”，指每一张问卷内的40条意见相对固定了，可以允许使用者“微调”；所谓“开放式”，指答案允许被调查者写出不同于这40条的其他任何意见。在学校使用问卷，主要是以班级为单位进行调查，回答后以举手的方式进行统计，这样较为简单易行，效率较高。

57.什么是“案例—建构”培训模式?

特点：给教师提供具体的案例，让大家从案例中把握有效的方法。查有梁在《新教学模式之建构》一书中，以及他主编的“学科教学建模丛书”（共10本）中，都是应用“案例—建构”的培训模式。具体方法大家可以查阅。

58.什么是“问题—建构”培训模式?

特点：针对需要建构的教育模式，提出和解决一系列相关的问题。为了建构“效能改进”教学模式，可以提出20个问题，先让教师们思考，然后，再对这20个问题给出相应的思考。这也是一种有效的培训模式。这是将“问题—反思”模式和“案例—建构”模式综合起来。

59.什么是“钥匙—工具”培训模式?

特点：直接给出可操作的方法，并用一句话来简要概括这种方法。

这种模式是将上述五种培训模式综合起来，根据具体内容，灵活运用。查有梁先生《给教师的20把钥匙》这本书的核心内容是：在教育学研究成果的基础上，提供给教师选用的20把钥匙。分为四个部分：①提高思维能力的钥匙；②发展教师专业的钥匙；③提升教学水平的钥匙；④改善学习方法的钥匙。每一把“钥匙”都用一句话做出简要概括。（如需要进一步了解可查阅查有梁先生的《给教师的20把钥匙》，可以阅读该书或网络查阅）

> 作为学生，受教于老师，油然而生谢意，这是人之常情，也是我们中国文化中的尊师传统。但作为教师，我们则应该想到一切都是我们应该做的，教书育人，传道授业，这本身就是我们的本分与天职。不要老想着要学生“感恩”，也不要因为学生没有“感恩”便怅然若失，更不应该想方设法地拐弯抹角地让学生以物的方式向我们表达“感恩”，甚至替学生“感恩”自己。
>
> ——李镇西

标准篇

“教育现代化，第一个要求是标准化。”常规和制度往往是规范和标准的基础，规范和标准是常规和制度的提炼和升华。从制度化、规范化到标准化是逐步提炼和完善的过程，标准化是制度化和规范化的高级形式。本篇共两章，主要解答关于规章制度、教育标准、教育常规、教育规范以及标准化、制度化、规范化等34个相关问题。关键词：规章制度、教育标准、教育规范、教育（德育和教学）常规，标准化、制度化、规范化。

教育现代化第一个要求是标准化，第二个要求是信息化，第三个要求是法制化，核心是解决人的现代化问题。

——刘利民

第十章　制度与标准

1.什么是制度和制度化管理？中小学应该有哪些必备的规章制度？

关键词：准则、规章、制度、制度化。制度是所有成员共同遵守的办事规程或行动准则。学校制度就是学校成员共同遵守的规章或准则。制度化是指群体和组织的社会生活从特殊的、不固定的方式向被普遍认可的固定化模式的转化过程。学校制度化是学校发展和成熟的过程，也是学校规范化、有序化的变迁过程。学校制度化管理是指在学校管理活动中，根据国家的有关法规及学校自身实际由学校制定有关的规章制度，对学校组织内部的各种关系进行调解，约束和规范组织成员的行为，实行按章办事，依规治校。学校制度化管理可以使学校管理规范化，可以简化管理过程中的复杂关系，可以解放管理者的时间和精力，从而提高学校管理效能。中小学必备的规章制度主要有：学校章程（一校一章程，详见本篇第2问）和中小学校基本管理制度。中小学校基本管理制度主要有：教职工代表大会制度、教育教学管理制度、教师管理制度（含教职工岗位责任制、教师培训制度、教师师德考核制度，教师综合考核评价制度等）、学生管理制度（含德育、体育、艺术工作制度、学生综合素质评价制度等）、财务和财产管理制度（含校园管理制度、校舍管理制度、实验室管理制度、图书馆阅览室管理制度、计算机教室管理制度、体育器材场地管理制度、艺术专用教室管理制度等）、会议制度、安全管理制度、食堂管理制度、学生宿舍管理制度、卫生工作管理制度等。

2.什么是学校章程？为什么要制定章程？怎么制定章程？

关键词：特定程序、组织规程、办事规则、法定文书;制定要点：五项原则、十项内容、符合程序。学校章程是学校经特定的程序制定的关于学校组织规程和办事规则的法定文书，主要就办学宗旨、内部管理体制及财务活动等重大基本问题做出全面规范的根本性文件。学校章程是学校自主管理及政府监督的基本依据，也是学校作为独立法人的必备条件。制定学校章程，是依法治教、依法治校的重要举措，是《教育法》、教育部《依法治校实施纲要》提出的明确要求，是逐步实现现代学校制度的重要手段。

怎样制定学校章程？首先，学校章程制定要坚持五项基本原则：合法性、规范性（有普遍约束力）、先进性、可操作性、有特色。其次，学校章程一般应涵盖以下十项基本内容：一是学校名称、校址、性质，二是办学宗旨，三是办学规模，四是教育教学的主要任务，五是内部管理体制，六是教师、其他教育工作者和学生，七是经费来源、资产和财务制度，八是总则、分则、附则，九是章程的修改程序，十是学校章程的解释权归属和正式实施时间。再次，制定、修订学校章程的依据及程序必须符合规定：一是学校章程的主要依据是教育法律法规，并结合学校实际。二是学校章程的起草必须按程序，校长提名组成章程起草小组，在调研和广泛征求意见的基础上形成草案。三是学校章程的通过符合程序，校长向教职工大会或教代会作关于学校章程草案的报告。教职工大会或教职工代表充分讨论和审议后表决，须三分之二以上代表通过并形成决议，报送教育行政部门核准后实施。四是学校章程的修订符合程序，须由工会小组或5名以上教职工联名提出修订意见，经教职工大会或教代会审议，三分之二以上的代表通过，上报教育行政部门核准后公布施行。

3.什么是标准？什么是教育标准和教育标准化？

关键词：标准、标准化、规范性文件。所谓“标准”，是指为获得最佳程序，促进效益最大化，经科学研究、协商一致并由公认机构批准，被共同使用和重复使用的，为特定工作提供规则和指南的规范性文件。“标准化”，简而言之就是制定标准，而后依据标准付诸行动。为在一定的范围内获得最佳秩序，对实际的或潜在的问题制定共同的和重复使用的规则的活动，称为标准化。标准化也是制度化的最高形式。它包括制定、发布及实施标准的过程。所谓教育标准化，就是使教育系统里有各种各样的规范，如规程、规定、规则、标准、要领等等，这些规范形成文字化的东西统称为标准。当然，教育标准也是分层次的，有国家的标准，如《义务教育学校管理标准（试行）》，有省级标准，如《河南省义务教育学校办学条件基本标准》，也可以是县、市、区或者是某一所学校的，如“某某学校课堂教学评价标准”。

怎样理解标准和标准化？一是“标准”需要通过科学的论证、分析和研究来协商制定，并要通过公认的权威机构加以批准，从而保证“标准”的科学性和权威性；二是“标准”的属性是提供规则、指南和特性的规范性文件；三是“标准化”的目的是获得最佳程序，促进效益最大化；四是“标准化”所指向的是重复性事物，即多次反复出现的事物，现代社会中，生产、管理、服务、教育、技术等领域几乎都具有重复性特征；五是“标准化”是一个过程，并非孤立性、一次性、停滞性的，而是呈现出关联、循环和上升特征；六是“标准化”是制度化的最高形式，可以运用到教育以及社会生活的方方面面，是充分发挥事物价值的有效手段。

4.教育标准化有什么意义？

要点有四个：最佳秩序、指导示范、鼓励创新、效益最大。“教育标准化”是教育行政部门或者教育机构制定、发布和实施教育标准的过程。它是标准化建设的一个领域，首要目的是落实标准，实现教育、感化教育对象的工作方针。在日常教育教学实践中研究、积累而形成了用于指导教育工作的规则和指南，并将其制定成规范性文件，而后发布并实施，这一过程就是“教育标准化”。

教育标准化的意义是什么？（1）建立最佳教育秩序。建立教育标准就是对参与教育教学的主体——教育管理者、教师和学生——的一种约束，在这一约束下，教育管理者、教师和学生的行为得到协调和统一，进而建立起良好的教育秩序。

（2）指导示范作用。教育标准的建立为教育教学工作中的管理者、教师和学生提供了行为指南，规范管理者与被管理者、教与学的行为，告诉他们该做什么，不该做什么，从而确保他们在正确的模式下作为或不作为。（3）鼓励不断创新。标准的约束并不是束缚，它在规范的同时是鼓励创新的。因为标准是经验的积累，而这种积累为创新提供了条件和动力，并通过创新来完善标准本身。（4）促进教育效益最大化。教育教学标准是教育机构在长期的教学工作实践中总结、分析、论证而形成的正确和有益经验，以标准化规范教育管理者、教师和学生的教育教学行为，有助于追求效益的最大化，取得最佳的教育教学效果。

5.目前我国教育标准建设情况如何？

建设目标：中国特色的教育标准体系。教育部部长袁贵仁指出，要“加强标准建设。标准具有普遍的约束力。要依据标准进行规范化管理，用标准加大投入、加强监督、加强约束，从根本上减少管理中的随意性。这些年，相继出台实施了一系列教育标准，但目前一些领域仍然是空白，有的已经不合时宜，有的甚至相互矛盾”。《国务院关于加强教师队伍建设的意见》指出，“完善教师专业发展标准体系。根据各级各类教育的特点，出台幼儿园、小学、中学、职业学校、高等学校、特殊教育学校教师专业标准，作为教师培养、准入、培训、考核等工作的重要依据。制定幼儿园园长、普通中小学校长、中等职业学校校长专业标准和任职资格标准，提高校长(园长)专业化水平。制定师范类专业认证标准，开展专业认证和评估，规范师范类专业办学，建立教师培养质量评估制度”。2013年教育部制定了《标准与指南》制定和发布规程，强化对国家教育标准体系的顶层设计。要加快对一些标准的废止、修改，制定学校建设、经费投入、教师编制、教育质量、仪器设施、专业教学、语言文字等标准，**加快形成富有中国特色的教育标准体系。**《教育部关于深入推进教育管办评分离促进政府职能转变的若干

> 你的责任就是你的方向，你的经历就是你的资本，你的性格就是你的命运。

意见》指出："加快国家教育基本标准建设。系统梳理我国教育标准建设情况，出台国家教育标准体系框架。规范标准发布程序，出台国家教育标准审定办法，健全教育标准制定和审查机制，提高教育标准的权威性、适切性，形成具有国际视野、富有中国特色的分层、分类教育标准体系。"

目前教育部已经出台的国家教育标准有：《义务教育学校管理标准》、《中学教师专业标准》、《小学教师专业标准》、《幼儿园教师专业标准》、《义务教育学校校长专业标准》、《中等职业学校教师专业标准（试行）》、《普通高中校长专业标准》、《中等职业学校校长专业标准》、《幼儿园园长专业标准》、《中小学教师教育技术能力标准（试行）》、《中等职业学校专业教学标准（试行）》、《教师教育课程标准（试行）》、《普通高中及义务教育各学科课程标准》、《国家学校体育卫生条件试行基本标准》（其中含《体育教师基本标准》《体育场地器材基本标准》《教学卫生基本标准》《生活设施基本标准》《卫生保健室配备基本标准》以及《学生健康基本标准》等）、《国家学生体质健康标准》等。国家近期将要出台的教育标准还有《普通高中管理标准》《中小学教育质量评价标准》《留学行业国家标准》等。2015年教育部将公布"92个本科专业教学质量国家标准"。

6.什么是义务教育学校管理标准？

要点：6项职责、22项任务、92条要求。为适应教育改革发展的新形势和新任务，全面贯彻教育方针，完善义务教育治理体系，深入实施素质教育，促进教育公平，推动义务教育阶段学校依法办学、科学管理，2014年8月2日，教育部制定印发了《义务教育学校管理标准（试行）》（详见原文，可在网上查阅）并启动实验区工作。《义务教育学校管理标准（试行）》由基本理念、基本内容和实施要求三部分组成。针对义务教育学校管理工作特点，管理标准立足学校管理工作实际，以学生和教师为中心设置了六项管理职责，分别是：**平等对待每位学生、促进学生全面发展、引领教师专业发展、提升教育教学质量、营造和谐安全环境、建设现代学校制度**，6项管理职责下设22项管理任务，管理任务共下设92条管理要求，基本涵盖了学校管理的主要方面。

7.什么是中小学校长专业标准?

要点：五大理念、六大职责、三大领域、60条要求。“中小学校长专业标准”，是指教育部先后颁发的《义务教育学校校长专业标准》《普通高中校长专业标准》《中等职业学校校长专业标准》《幼儿园园长专业标准》。为了贯彻党的十八大精神，落实《国家中长期教育改革和发展规划纲要（2010—2020年）》和《国务院关于加强教师队伍建设的意见》（国发〔2012〕41号），构建教师队伍建设标准体系，建设高素质的中小学校长队伍，教育部分别在2012年12月和2015年1月，制定并印发了《义务教育学校校长专业标准》《普通高中校长专业标准》《中等职业学校校长专业标准》《幼儿园园长专业标准》。这里只介绍《义务教育学校校长专业标准》和《普通高中校长专业标准》（以下简称《校长专业标准》）。

《校长专业标准》分为三个部分（基本理念、基本内容和实施意见），共60条。**一是基本理念部分含五大基本理念**（以德为先、育人为本、引领发展、能力为重、终身学习），**二是基本内容部分含六项专业职责**（规划学校发展、领导课程教学、营造育人文化、引领教师成长、优化内部管理、调适外部关系）**和三大领域**（专业理解与认识、专业知识与方法、专业能力与行为）**专业要求，三是实施意见部分含适用范围、对教育行政部门、对高校和培训机构和对校长的四个方面实施要求。**

《校长专业标准》是国家对义务教育学校和普通高中合格校长专业素质的基本要求。教育部要求各地教育行政部门、有关高等学校以及校长培训机构要把贯彻落实《校长专业标准》作为加强义务教育学校校长队伍建设的重要任务和举措，认真制订工作方案和具体措施，精心组织实施，务求取得实效。要采取多种形式组织开展《校长专业标准》专题学习活动，帮助广大中小学校校长准确理解《校长专业标准》的基本理念，全面把握《校长专业标准》的内容要求，把《校长专业标准》作为开展学校管理、提升专业发展水平的行为准则。要将《校长专业标准》作为义务教育学校校长和普通高中校长管理的重要依据，进一步完善校长任职资格条件和考核评价指标。要依据《校长专业标准》调整校长培训课程计划，编写校长培训教材，将《校长专业标准》作为义务教育学校校长和普通高中校长培训的重要内容。学校校长要将《校长专业标准》作为自身专业发展的基本准则，制订自我专业发展规划，爱岗敬业，增强专业发展自觉性；大胆开展学校管理实践，不断创新；积极进行自我评价，主动参加校长培训和自主研修，不断提升专业发展水平，努力成为教育教学和学校管理专家（详见原文，可在网上搜索查阅）。

8.什么是中小学教师专业标准？

关键词：基本要求、基本规范、基本准则、重要依据。为了落实《国家中长期教育改革和发展规划纲要（2010—2020年）》，构建教师专业标准体系，建设高素质专业化教师队伍，教育部在2012年2月研究制定并印发了《小学教师专业标准（试行）》和《中学教师专业标准（试行）》（以下简称《教师专业标准》）。

《教师专业标准》是国家对小学和中学合格教师专业素质的**基本要求**，是教师实施教育教学行为的**基本规范**，是引领教师专业发展的**基本准则**，是教师培养、准入、培训、考核等工作的**重要依据**。教育部要求教育行政部门、开展教师教育的院校、中小学校和幼儿园要把贯彻落实《教师专业标准》作为加强教师队伍建设的重要任务和举措，认真制订工作方案，精心组织实施，务求取得实效。要采取宣讲、讨论、座谈、培训等多种形式，组织开展《教师专业标准》专题学习活动。充分利用报刊、电视、网络等各类媒体，广泛宣传《教师专业标准》的重要意义和主要内容，进一步提高全社会对教师专业特性的认识。通过学习宣传，帮助广大中小学教师和师范生准确理解《教师专业标准》的基本理念，全面把握《教师专业标准》的内容要求，切实增强专业发展的自觉性，把《教师专业标准》作为开展教育教学实践、提升专业发展水平的行为准则。

> **教师三超越：**
>
> **超越教材，**
>
> **超越课堂，**
>
> **超越教师。**
>
> **——窦桂梅**

9.什么是中小学教师教育技术能力标准？

关键词：教育技术能力、考核基本依

据。2004年12月，教育部为提高中小学教师教育技术能力水平，促进教师专业能力发展，根据《教师法》和《中小学教师继续教育规定》有关精神，制定并印发了《中小学教师教育技术能力标准（试行）》（以下简称《标准》），要求各地教育部门和学校结合实际，认真贯彻实施。《标准》是指导中小学教学人员、中小学管理人员、中小学技术支持人员教育技术培训与考核的基本依据。教育部将依据《标准》研究建立中小学教师教育技术培训、考试和认证体系，促进中小学教师教育技术培训与考核的健康发展。

10.什么是义务教育学校标准化建设？什么是义务教育学校办学基本标准？

关键词：标准化建设、办学基本标准。目前，我国共有义务教育学校31万所，其中有相当一部分中西部地区义务教育学校办学条件较差，特别是县镇学校大班额问题突出；同时，农村寄宿制学校宿舍、食堂等生活用房缺口巨大，中西部农村地区学生多人一铺、校外住宿的现象非常普遍。

为解决上述问题，根据《国家中长期教育改革和发展规划纲要（2010—2020年）》的部署，启动实施义务教育学校标准化建设项目，通过完善义务教育长效机制，实施薄弱学校改造计划、初中工程等项目，缩小中西部地区城乡、区域间义务教育学校建设的差距，推动义务教育学校标准化建设。

根据国家的部署，各省先后出台了本省的“义务教育学校办学基本标准”。河南省为加强义务教育学校标准化建设，推进义务教育均衡发展，省教育厅、省发展改革委员会、省住房和城乡建设厅，依据国家有关法律、法规和河南省经济社会及教育发展规划，本着立足当前、着眼长远、统筹城乡的原则，分别在2008年7月29日和2011年10月27日，先后制定并印发了《河南省农村义务教育阶段学校办学条件基本标准（试行）》和《河南省义务教育学校办学条件基本标准（试行）》（以下简称《标准》）。《标准》从学校设置与班额、校舍建设、设备设施和场地、教师与经费和质量与管理五个方面，提出了具体标准（详见原文，可网上搜索查阅）。《标准》是我省各级政府及有关部门规划、建设和管理学校的重要依据。《标准》

规定的各项办学条件是新建义务教育学校必须严格执行的基本标准。现有学校办学条件尚达不到《标准》要求的，应完善办学条件，逐步达到标准。

需要说明的是，根据《河南省人民政府办公厅关于开展义务教育发展基本均衡县评估认定工作的通知》的精神，我省开展了义务教育发展基本均衡县评估和义务教育学校办学基本标准评估，2015年以前（含2015年）评估验收的县、市、区，暂按2008年印发的《河南省农村义务教育阶段学校办学条件基本标准（试行）》执行，2015年以后评估验收的县、市、区，一律按2011年新标准执行。

11.为什么要推进高中多样化发展?

关键词：多样化发展、综合创新、学科特色、普职融通、国际特色。（详见校长篇问答）《国家中长期教育改革和发展规划纲要（2010—2020年）》提出："推动普通高中多样化发展。促进办学体制多样化，扩大优质资源。推进培养模式多样化，满足不同潜质学生的发展需要。探索发现和培养创新人才的途径。"河南省教育厅2014年6月颁发了《关于开展普通高中多样化发展试点工作的意见》。高中阶段教育是学生个性形成、自主发展的关键时期，对提高国民素质和培养创新人才具有特殊意义。高中教育改革体现了增强综合国力的需要、适应人的发展的需要、提升教育品质的需要。

我国高中多样化发展是在高中推进课程改革背景下和高考制度改革过程中，对单纯以应试为目的的办学体制和培养模式的挑战，是现实条件下落实高中课程改革方向和促进高考改革的有益探索。为此，各地进行了办学体制和培养模式的创新，普通高中多样化发展取得很大进展。

现阶段，我国普通高中多样化发展走向呈现鲜明的借鉴、融合特点。一是普通高中借鉴高等教育，探索教育模式的改变。其主要表现在于引入高等学校的基本教育模式，如走班制、学分制和导师制。二是普通高中借鉴职业教育，探索多元功能的拓展。其主要表现在于举办综合高中以及在普通高中引入职业教育课程。三是普通高中引入国际教育，以探索满足多种教育需求。其主要表现在于引入国际课程体系或国际课程，包括国际组织开发的课程，通常学生学习后去相关国家高一级学校就读。四是普通高中为不同学生发展服务，探索个性化人才的培养。其主要表现是分层教学，如班内分层目标教学模式、班外分层走班模式；个别教学，这是为适应学生学习程度、个性特点等存在差异而进行有针对性的有效教学的一种教学方式，是针对不同学生的情况在课内和课外进行个别辅导的教学组织形式；建设特色学校或班级，以建设优势学科或服务不同对象为重点，形成学校或班级特色，为接受高中教育的学生提供多样化的选择。学校在教学设施、师资配备、课程设置等方面为学校或班级形成优势或特色创造条件。学校应通过对某个特色学科领域的全面建设来促进和带动整体教学质量的提高。

根据这些特点，我国把高中多样化发展大致分为四种类型：一是综合创新类，二是学科特色类，三是普职融通类，四是国际特色类。

河南省教育厅根据四种类型提出办学“基本条件标准”，基本条件分为五个方面：一是办学条件，二是课程建设，三是育人团队，四是管理水平，五是办学绩效。笔者把这五个方面概括为“四高一多”，即高标准的办学条件、高素质的教师队伍、高水平的学校管理、高效益的办学绩效、多样化的课程建设。其核心是多样化的课程建设（具体标准详见《河南省教育厅关于开展普通高中多样化发展试点工作的意见》，可在网上查阅）。

12. 什么是国家学校体育卫生条件试行基本标准？

关键词：学校体育卫生、基本标准。根据《中共中央国务院关于加强青少年体育增强青少年体质的意见》（中发〔2007〕7号）要求，为保障中小学校体育、卫生工作的正常开展，保证广大中小学生健康成长，依据《学校体育工作条例》《学校卫生工作条例》以及现有涉及中小学建筑、教学卫生、生活卫生等方面的相关标准和政策规定，教育部、卫生部、财政部制定并颁发《国家学校体育卫生条件试行基本标准》（以下简称《标准》）。

《标准》适用于全日制小学、初级中学、高级中学（含中等职业学校、民办中小学校）。

《标准》包含体育教师基本标准、体育场地器材基本标准、教学卫生基本标准、生活设施基本标准、卫生保健室配备基本标准以及学生健康基本标准等方面，明确了开展学校体育卫生工作所必不可少的条件，是国家对开展学校体育卫生工作的最基本要求，是中小学校办学应达到的最基本标准，是教育检查、督导和评估的重要内容。三部委应当按照《标准》对中小学校进行核查，尚未达到《标准》的，应积极创造条件，使其尽快达到标准要求。在新建和改扩建中小学校时，应当按照《标准》进行建设和配备。少数因特殊地理环境和特殊困难达不到《标准》规定的部分要求的地区，应制定与之相应的办法，确保学校体育场地的需要。

13.中小学教学卫生基本标准有哪些基本内容？

关键词：教学卫生标准。中小学教学卫生基本标准包含教室、课桌椅、黑板、教室采光、教室照明和教室微小气候六个方面的卫生标准。

（1）教室

①普通教室人均使用面积：小学不低于1.15平方米,中学不低于1.12平方米。

②教室前排课桌前缘与黑板应有2米以上距离。

③教室内各列课桌间应有不小于0.6米宽的纵向走道，教室后应设置不小于0.6米的横行走道。后排课桌后缘距黑板不超过9米。

（2）课桌椅

①教室内在座学生应每人一席。

②每间教室内至少应设有2种不同高低型号的课桌椅。

（3）黑板

①黑板应完整无破损、无眩光，挂笔性能好，便于擦拭。

②黑板下缘与讲台地面的垂直距离：小学为0.8—0.9米，中学为1—1.1米；讲台桌面距教室地面的高度一般为

> **学校做到“一本五化”：**
>
> **立德树人为根本，**
>
> **学校管理规范化，**
>
> **课程教学多样化，**
>
> **教师发展专业化，**
>
> **教育手段现代化，**
>
> **学生成长和谐化。**

1.2米。

（4）**教室采光**

①单侧采光的教室光线应从学生座位左侧射入，双侧采光的教室主采光窗应设在左侧。

②教室墙壁和顶棚为白色或浅色，窗户应采用无色透明玻璃。

③教室采光玻地比（窗的透光面积与室内地面面积之比）不得低于1∶6。

（5）**教室照明**

①课桌面和黑板照度应分别不低于150LX和200LX，照度分布均匀。自然采光不足时应辅以人工照明。

②教室照明应配备40瓦荧光灯9盏以上，并符合节能环保要求。灯管宜垂直于黑板布置。教室照明应采用配有灯罩的灯具，不宜用裸灯，灯具距桌面的悬挂高度为1.7—1.9米。

③黑板照明应设2盏40瓦荧光灯，并配有灯罩。

（6）**教室微小气候**

①教室应设通气窗，寒冷地区应有采暖设备。

②新装修完的教室应进行室内空气检测，符合《室内空气质量标准》的可投入使用，并保持通风换气。

14. 什么是课程标准？

关键词：课程性质、课程目标、内容目标、实施建议、指导性文件。课程标准是规定某一学科的课程性质、课程目标、内容目标、实施建议的教学指导性文件。2001年，国家启动了新世纪基础教育课程改革。经过十年的实践探索，课程改革取得显著成效，构建了有中国特色、反映时代精神、体现素质教育理念的基础教育课程体系，各学科课程标准得到中小学教师的广泛认同。同时，在课程标准执行过程中，也发现一些标准的内容、要求有待调整和完善。为贯彻落实《国家中长期教育改革和发展规划纲要（2010—2020年）》，适应新时期全面实施素质教育的要求，深化基础教育课程改革，提高教育质量，教育部组织专家对义务教育各学科课程标准进行了修订完善。根据教育部基础教育课程教材专家咨询委员会的咨询意见和教育部基础教育课程教材专家工作委员会的审议结果，经研究，决定正式印发《义务教育语文等学科课程标准（2011年版）》，并于2012年秋季开始执行。根据教育部2003年制定的《普通高中课程方案（实验）》，教育部制定普通高中各学科课程标准。课程标准与教学大纲相比，在课程的基本理念、课程目标、课程实施建议等几部分阐述得更详细、明确，特别是提出了面向全体学生的学习基本要求。国家课程标准是教材编写、教学、评估和考试命题的依据，是国家管理和评价课程的基础。应体现国家对不同阶段的学生在知识与技能、过程与方法、情感态度与价值观等方面的基本要求，规定各门课程的性质、目标、内容框架，提出教学和评价建议。

第十一章　规范与常规

15、什么是常规？它与规范和标准是什么关系？

常规即经常实行的规矩或规定。规范是明文规定或约定俗成的标准。常规往往是规范和标准的基础，规范和标准是常规的提炼和升华。

16.什么是规范和规范化？

关键词：明文规定、约定俗成。规范指明文规定或约定俗成的标准。如：道德规范、技术规范等。或是指按照既定标准、规范的要求进行操作，使某一行为或活动达到或超越规定的标准。如：规范管理、规范操作。对于某一工程、工作，或者行为进行定性的信息规定。因为无法精准定量而形成的标准，被称为规范。规范是指群体所确立的行为标准。它们可以由组织正式规定，也可以是非正式形成。“规范化”的定义是：在经济、技术和科学及管理等社会实践中，对重复性事物和概念，通过制定、发布和实施标准(规范、规程和制度等)达到统一，以获得最佳秩序和社会效益。

17.由国家和省教育行政部门颁发的有关中小学教育的规范（规程）有哪些？

关键词：规范、规程。教育部和全国教育工会颁发的《中小学教师职业道德规范》，教育部颁发的《中小学生日常行为规范》，教育部和全国妇联颁发的《家长教育行为规范》，国务院教育督导委员会办公室颁发的《中小学校责任督学挂牌督导规程》《中小学校责任督学工作守则》，教育部颁发的《中小学班主任工作规定》《中小学学生学籍信息化管理基本信息规范》《中小学理科实验室装备规范》《中小学德育工作规程》《学校艺术教育工作规程》《中小学实验室规程》《中小学图书馆(室)规程(修订)》；河南省教育厅颁发的《中小学管理规范》等。

18. 什么是《家长教育行为规范》？

关键词：教育、行为规范。2004年，全国妇联、教育部对1997年联合颁发的《家长教育行为规范》进行了修改、补充、完善，之后重新颁发。《家长教育行为规范》是针对新时期家庭教育面临的新情况、新问题，以及21世纪对国民素质的总体要求制定的。其具体内容是：

(1) 树立为国教子、以德育人的思想，自觉履行抚养和教育子女的法律责任和道德义务。

(2) 培养子女增强爱国情感，从小树立民族自尊心、自信心和自豪感。

(3) 教育子女树立正确的理想信念，为担负起建设祖国、振兴中华的光荣使命做好准备。

(4) 培养子女良好的道德品质和文明行为，学会处理人与人、人与社会、人与自然等基本关系。

(5) 培育子女的劳动意识、科学精神和法制观念，帮助子女增强自学、自理、自护、自强、自律能力。

(6) 确保子女接受义务教育，鼓励子女参加健康有益的文化体育活动，促进子女身心健康全面发展。

(7) 树立正确的家庭教育观念，掌握科学的教育知识与方法，针对子女年龄、个性特征实施教育，与子女互动互学，共同提高。

(8) 举止文明，情趣健康，敬业进取，言行一致，以良好的品行修养为子女做表率。

(9) 建立民主、平等、和睦的家庭关系，形成有助于子女健康成长的良好家庭环境。

(10) 主动配合学校教育、社会教育，支持子女参加学校活动和社会实践，保持教育的一致性。

19.什么是中小学德育常规？

关键词：德育目标、德育内容、实施途径、基本方法、管理体制、德育队伍、保障条件。中小学德育常规是关于中小学德育目标、德育内容、实施途径、基本方法、管理体制、德育队伍、保障条件的基本要求和一般规则。依据《中小学德育工作规程》，中小学德育常规教育有以下几个方面：

一是学校必须按照课程计划开设思想品德课和思想政治课，不得减少课时或挪作他用。中小学校要通过思想品德课和思想政治课考核，了解学生对所学基本知识和基本理论常识的理解程度及其运用的基本能力。

二是学校必须依法建立升降国旗制度。

三是学校每年应当结合国家的重要节日、纪念日及各民族传统节日，引导学生开展丰富多彩的教育活动，并逐步形成制度。

四是学校应切实保证校会、班会、团（队）会、社会实践的时间。小学、初中、高中每学年应分别用1—3天、5天、7天的时间有计划地组织学生到德育基地、少年军校或其他适宜的场所进行参观、训练等。

> 改变学校面貌的关键，是要每一个教师都能够打开门，让所有的教师都能开设公开课，把许多陋习一并清除、克服，让所有的教师超越自我，构筑起同为实践者的同事们的团结合作关系。
>
> ——［日］佐藤学

五是学校要认真贯彻落实《小学生守则》《中学生守则》《小学生日常行为规范》《中学生日常行为规范》，形成良好的校风。

六是学校应实行定期评定学生品德行为和定期评选“三好学生”、优秀学生干部（中学）、优秀班集体的制度。评定的标准、方法、程序，依据《中学德育大纲》和《小学德育纲要》施行。学生的品德行为评定结果应当通知本人及其家长，记入学生手册，并作为学生升学、就业、参军的品德考查依据之一。

七是学校应当严肃校纪。对严重违反学校纪律、屡教不改的学生应当根据其所犯错误的程度给予批评教育或者纪律处分，并将处分情况通知学生家长。受处分学生已改正错误的，要及时撤销其处分。

20.什么是教学常规？

关键词：维持教学秩序、提高教育质量。教学常规，即教学通常的规则；一般的规则，是经过前人反复实践总结，沿袭下来并经常实行的规矩。教学常规管理，是指学校在教育教学过程中，全面实施素质教育，完成教育教学任务而做出的一些具体规定所采取的一些行之有效的做法。在中小学教学实践中，学校管理者无不重视教学常规的制定与执行。教学常规被看作是学校教学管理实现规范化、制度化的重要保证，是维持正常教学秩序、提高教育教学质量的重要手段；同时执行教学常规的情况也是考核评价教师教学的重要依据。

21.中小学教学管理有哪些常规？

关键词：管的常规、教的常规、学的常规。在教学常规管理工作中，学校应着力抓好三个方面：一是管的常规，二是教的常规，三是学的常规。**管的常规**：管的制度、标准、过程。**教的常规**：备课、上课、作业、辅导、实验和评价。**学的常规**：课前预习、课堂学习和课后复习。

22.学校课程管理有哪些常规？

学校课程的常规管理，一般包括国家课程与地方课程实施计划或方案的制定、校本课程开发的组织、学生选修课的指导、教师培训与分工、课程资源的调度、课程实施的组织、课程评价与课程教学管理制度的建立，等等。

23.教学计划管理常规有哪些?

关键词：课程方案、教学计划、教学秩序。一是全面贯彻党和国家的教育方针，认真落实《国家中长期教育改革和发展规划纲要（2010—2020年）》、国家和省定课程方案和各科课程标准。学校应根据上述政策法规和当地教育行政部门的指示，制订切合本校实际的教学计划，设计好课程表、作息时间表和学生活动总量，建立正常的教学秩序。

二是学校教学计划一般包括教学工作的指导思想、目标要求、工作要点、实施措施、检查总结、主要活动安排等内容，每学期前制订一次，由主管校长或教导（务）处起草，校务会或教师代表大会讨论通过，期初公布，期中、期末检查执行情况。

三是各教研组应根据学校教学工作计划制订本组教学计划。教研组教学计划包括本学科学期教学的目标要求、教学进度、主要教研活动安排等。由教研组组长起草，本组教师讨论通过执行。分设备课组的，还要求制订备课组计划。

四是每个任课教师均应根据学校和教研组教学工作计划要求，在钻研课程标准、通读教材和了解学生学习基础的前提下，制订出学科教学计划。学科教学计划一般应包括：（1）教学任务与目标；（2）教材内容的基本分析（含重点、难点等）、删补意见、教学进度安排；（3）学生综合性素质因素的基本分析；（4）完成教学任务的主要措施；（5）教学改革的大体设想；（6）阶段反思要求。教师学科教学计划一般写在备课本前面，以便在平时教学中落实和学校领导检查。

24.课程表编排有哪些常规要求?

要点为“四个有利于”：有利于提高效率、有利于学生身心、有利于教师工作、有利于资源利用。中小学的课程表是一所学校实施教学工作的指挥调度表，是依据课程计划规定的课程设置和教师任课安排的各班固定的教学时间表，是教师课堂教学和学生课堂学习必须遵循的日程安排。

有利于提高教学效率。（1）根据师生智力与心理活动周期编排。一般而言，在一周内，星期二、三、四这三天，师生情绪稳定、精力旺盛，教学效果最好，星期一次之，星期五最差。因此，语、数、外等基础学科和理、化等难度较大的学科应主要安排在星期二、三、四这三天，其次安排在星期一，星期五尽量少安排，可安排一些趣味性强的学科课程和实践活动类课程。一天之中，上午第二、三节课是师生精力充沛、思想集中的时间，是一天中的最佳教学时间，所以一般要把基础学科和难度大的学科安排在这些时间内；下午第二、三节课和上午第一节课次之，可以把较难的课安排在这些时间内；其他时间较差，一般不可安排语、数、外、理、化等课程。对于程度相近、难度也相近的学科，一星期之中的最佳时间、较佳时间、不佳时间要合理搭配。**（2）根据大脑的生理机制和机能特点来编排**。人的大脑有左右两半球，一般左半球为语言、逻辑与数理思维中枢，以逻辑思维为主；右半球为形象思维、空间思维和动作思维的中枢，以形象思维和活动思维为主，其功能不同。因此，安排课程时要注意使学生的大脑两半球交替活动，使两种思维交替进行，使思维和体力活动交替进行，以保证大脑高级神经活动实现由兴奋向抑制或由抑制向兴奋的有规律的转化，使大脑两半球始终进行高效率的工作和积极的休息。因而，要注意多学科的合理交叉：①文理交叉。②体脑交叉。③小学和中学低年级除作文外，一般不安排连堂课，中学高年级也要尽量少排连堂课，作业多的学科，可适当在后面排点自习课。④同科目的课时应均匀间隔，语文、数学、外语等课时较多的学科一般每天都排课，其他课时少的科目课时之间要间隔均匀，不可使时间间隔太近。⑤同一教师任同一年级平行班的同一学科的课，同一天应连排在一起，但要注意每天的上课顺序要先后轮换进行，不能老是让一个班的课先上，一个班的课后上。这样每个平行班都可以大致公平获得任课教师相对均衡的教学精力、经验和效果。

有利于学生的身心健康。首先要注意将学生的课业负担安排均匀，语文、数学、外语、物理、化学等难度大、脑力劳动强度大、作业多的课程在一天中不宜排得太多，而应在一周内统筹安排，分散压力。其次，要注意将体育、音乐、美术、劳动技术等负担轻的课程在一周内均匀编排，与课业负担重的课搭配，以缓解学生的课业压力。再次，应将体育课、课外体育锻炼、体力劳动课等体力活动强度大的课程或活动分散编排，一则避免学生体能消耗过大，二则是与脑力活动课程交叉，以调节学生的情绪和思维。最后，体育课不可排在上午的第一节，体育和音乐课一般也应尽量避免排在上、下午的最后一节课（如果上、下午安排四节以上的课时的话），这是因为上午第一节课距离早饭时间很近，学生的胃一般尚在消化食物，不宜从事体育活动；上、下午最后一节课，学生已经饥饿了，不适宜从事剧烈活动和唱歌等。

有利于教师的教学效果、身体健康和课程教学研究。安排教师上课时间，要注意相对集中，不宜过于分散，以利于教师集中时间备课、改作业、连续思考，但连排节数一般不可超过二节，且一天上课节数不宜超过三节，以防止教师过度疲劳，影响教学效果和身体健康。同时，要注意因人而异，男教师、年轻教师、身体健康的教师的课可排得集中些；老年教师、女教师、体质稍弱些的教师的课可排得分散些。对有特殊困难、特殊要求的教师，要予以适当照顾。

为方便教研，每周应安排一部分各年级组、教研组共同空堂时间，以便于听课、集体备课、校本教研和进修学习。另外，同年级同学科由不同教师带的课应尽量错开一点，便于教师之间相互听课，优秀教师的课可排在前面，便于新教师和教学经验不足的教师观摩学习。

有利于课程资源的充分合理利用。有些学科在教学时，全校各年级各班需要共同使用同一设备、器材、场地（如音乐、美术、体育器材、体育场地、教学仪器等）和专用教室（实验室、多媒体教室、音乐教室、语音室、微机室、美术教室等），要合理安排，轮流使用，避免碰头。

25.课程表编制的基本方法有哪些？

关键词：课程理念、课程方案、顺序合理、结构合理。首先，课程表的编制者，要树立正确的课程理念。就是要以课程方案、课程标准为依据，学校层面开展和开设或研发的，与对实施学生教育教学有关的一切经验和活动都是课程，包括国家课程、地方课程、学校课程，学科课程、活动课程，分科课程、综合课程，理论课和实践课，必修课、选修课，等等。这些都应该体现在课程表上。

其次，要熟悉国家和省教育行政部门颁发的中小学课程方案（计划）。其规定的各年级必开科目及每周节数、任课教师姓名、基本情况、任教科目、班级和节数、教学设备、仪器、场地情况、校内外各种会议时间、教研组活动时间、教师进修时间和特殊要求等等，都要熟悉。

课程表编排顺序要合理。（1）排出全校性的集体教育活动及其全校性的公共课程。一是全校性教育活动，如开学典礼、期中总结大会、期末总结表彰大会等；二是全校性的传统教育活动和专题教育活动，如清明节、国庆节、学校重大节日等活动及禁毒教育、青春期教育、国防教育、廉政教育等；三是全校统筹安排在校内外实施的课程，如劳动与技术课程、参观考察等；四是全校需要同时开展的周会课、科技周、艺术节（周）、运动会等各种实践活动课程。（2）高中须排出可跨年级选修的课程、不同年级可以共同学习的课程、可以重修的课程。可以跨年级选修的课程，如校本课程等。不同年级可以共同学习的课程，如综合实践活动课程，按道理讲是可以跨年级自由组合、共同参与学习的。可以重修的课程是指学业考核没有合格而需要重新修习的课程，如地理、历史等。（3）排出受设备、设施、场地、仪器、器材等条件限制的课程，如体育与健康、艺术（或音乐、美术）课程、科学课程（或物理、化学、生物）的实验课和计算机课程等，以便合理调度、统筹安排全校的课程资源。（4）将每个教研组、每位教师不能排课的时间空出来。每个教研组都要留出公共的空堂时间，以便开展课程与教研活动。有些教师有特殊需要的（如孕妇、带病坚持上课而要服药打针的等等），也要给予一定的方便。（5）按年级编排课程表，先排跨年级任课教师的课，后排同一年级跨班任课教师的课，最后排只任一个班课的教师的课。

课程表的编排结构要合理。（1）按内容分类编排，可以按国家课程、地方课程、校本课程分类编排，也可以按必修课、选修课分类编排。（2）按课程时间编排，可以按周课程（每周都上的课）、月课程（每月或每半月一次的课程）、学期课程（每学期上一次或每学期两次的课程）分类编排。（3）课程表的篇幅，根据内容和便于学生观看的需要，可以大也可以小，可以是一张纸张贴，也可以是一本手册人手一本。

26.中小学教学过程管理常规有哪些？

关键词：备课、上课、作业、辅导、考试、评价。中小学教学过程管理一般包括备课常规（含编写教案、学案集体备课等）、上课管理常规、作业与辅导常规、考试与评价常规等。（由于篇幅所限，这里只介绍听课、评课、考试和综合素质评价的基本要求）

27.听课（观课）有哪些基本要求？

要点：明确目的、拟定计划、充分准备、良好习惯、做好记录、评价反馈、分析总结。

听课，是一个历久弥新的问题，也是学校课程领导的最直接、最重要的工作方式，是深入课堂教学第一线的主要途径。

有明确的听课目的。（1）了解性听课：这是了解情况性质的听课。（2）检查性听课：这是属于检查、督促工作性质的听课。（3）经验总结性听课：这是对于一些教学质量高、学生反映好的教师的课堂教学，为了帮助他们总结经验、升华教学艺术或向全校教师推广前的指导完善的听课。（4）研究性听课：一是属于研究某一专门课程教学内容的针对性强的课，如作文指导课、实验课如何上；二是课程教学改革实验课，如使用新教材、采用新教法、新教学模式、新教学手段的课；三是体现新的教育思想、进行教学改革的课。（5）培养性听课：这是有目的、有计划地提高不同类型教师教学水平的听课。（6）考核评估或竞赛性听课：这类听课一般具有评价鉴定、竞争等次的性质，一般事前会制定较为具体的评课标准，依据标准评定等次。（7）学习取经性听课。

有具体的听课计划。学校领导每学期都要认真拟订听课计划，包括：（1）听课的目的与重点。（2）听课时间安排。（3）听课年级、班级和学科。（4）听课对象（任课老师）。（5）听课类型。一般主要包括新授课、复习课、练习课、实验课、自学指导课等，但新课程的新的课程类型，如研究性学习课程、综合课程等，要纳入听课的重点。

有充分的听课准备。如果是一般了解情况性听课和检查性听课，或者诊断指导性的小范围听课，学校领导只需了解一下课程目标、课程标准和教科书内容、教学进度安排，确定一下听课的重点，也就可以了。

有良好的听课品质和习惯。充分尊重讲课教师的人格和辛勤劳动，是听课人的起码品质，所以要提前进入教室，在适当的位置上坐好，等待教师上课，不迟到，不早退。听课期间，不接打（看）手机、不吸烟、不发声响、不随意进出、不与其他听课者交头接耳私下议论教学得失、表现出褒贬感情和神态。

讲究听课的策略与方法。听课不仅要观察教师的课堂行为，更要把学生的课堂表现作为重点。

有完整的听课记录。听课时，要边听、边看、边想、边记，集中精力观察师生的双边活动，记下教学的基本步骤和情况，要将自己的即时疑问、思考结论、教学建议用简短的话或符号记下来，以便课后思考、分析、研究和反馈建议。

及时评课和反馈。听课结束后，要及时向任课教师反馈意见，提出改进的建议。

有阶段性的听课分析与总结。

28.评课有哪些常规?

关键词：策略、程序。认真开展课堂教学评价，不仅是调节课程实施的重要杠杆，也是推进课程变革的重要手段，不仅有利于教师之间相互借鉴学习、提高课堂教学水平、改进教学品质，也有利于学校课程领导者提高课程的领导能力。

教师集体评课的策略。**（1）教师集体评课的方法**。①要有系统整体意识，也即要全面地、系统地、整体地看待每一节课，进行全面分析与评价。②要有两分法，任何一堂课都有优缺点，即使是非常精彩的课，也不可能白璧无瑕、完美无缺；哪怕是再糟糕的课，也不会是一无是处。③具体问题具体分析，对优点缺点的分析要谈到点子上，不可无关痛痒，泛泛而谈。④抓主要问题，比如一节课上得死气沉沉，无波澜起伏，教师教得无章法，学生学得没情绪，那就要找出主要原因。只有搞清问题产生的原因，才能对症下药。**（2）教师集体评课的程序**。①集体评课应在课后尽快进行，以免观课者遗忘。②评课会议应由有威信的教师主持，主讲教师先谈自己的教学设想及教后体会。③听课教师发言评议，主持人应巧为调控发言顺序，最好让教学水平稍差些的教师先发言，教学水平高些的教师后发言，这样，每位教师都有话可说。④评议结束后，评课者每人根据听课记录、回忆和评课发言情况，填写课堂教学评价量表。⑤教研组、教导处或学校课程委员会对评课教师交来的评价量表进行汇总、分析、整理。

课程领导者评课的策略。学校领导者是主要的课程领导者，一般应积极参加教师集体或教研组的评课活动，评课时应以一个普通教师的身份，充分听取和尊重其他教师的意见，不可自以为是，垄断评课会议，主观武断地搞一言堂。（1）要把握好评课的目的和角度。（2）要分层施评，因人而异，引导提高。（3）作为课程领导者，在评课现场一定要发言，并且要把准脉搏，说到点子上。这就需要认真听课、深入思考和科学归纳，要做到优点说全，缺陷抓准，特色点出，方向指明。（4）要掌握好评课的分寸。要以平等的身份和探讨的口吻与教师切磋问题；注意教师的心理承受能力，注意言语分寸，留有余地；要注意场合、时间、情境的差异，评课的语言要含蓄委婉、启人深思。

29.布置学生作业有哪些常规？

关键词：功能、原则、类型、要求、格式、批改

一是明确作业的功能。①巩固和检查功能：侧重基础知识和基本技能，重在对课本知识、技能的巩固。②深化和提高功能：侧重过程与方法，目的在于促进知识的形成和能力的发展。③体验和发展功能：侧重与知识、能力、情感、态度及价值观的整合，重在体验和实践。

二是明白布置作业的原则。①在内容上突出开放性和探究性。②在容量上考虑量力性和差异性。既不加重学生学习负担，又尽可能发挥学生的潜能。对学有余力或有特别兴趣的学生可以设计不同形式的作业。③在形式上，体现新颖性和多样性。要改变单一的文字式作业形式，可以布置一些操作、实验、口头完成的作业；可以在课堂内完成，也可以在课外完成；可以由个人独立完成，也可以小组合作完成。④在评判上，重视过程性和激励性。

三是分类型布置作业。①巩固性作业：以巩固教学效果最佳值为数量标准，避免数量过大，次数失控，讲求科学性，不搞无效的机械重复。②比较性作业：把正确与不正确的几种答案都给学生，由学生通过比较、选择、判断，完成对所学知识的检验与考查，在比较中掌握知识和形成能力。③归纳性作业：把所学知识按一定的系统进行分类归纳，可以起到新旧联系、扩展知识面、找出知识内部联系和建构知识框架（树）的作用。④思考性作业：意在锻炼学生的思考能力，不需要笔答。⑤创造性作业：让学生运用所学知识，结合自己的认识、体验、经验进行创造。⑥实践性作业：让学生亲自动手、动口、动脑，亲自去做，亲身体验，培养操作与运用的能力。

四是知道学科作业的基本要求。①原则上，劳动、品德、社会、科学学科和综合实践活动课，不留练习性书面作业。可以在课堂教学基础上，布置一些操作、实验、调查、体验、感悟性作业。②语文、数学、英语学科要有书面作业，任课教师在作业设计与布置中要坚持课内与课外相结合，量与质相结合，注意多样性和层次性，以满足不同层次学生的需要。

五是作业格式要求具体。各科作业要求格式统一、规范，书写工整，卷面整洁。不合要求的要督促学生重做，缺交的要补做，做错的要更正，但严禁罚抄罚做。

六是作业批改要认真。①各学科教师要注意对作业效果的及时批改和反馈。作业评语要体现激励性；要求以教师批改为主，提倡精批精改、面批面改和在教师指导下的互批互改。提倡学生自我订正、修改作业，养成自我检查、反复探求的良好习惯。②教师对批改的作业应做出评价，或计分评等，或写出评语。课堂练习要落到实处，部分练习应精批细改或面批面改。家庭作业多数应全批全改。少数由学生互批互改的作业，教师仍要检查订正。对于学生作业中的关键性错误要予以修正或以红线标记，并要求及时订正；必要时加以说明、指导。对于学生订正的作业，要批改，重点错误力求面批。对于大面积出错的问题，要集中分析讲解，直至弄懂为止。③作业批改要及时，一般应在下一堂课前将作业本发给学生，要求学生认真查看教师的批改或评语，并根据教师批改要求订正或重做。④要做好作业批改记载和讲评，对独创性的见解和代表性的错误应予以记录，作为讲评和辅导的依据。⑤要求学生做到认真、独立、按时、规范完成作业。发现问题和解决问题，并及时反馈矫正，要求学生及时订正错题，建立学生错题档案，指导学生使用好错题本。⑥作业布置与批改应做到“有发必收，有收必改，有改必评，有错必纠”。

30.学校教学监督检查有哪些常规要求？

关键词：常规检查、定期检查、质量抽检、内部监控、反馈制度

（1）落实教学常规管理“三项”监督检查制度。①学校领导挂学科制度。要求学校领导、教学管理人员要挂到学科，深入到学科教研组、备课组、课堂，保证所挂学科的教研教学工作正常实施。②校内视导制度。学校要安排专兼职视导员，经常性地组织教学视导，督促教学常规的落实；学校除安排有专职视导员课堂教学视导外，校长每周不定期巡视课堂不少于1次，分管教学的副校长不少于2次，并做好记录。③课堂教学随堂听课、书面评价制度。学校领导、视导员、教学管理人员每学期对本校全体教师随堂课、公开课、汇报课、观摩课、优质课等的听课要有一定的节数并对部分教师的课堂教学情况做出书面评价。每学期校长听课不少于30节（书面评价不少于6节），分管教学副校长听课不少于40节（书面评价不少于10节），学校教学管理人员听课不少于40节（书面评价不少于12节），把评价结果一式二份，被评价人和学校各存一份，作为教师教学业务档案之一保存。提倡学校领导、教学管理人员、教师之间相互随堂听课。

（2）学校要定期不定期检查、指导教师的备课、上课、作业布置与批改、学习辅导、考试评价改革等情况。教案、学案、作业布置与批改的抽查每学期校长不少于1次，分管教学的副校长不少于2次，教导处每学期对教师的教案、学案、作业布置与批改进行全面检查不少于1次，抽查不少于3次。教案、学案、作业布置批改检查的结果必须有评述性的书面语言（记录在“检查记录本”和教师教案上）。

（3）学校每学期至少要组织一次全校性教学质量抽检。对抽查的结果进行分析研究，制定出改进教学工作、提高教学质量的措施和方法。学校每学期要组织一次全校性的教学质量分析反馈会。

（4）学校要加强对各学科的教学管理与内部监控。要依据上级学校教学质量监控评价的有关规定，制定学校教学质量监控实施细则，并组织实施。

（5）学校要建立教学常规检查结果的反馈制度。每学期教学常规检查结果要在全体教师会上反馈两次以上，并做好记录。

31.考试常规要求有哪些？

关键词：组织、命题

（1）考试组织。①考试、考查是检验教学效果的重要手段，也是学校教学管理的重要组成部分。凡教学计划开设的课程都要进行考试或考查，除学业水平考试按规定参加外，学校每学期可进行期中、期末两次检测。②根据课程实施方案，合理确定考试形式、考试科目和考试内容。③考前复习要帮助学生查漏补缺，掌握知识结构体系，加深理解，增强运用能力，严禁猜题押宝。教师不得把考试范围指得太窄，更不准把考题暗示或泄露给学生。④严肃考纪考风，严禁舞弊作假。考试的命题、监考、阅卷、统分等考务工作要严密组织，严格纪律，严明考风，规范操作，确保考试过程和考试结果的客观、公正、有效。对违纪者要严肃处理。⑤严格控制规模性考试次数，加强调研诊断性测试。⑥监考老师要认真履行监考职责，严格监考，杜绝各类形式的舞弊行为。⑦保证阅卷质量，要准确把握评分标准和评分细则，做到宽严适度，集中时间，采用流水作业形式。⑧以考试为评价手段，要注意突出诊断性、激励性，淡化甄别功能。⑨评卷要及时、公正，期中、期末考试后，教师要写出试卷分析。学生考试成绩要及时造册上报，统一存档。考试或考查结果只通知本人，不可排队和张贴公布。⑩考查要把学生的学习态度和学习效果结合起来考虑，统一标准，认真评定，不搞形式主义，不凭印象、讲人情。⑪恰当评讲。考试的讲评应及时，讲评的内容应包括对学生取得成绩的肯定和错误原因的分析。讲评要突出重点，兼顾一般。提倡学生进行自我评价。不能用对答案的方法代替考试的评讲。

（2）考试命题。①提高命题质量，考试命题要以课标和教材为依据，着重考查基础知识和基本技能。试题不得超“标”超“本”，要面向多数学生，不要偏难或偏易，同时要有一定梯度。命题要充分结合学生实际，以能力测评为主，体现新情境、新材料和新设计。②制定科学严格的命题人员遴选、命题、审题、保密制度，规范命题操作程序。③试题要体现考试性质，保证考试信度。试题应以有利于实施新课程、有利于促进教学为原则，试题必须全面检测三维目标的达成效果，必须要有一定量的创新题。④试题内容正确，陈述简明、准确、无歧义，立足主干知识，注意学科渗透，设问要有连续性和层次性。⑤试题结构合理，梯度明显，难易适度，赋分合理，题型多样，提倡命制选做题。

32.学生综合素质评价有哪些常规要求？

关键词：发展性、科学性、多元性、开放性、民主性

一是评价依据。学生综合素质评价要以教育部《关于积极推进中小学评价与考试制度改革的通知》、教育部《关于推进中小学教育质量综合评价改革的意见》、教育部《关于加强和改进普通高中学生综合素质评价的意见》和省市有关文件精神为指导，以课程方案和课程标准为基本依据，要以促进学生全面发展和个性发展为目的，制定评价实施方案。

二是坚持评价原则。坚持方向性，引导学生全面发展。坚持指导性，把握学生的个性特点，关注成长过程，激发每一个学生的潜能优势，鼓励学生不断进步。坚持客观性，如实记录学生成长过程中的突出表现，真实反映学生的发展状况，以事实为依据进行评价。坚持公正性，严格规范评价程序，强化有效监督，确保评价过程公开透明。

三是改进评价方式。将形成性评价与终结性评价相结合，注重考查学生进步的程度和努力程度，改变单纯强调结果不关注发展变化的做法。将学校内部评价与外部评价相结合，注重建立质量内控机制，改变过于依赖外部评价而忽视自我诊断、自我改进的做法。

四是改进评价方法。主要通过测试和问卷调查等方法进行评价，辅之以必要的观察、实验、调查、记录、访问、讨论、作业、测验、评议、成长记录档案、自我评价、同学互评、教师评价、家长评价等多种方式进行。

五是评价内容全面。主要包括品德发展水平、学业发展水平、身心发展水平、兴趣特长养成、学业负担状况五个方面20项指标（详见教育部《关于推进中小学教育质量综合评价改革的意见》）（普通高中评价内容前三项内容一样，第四是艺术素养、第五是社会实践，详见教育部《关于加强和改进普通高中学生综合素质评价的意见》）。

六是评价程序科学。1.写实记录。教师要指导学生客观记录在成长过程中集中反映综合素质主要内容的具体活动，收集相关事实材料，及时填写活动记录单。一般性的活动不必记录。活动记录、事实材料要真实、有据可查。**2.整理遴选。**每学期期末，教师指导学生整理、遴选具有代表性的重要活动记录和典型事实材料以及其他有关材料。用于招生使用的材料，学生要签字确认。**3.公示审核。**遴选出来、用于招生使用的活动记录和事实材料必须于每学期期末在教室、公示栏、校园网等显著位置公示。班主任及有关教师要对公示后的材料进行审核并签字。**4.形成档案。**学校要对相关材料进行汇总，为每位学生建立综合素质档案。档案主要内容：（1）主要的成长记录，包括思想品德、学业水平、身心健康、艺术素养（小学初中含兴趣特长、学业负担）、社会实践五个方面的突出表现；（2）学生毕业时的简要自我陈述报告和教师在学生毕业时撰写的简要评语；（3）典型事实材料以及相关证明。档案材料要突出重点，避免面面俱到、千人一面。有些活动项目学生没有参加或事迹不突出，可以空缺。学生的相关特长、突出事迹、优秀表现等情况记入学生综合素质档案。教师评语要客观、准确揭示每个学生的个性特点。学校要对学生的档案材料进行审核。**5.材料使用。**教师要充分利用写实记录材料，对学生成长过程进行科学分析，引导学生发现自我，建立自信，指导学生发扬优点，克服不足，明确努力方向。

七是常态化实施。综合素质评价由学校组织实施。学校要建立健全学生成长记录规章制度，明确本校综合素质评价的具体要求。要注重在日常教育教学活动中，指导学生及时收集整理有关材料，避免集中突击。要充分发挥学校团队、学生组织的作用。要每学期对学生进行一次综合素质评价，实行报告单制度，毕业前实行总评，注重过程性评价，注意全面评价和个性化评价相结合。

33. 中学生学习有哪些常规？

关键词：制订计划、课前预习、课堂学习、独立作业、课后复习、实践操作、系统小结、规范考试、课外学习、学习卫生、锻炼身体。

一是制订学习计划。（1）教师要指导学生结合自己的实际和特点，合理周密地安排时间，制订学习计划。计划中要有明确的学习要求和具体的时间安排，便于督促自己实施。（2）计划要突出重点，均衡发展，防止偏废。应把自己学习的弱门学科和学科难点部分作为主攻对象，强化突出。（3）计划里一定要安排锻炼身体、参加课外活动的内容和时间。（4）计划一定要争取家长的指导、同学的帮助，根据学习情况随时调整学习计划。（5）计划要体现引导学生全面发展、发展个性特长的原则。（6）计划要体现培养学生探究式学习、合作式学习，以便利用各方面学习资源能力的原则。

二是课前预习。教师要指导学生预习，做到以下基本要求：（1）按照教学进度，提前一天或数天预习新课内容，语言学科应倾情朗读，遇到疑难问题，应先思考，并做出标记，带着问题去上课，以提高听课效率。（2）课前预习要充分利用已学知识，借助各种学习手段（包括工具书、参考资料、上网查找）查阅相关参考资料，进行观察、实验和调查。（3）在课前预习的基础上，确定新教材的难点，在自我思考之后，能够提出自己的问题，以便和别人共同切磋，以利于上课时更好地把握听课重点。（4）对新教材进行思考、议论、消化的过程中，要做好预习笔记，预习笔记要突出重点，有详有略。

三是课堂学习。课堂学习是学生获得知识、发展智能、培养健康情感的主要途径。课堂学习的基本要求是：（1）注意课间休息，保持旺盛精力，做好课前的一切准备工作。（2）上课铃响后立即集中注意力，在教师的指导下全身心投入到学习活动中。要注意老师的讲解、演示、板书、电子白板和表情

> 学习是同新的世界的“相遇”与“对话”，师生基于对话的“冲刺”与“挑战”。
>
> ——佐藤学《宁静的课堂革命》

动作。认真倾听老师指导和同学发言，开动脑筋，积极思考，做到眼、耳、手、心齐到，积极参与听、说、读、写、讲、练活动，不开小差。(3) 做好课堂学习笔记。内容要点、典型例题、重点提示及疑难问题，都要做简明记录。(4) 勤于思考，善于质疑，敢于提问，积极参与小组合作讨论，敢于发表自己的不同见解，敢于开拓新的思路。(5) 乐于探究，愉快学习，主动地进行阅读、观察、实验、猜测、验证、推理等动手实践、自主探索的学习活动。(6) 合作交流，在学习活动中要乐于与同学合作学习，善于交流，倾听同学的见解、意见和建议，不嫉妒，不歧视，平等待人，友好相处，团结协作，共同发展。

四是独立作业。做好作业的基本要求是：(1) 作业要独立认真地完成，书写工整、格式规范。要形成不怕困难、顽强学习的意志和毅力。按时上交作业，严禁抄袭作业。(2) 对于难题，经过努力仍然不能解决时，可以通过询问老师和同学，开展讨论，以打开自己的思路。(3) 老师批阅的作业，要认真仔细领会老师的批改意见，及时订正作业中的差错，找出原因，总结经验，避免重犯。(4) 根据自己的知识水平也可以适当选做一些有难度的、有代表性的练习题或一题多解题，以发展自己的思维能力和综合运用知识的能力。

五是课后复习。复习的基本要求是：(1) 复习要及时，每天复习以巩固当天所学的知识。一个单元、一个章节后，也要及时复习，及时巩固知识。注意整理修改补充课堂笔记，以加深对重点和难点知识的理解，强化记忆，巩固提高。(2) 复习要有针对性，要抓住要点，对一些重要的基本概念和基础知识，通过理解加深记忆。(3) 对于课堂上遗留下的知识障碍，可以通过独立思考，查阅有关资料，向老师、家长、同学请教，从而使问题得以解决。(4) 复习要注意归纳总结，使知识更加条理化、层次化、网络化。

六是系统小结。(1) 小结一般分单元小结和阶段小结进行，小结时，要运用科学的思维方法，找出教材中的内在联系，从而整体理解教材，使知识条理化或系统化。(2) 小结时可以用表格、提纲、提要等形式加以提炼，用准确的语言把所学的知识归纳表达出来。(3) 小结中，根据自己对教材的理解和体会，写一些小论文或做一些科技设计的实验。(4) 通过小结，“薄化”教材，迎接考试时心中有数，有条不紊，才能反映出自己的最好水平。

七是实践操作。（1）认真观察老师的演示实验、示范动作，注意听老师提示的实验要点、动作要领。（2）要按规定的目的要求、方法、步骤和操作规程，积极动手操作。要仔细观察实验现象，注意获取数据和结论，认真写好实验报告。要遵守实验室的规章制度，注意实验安全。（3）社会实践、综合性学习、研究性学习等实践课要明确目的，确定主题，遵守规则规程，勇于探索，合作探究，大胆动手实践，完成好总结或报告。

八是规范考试。（1）以正确的心态和认真严肃的态度对待考试，恪守诚信。（2）要遵守考试规则，独立思考，独立完成，严禁作弊。（3）仔细审题，从容作答，卷面整洁，字迹清楚规范，注意认真检查。

九是学习卫生。（1）生活有规律，合理安排学习娱乐、体育锻炼、休息和睡眠，按时作息。（2）科学用脑、护脑，使学习高效化，劳逸结合，动静交替，连续看书学习时间以40—60分钟为宜。（3）科学用眼、读写姿势正确、坚持做广播体操和眼保健操。（4）有效使用网络信息，学会正确利用手机和网络交流，学会利用网络进行科学研究，学会利用网络发展自己。（5）克服不良习惯。①克服有劳无逸的习惯。在学习时应该注意劳逸结合。每学习一个小时以后，要休息10分钟，做一些锻炼身体的运动，及时消除大脑和眼肌的疲劳，防止造成疲劳积累，提高总体学习效率。②克服躺着看书的习惯。躺着看书，很难控制书与眼之间的距离，也难以控制视角；躺着时大脑由于局部受压迫，血流不畅。因此，躺着看书、看电视，容易引起眼睛疲劳，时间稍长，眼睛就会有一种干涩的感觉，严重时还会造成视力损伤。③克服闭目思考或躺在床上思考的习惯。闭目思考或躺在床上思考，对思考本身没有什么影响，但是这种习惯对睡眠和健康有不良影响。④克服边吃饭边思考、边走路边思考、边上厕所边思考的习惯。

十是课外学习。（1）课外学习和活动的内容要健康有益（如不上黄色网站），要尽量与课堂教学的内容相结合。（2）根据自己的爱好和特长，积极参加课外兴趣小组活动，主动开展小科研、小实验、小制作等。（3）广泛阅读课外读物，自觉培养读书习惯，多读好书。通过各种媒体收集内容健康、知识性强、文笔优美的读物，开阔视野，增加积累，以提高自身的文化、科学素养。(4) 自觉参加参观访问、调查研究等社会活动，主动承担义务劳动、公益服务等社会工作，广泛获取有益知识，培养自学能力，扩大知识面，完善自己的素质结构。(5) 积极参加社会活动和科技活动，提高文化素质，陶冶情操，提高认识社会、分析社会的能力，提高劳动技能技巧。(6) 在课外学习中，培养良好的学习品质、学习习惯、健康的兴趣爱好。注意课外观察，养成善于观察、勤于思考的习惯。

十一是学习方式。提倡自主式学习、合作式学习、探究式学习。

十二是锻炼身体。坚持每天一小时以上体育活动时间。(1) 养成每天体育锻炼的习惯，可以充分利用早晨、上学途中、课间、课余时间、体育课、活动课等一切可以利用的时间和场所体育锻炼；(2) 按时作息、起居有节、科学合理安排时间，保证9小时以上睡眠时间。

34.小学生有哪些学习常规?

一是讲究学习卫生。

(1) 学习时要端坐，胸要挺，腿脚自然放平。

(2) 读书时书本要立起，眼睛离书本一尺左右。

(3) 写字要做到“三个一”，即眼睛离本子约一尺，握笔处离笔尖约一寸，身子离桌子约一拳。

(4) 不躺卧看书，不走路看书，不在光线太亮或太暗处看书。

(5) 连续看书学习时间不要太长，以30—45分钟为宜。

(6) 合理安排休息。

二是主动学习，提高学习能力。

(1) 学习要有计划。根据自身实际和学习内容制订学习计划。可制订长期计划，也可制订短期计划，增强学习的主动性、科学性，减少被动和盲目性。

(2) 课前积极预习。会按学习目标查找资料预习新课，学习在预习中画重点、找难点、提问题，积极想办法解决疑难问题。

(3) 重视课堂学习。首先要做到铃声响，快步走进课堂，做好课前准备，静心等待上课；其次，要积极主动参与课堂活动，会听、会看、会读、善说，不做与学习无关的事，别人发言时认真听、不打断，学习记课堂笔记。要善于独立思考，善于与同学合作学习，要敢于质疑问难，发表自己的意见。

（4）重视在生活中学习。认真参加综合实践活动，要善于观察、思考，从生活中学习。

（5）认真完成作业，及时温习旧知识。对各科各类作业均要认真对待，及时、独立完成，书写要规范、整洁；对当天所学知识或单元、整册书所学知识要及时复习巩固，善于发现知识之间的内在联系，掌握规律。

（6）认真对待评价。要正确对待别人对自己的评价，也要客观地评价别人。要遵守测试纪律，认真答题，力争取得最好成绩。

（7）及时纠错，善于总结。对作业、测试及平时学习中暴露出的问题，要认真分析原因，及时纠正。要善于在学习过程中不断总结适合自己的学习方法，提高学习效率。

三是培养良好的学习习惯。

（1）要重视各学科的学习，不无故缺课。

（2）要及时整理书包和抽屉，带齐当天所用学习用品，爱护学习用品。

（3）学习时要注意力集中，不边学边玩。

（4）重视课外阅读，养成记读书笔记的好习惯，养成查找课外资料、利用工具书学习的习惯。

（5）积极参加科技、文化、艺术等有益活动，全面发展。

（6）积极参加家务劳动和公益劳动，提高劳动能力，培养劳动习惯。

（7）积极参加社区实践活动，增强参与意识和实践能力。

（8）在学习过程中重视培养良好的思想道德素养和克服困难的坚强意志等良好的心理素质。

（9）锻炼身体，坚持每天一小时以上体育活动；养成每天体育锻炼的习惯，充分利用早晨、上学途中、课间、课余时间、体育课、活动课等一切可以利用的时间和场所体育锻炼；按时作息、起居有节、科学合理安排时间，保证10小时以上的睡眠时间。

细节篇

细节不是理念，但细节可以折射理念；细节不代表和谐，但不注意细节可以破坏和谐；细节不是形象，但忽视细节可以损害形象；凝聚力不全是细节，但细节可以削弱凝聚力；细节不全是管理，但细节可以影响管理的效益。精细化管理的核心，其实就是细节的管理。小细节可以出大管理。本篇就教师个人修养、课堂管理、班主任工作、教学卫生、教师习惯等八个方面收集和整理了教师应该注意的细节问题，并予以解释。希望能给大家带来帮助和参考。

教师的30项修炼

一、精炼教师形象

修炼之一：教师的服饰——服饰是信任的外衣。

修炼之二：教师的微笑——身体的教育意义。

修炼之三：教师的语言——沟通无限。

修炼之四：教师的习惯——习惯成就人生。

修炼之五：教师的宽容——一种教师美德。

修炼之六：教师的德行——用德行育人。

修炼之七：教师的智慧——成为一个大智的人。

修炼之八：教师的情感——做个多情善感的人。

二、精炼教师生活

修炼之九：教师的规划——自主思考并规划教育人生。

修炼之十：教师的阅读——过一种阅读的生活。

修炼之十一：教师的研究——专业发展必经之路。

修炼之十二：教师的反思——新型教师的必备能力。

修炼之十三：教师的写作——教育生活体验的表达。

修炼之十四：教师的幸福——体悟教育之美。

三、锤炼教师专业

修炼之十五：以生为本——人的教育。

修炼之十六：课程意识——超越书本中心。

修炼之十七：跨越边界——知识之后是什么。

修炼之十八：教学艺术——学习的革命。

修炼之十九：寻找声音——一种重要的软实力。

修炼之二十：教育之梦——做个有信念的教师。

——摘自郭元祥《教师的20项修炼》

第十二章　教师教育教学细节

1.教师个人修养的71个细节

> **天下大事，必作于细。**
>
> **——老子《道德经》**

（1）热爱教育事业。喜欢学生，热爱本职工作，尽自己所能成为一个出色的教师；富有爱心、责任心、耐心和细心；乐观向上、热情开朗，有亲和力。

（2）善于自我调节情绪。保持平和心态，不浮躁、不急躁、不烦躁，不抱怨和牢骚，不迁怒于人，做自己情绪的主人。

（3）言谈举止文明。语言规范健康，举止文明礼貌，如不随地吐痰、不随意丢弃杂物、不吸烟等。

（4）衣着整洁得体。注意个人卫生，上班前整理衣服，穿着大方；上班可化淡妆或不化妆，不浓妆艳抹，不佩戴夸张的首饰。（详见“教师服装的细节”）

（5）毛发要适当打理。首先，是否烫发和染发、什么样的发型，并不重要，重要的是做到头发不凌乱、干净，保证没有头皮屑落在肩上。其次，是体毛的打理。男教师胸毛、腿毛不应外露。无论男女教师，腋毛也应做到不外露，不要穿易暴露腋毛的短袖衫或无袖衫；要勤剪理鼻毛，保证鼻毛不外露。

（6）体味也需要打理。扑鼻而来的浓烈香水味或令人生厌的口臭味，令人很教师职场礼仪应该注重的五个方面：

1.仪表礼仪。（1）教师衣着，务必干净整洁、庄重、简洁、大方。（2）教师发型，不要过分时尚和前卫，勤洗头理发。（3）教师化妆，以自然为本。（4）教师的表情，要有且自然大方。（5）教师在课堂上的举止要得体，稳重大方，无不雅举动。

2.办公室礼仪。（1）以礼相待。（2）言行高雅。（3）清洁整齐。（4）热情待客。（5）不妨碍别人。（6）礼貌用电话。（7）在办公室里用餐，不损办公室的形象。

3.课堂礼仪。（1）进教室前，整理好上课用品和自己仪表，关闭通信工具。（2）上课开始时，组织教学的礼仪，从容走上讲台，肃立问好。（3）讲课时，适宜站在讲台前中央位置，不发表偏激狭隘言论，不自我炫耀和挖苦学生。（4）认真耐心地倾听学生的发言。（5）遇到学生回答不上来问题时，语气、语调要友好、冷静、诚恳。（6）向学生提问时，可以稍微有所走动。（7）下课时，与学

不舒服。上课前和上班前打理一下，还是很有必要的。体味影响品位，淡淡的清香也许是谁也不会拒绝的。

（7）注意站姿和坐姿。站姿挺拔、端庄稳重、舒展大方、精力充沛；坐姿优雅、稳重、自然、大方，应保持上身挺直，不傲慢地把腿向前伸、后伸或跷二郎腿。

（8）行走步伐稳健、自信、从容、刚劲。上下楼梯，遵循右行的原则，不得跑步上下楼梯；走路手不要插在口袋里；在通道、走廊行走时要放轻脚步，走右侧的中间位置。

（9）参会讲究礼仪。参加校外仪式和集会，仪容整洁，遵守时间；要认真倾听别人发言，不接打电话，不随意说话，不打断别人的发言；随时有适当的互动，精彩处要鼓掌；会议结束，自己坐的凳、椅要放回原处。

（10）按规定参加升国旗仪式。要立正、脱帽、行注目礼，在校外其他场合遇到升国旗和奏国歌时，也应该驻足、肃立、行注目礼。

（11）遵守公共场所规定。在有禁止录音、录像、拍照、吸烟，或禁用通信工具标志的场所，应予以遵守；进入公共场所时要保持安静。

（12）按规矩停靠车辆。要在停车位停车，尽可能考虑到方便别人，尽量占用较少的空间，停靠在适当的位置。

（13）对同事热情友好。上班时，同事见面应相互问好，问候时要热情、真诚。

（14）遵守上班规定。不要在工作时间内睡觉、吃零食、化妆或吵闹；在午休或下班时，要整理办公桌台面，保持整洁。

（15）礼貌使用电话。上班时间不接打私人电话，不接发信息，必要时接打私人电话应使用手机，通话时声音以保证对方听清楚而不影响其他人为宜。打电话或接电话时一定要先“问好”，挂电话的时候等别人先挂。

（16）不打扰和影响他人。不要在办公室、活动室、茶水间、洗手间、走廊内大声喧哗、闲谈或逗趣；在校内任何场所谈话，以使对方听清楚且不影响他人工作为宜，不大声谈笑。

（17）不炫耀自己长处，不议论别人短处。自己取得成绩时不炫耀自己，谈话时不要议论别人的短处；别人取得成绩时，真诚地向他表示祝贺。

（18）宽容别人的过错。如果有人不小心做了对不起你的事情，譬如踩了你的脚、碰到了你等，尽管不是你的错，也应该说“对不起”。

（19）就餐要讲礼仪。吃饭的时候尽量不要发出声音；无论在校内餐厅或其他地方吃饭，餐后都要对你的垃圾负责。和别人一起吃饭时，吃完饭如果提前退席时说：“我吃完了，你们慢吃。”

生礼貌告别，保持愉快心境。（8）课间休息时，可适当与学生交流一些比较轻松的话题。

4.与学生交往的礼仪。（1）与学生相遇时，面带微笑回应学生的问候。（2）与学生谈话时，一是尽量选择好地点和场合，要有利于学生接受意见；二是交流时要平易近人，不训斥学生；三是态度要热情有礼。

5.与家长交往的礼仪。（1）事先打招呼。（2）客随主便。（3）不多打扰。（4）交谈时态度诚恳。（5）召开家长会的礼仪。一是要做好会议准备，二是热情迎客，三是开会时要注意互相交流，四是会上不搞公开批评。

（20）**礼貌待客**。盛饭或端茶给别人时，如果中间隔了人，不要从别人面前经过递，而要从别人后面绕过递；帮别人倒茶倒水之后，壶嘴不要对着别人。擦桌子的时候要往自己的方向抹；别人给自己倒水时，不要干看着，要用手扶，以示礼貌；给人递水递饭要用双手。

（21）**友好待人**。有人盯着你看的时候不要直视对方，可以点头友好示意或者假装没注意到。别人对你说话，要认真倾听。捡东西或者穿鞋时候要蹲下去，不要当众弯腰撅屁股。

（22）**真诚地和别人握手**。首次和客人见面，要主动与对方握手；外出旅行或出差返回时，要和同事握手。

（23）**礼貌对话**。与人交谈时，别人问你问题，你一定要认真地回答或礼貌地回问对方；听别人说话的时候，眼神不要游移，这样显得很没礼貌。

（24）**习惯说"对不起"**。打喷嚏或者咳嗽时要用手或餐巾纸捂住嘴巴，然后对周围的人说声"对不起"。

（25）**经常说"谢谢"**。接到别人递来的东西，要说"谢谢"；即使收到你不喜欢的礼物也要说"谢谢"，不要对礼物本身或送礼人表现出不满。

（26）**顺手做些善意的举动**。要多为别人提供方便，譬如，进出门时，为别人扶住门；最后一个进门要记得随手关门；屋里有人的时候，出门要轻手关门；遇到往里往外都能开的门，拉而不是推；有人掉了东西，如果你离得近，要主动帮助捡起来。

（27）**礼貌进出电梯**。进入有人管理的电梯，应主动后进后出；进入无人管理的电梯，则应当先进后出，这是为了帮人控制电梯按钮。乘坐扶梯时，应尽量站在右侧，把左侧让给有急事要通过的人。

（28）**善于和同事交流**。经常与同事合作交流，尊重别人意见、观点和想法，乐于与别人分享经验和资源，共同发展。别人批评你的时候，即使他是错的，也不要先辩驳，等大家都平静下来再解释。

（29）**做学生的好榜样**。以身作则、率先垂范，重视自身日常态度、言行举止对学生发展的重要影响与作用。

（30）**了解每一个学生**。要了解每一个学生，包括班里每个学生的家庭环境、文化和习俗等，以便你的做法让学生感到舒适自在。

（31）经常面带微笑。面对学生，请不要吝啬你的笑容，用笑声感染每一个人，让学生走近你，让同事欣赏你。

（32）尊重学生人格。平等对待每一位学生；不讽刺、挖苦、歧视学生，不体罚或变相体罚学生。

（33）善于使用非言语交流方式和学生交流。如轻轻拍拍头、点点头、竖大拇指、会心地微笑等。

（34）尽可能地使用肯定的语句或语气和学生说话。少用“不”或者“不行”，学生只要听到“不行”（表示要求被拒绝了），就不会耐心听老师的其他解释了。

（35）不要忘了回敬学生的问好。当学生向老师问好时，一定要有回敬的表示，不能置之不理或敷衍了事。

（36）注意用积极的语言影响学生对不愉快事件的反应。因为学生都会从自己的老师那儿得到暗示，我们的言语举止和处世态度都会影响到学生的反应，譬如当学生急躁时，我们能否保持冷静。

（37）艺术地表扬与批评学生。表扬学生时要当众表扬，批评学生时要私下进行，让学生在认识到错误的同时感受到老师的爱与信任。

（38）表扬和批评都要用具体的词语。避免使用笼统的词语，如果学生犯了错误，不能说他是个坏孩子，而应该告诉他所做的事情错在哪儿，可以批评某个错误的行为，但是绝对不能否定这个学生。

（39）要给每一个学生足够的关注。使他们不至于为了得到老师的重视故意做错事；多从正面关注学生，要知道，有时学生为了让大人关注自己会变得不顾一切，哪怕是大人批评他，也比很不在意他好。

（40）要宽容和赏识每个学生。要认识到“犯错误是孩子的权利”，要宽

> **鼻毛、头皮屑、灰指甲、胸毛、体臭味是影响教师外在形象的魔鬼，正是这些魔鬼损伤了你作为教师关注形象细节、追求生活品位的气质。作为教师，外在形象在服装之外还有许多细节上需要关注。**
>
> **——郭元祥**

容学生并积极帮助其改正错误；对每个学生都表示赞赏，关注学生日常表现，及时发现和赏识每个学生的点滴进步，注重激发和保护学生的积极性、自信心。

> 教育是以人格影响人格的事业，为人师者，首先应该把自己的人格塑造好，把自己的心灵修炼好。修身齐家治国平天下，一切皆以修身为本。修身必先修心，教师除了提高教育教学能力之外，还要提升心灵的境界。教师之修心，尤其应该修养仁爱之心、宽容之心、真诚之心、平等之心。仁者，爱人；宽者，容人；真者，感人；平者，得人。
>
> ——翟小宁

（41）正确对待学生说谎话。有时候学生夸大事实，可能是为了一种美好的愿望；当学生说谎时，不要表现得过于反感，要正确引导学生以真话来表达自己的思想。

（42）要适时地教育学生。自己情绪很糟的时候不要教育学生，这时很容易把负面的情绪发泄在学生身上；也不要在学生情绪低落时批评或教育学生，这样往往不会收到好的教育效果。

（43）多给学生提供和创造合作、互助、分享的机会和氛围。要正确引导他们学着接纳别人，关心别人，并且乐于助人，学会和同学互助、合作、分享。

（44）和学生平等交流，认真倾听学生说话。和学生交流沟通时，语气、表情、目光、姿势都要尊重学生。不随意打断或插话；忌眼神飘忽不定，忌斜视和漠视对方；不训斥学生，也不用命令的语气和学生说话。

（45）主动微笑、问候、热情接待来访家长。与家长交谈时，始终要面带亲切温馨的微笑，以平等的身份与家长交流，认真倾听家长的意见和叙述，尊重家长的意见。

（46）与家长交谈时不要谈及其他学生，也不要随意和别的学生攀比，说长道短。

（47）家访要提前或家长预约，做到守时守约。召开家长会要选择多数家长有空的时间，并且提前一至两周通知。

（48）在同事或学生生日或家中有喜庆事情的时候，向他们表示真诚的祝贺；

> 细节不是“细枝末节”，而是用心，是一种认真的态度和科学的精神。
>
> ——汪中求

在发生意外（事故等）时，一定要真诚地问候或看望。

（49）有问题及时和家长联系，客观地说明情况，不夸大其词。

（50）不要让学生或家长办私事，不要接受学生或家长的吃请。

（51）尊重学生的隐私。不要公布学生的考试成绩，不要按分数高低排名次或排座位。

（52）不要发火。在忍耐不住时可让学生离开教室，待到心平气和时再让他们进来上课。教师应掌握一些基本原则，能在家长面前说的话也决不能在学生面前讲。

（53）不要与学生过分亲热。但态度要友好，记住自己的目的是尊重，而不是过分随便。

（54）有错敢于承认并积极改正。发现自己有错误时，应主动承认并向学生道歉，积极改正，不可回避责任，相互推诿。在处理学生问题时如有偏差，应敢于承认错误。

（55）避免与学生公开争论。应个别交换意见；要与学生广泛接触，互相交谈。

（56）不要谈论自己，更不要谈论别人。不参与办公室的闲聊，更不要谈论你的同事或领导。

（57）学会控制自己，不要将情绪带进学校和教室。学会对七情六欲的控制和释放，就是做人的水平。应有良好的心境，平衡的心态，很好的控制力，不把自己不好的情绪带到课堂。

（58）要学会忍受孤独，千万别浮躁。年轻教师容易在面对形形色色的人和事时，一下子不知所措。这时，你们千万别浮躁，要学会静心，学会忍受孤独，学会处理繁杂的事务。

（59）学会原谅他人，不生自己的气。学会原谅，原谅学生和家长；学会宽容，宽容领导和同事；学会安慰，安慰自己，不生自己和家人的气。

（60）不怕失败，就怕一蹶不振。只有经过磨炼、经过失败、经历风雨，才能走向成熟。不怕工作失误，不怕做事失败，就怕一蹶不振，跌倒了爬不起来。

（61）**别与他人攀比，别与自己过不去**。不管你是与同学相比还是与同事相比，都是比上不足、比下有余的。因此，别与他人攀比，别与自己过不去，你应该与自己的过去比，与各方面都不如你的人比，这样，你会心胸坦荡，活得安宁。

（62）**尊重老教师，不能太张扬**。当青年教师看到老教师力不从心时，一定不要在他们面前太张扬、太逞能，应该尊重老教师，关心老教师。

（63）**尽职尽责，不要奢求额外的回报**。教书作为你的职业，薪水就是你的回报。你也许在正常的教学工作之外还付出了许多，但这也只体现了你是一位将责任放大的老师，但你不能因为放大了责任而又追求更多的回报。

（64）**与时俱进，别让自己成为新文盲**。坚持不断学习，永远保持求知者的姿态，做一个终身学习者，逐步成长为专家型教师。

（65）**把事当事来做，别敷衍塞责**。人生的价值在于不断提升和不断完善。作为职业教师，你必须始终保持积极的生活态度，保持对社会工作的高度责任感，把事当事做。

（66）**不怕做不到，就怕想不到**。作为教师，无论做什么事都应该有计划：既有短期计划，也有长期计划；既有教育计划，也有教研计划；既有工作日计划，也有业余时间计划；既有工作计划，也有生活计划。

（67）**要始终保持一种开放的心态，不要心胸狭窄**。一个成功的人一定是善于学习的人，要保持一种开放的心态，心胸开阔。

（68）**做快乐的教师，不当工作的奴隶**。如果总是把工作当作负担，而不是尽可能地寻找其中的乐趣，我们会活得很累，且不会有收获和进步。所以你应该努力营造快乐的环境，从工作中寻找乐趣，不当工作的奴隶，让工

心灵的天空有多高，人生的境界就有多高；心灵的气象有多美，人生的风景就有多美；心灵的力量有多大，人生的成就就有多大。非凡的心灵造就非凡的人生，教师是靠心灵而高尚的。

——翟小宁

作的快乐陪伴你。

（69）照亮别人，不损伤自己。作为当代教师，不要做蜡烛，燃烧了自己也照亮不了多大的地方；我们要做电灯，照亮别人，但不损伤自己，并且把开关掌握在自己手中。

（70）关爱健康，别透支生命。做健康快乐的教师，时刻提醒自己，保持阳光积极心态，保重身体，天天锻炼，快乐生活。

（71）从小事做起，别眼高手低。作为教师，一定先要从小事情做起，不能眼高手低。“小事做不来，大事不愿做”的做法是不对的，青年教师更应该脚踏实地，一步一个脚印，逐步走向人生辉煌。

2.教师服装的细节

郭元祥先生对教师着装的建议：每天出门之前，花十分钟照顾一下你自己的服饰和形象也许你就不会为一整天都留下遗憾。尽管教师的内涵比服饰更重要，但拙劣的服饰和缺乏品位的打扮也会减损教师的内涵、气质以及对学生的感召力。教师的服装应简洁而庄重、明快而得体，符合教师职业规范。教师服饰的许多细节影响着学生对待教师的态度。在教育场景中，教师服装必须关注以下细节。

（1）教师服装上的文字和图案信息。衣着传递的信息永远应该是积极的，是与自己的风格相统一的宣言。服装上的文字和图案对服装具有装饰作用。所谓文化衫，就是在服装上设计一些具有特定意义的文字或图案。一般来说，人们对服装上的汉字意义是比较注意的，但许多人对越来越多的外文词语出现在服装上，却是不注意的，因此如kiss me、I love you等文字若出现在服装上，千万要弄懂其含义，否则会出麻烦。李湘“荡妇衫”事件就在于其忽视了服装上外文信息的含义。尤其是年轻老师在购买服装时，千万要注意。我建议，如果你要购买文化衫，一定要弄懂上面文字信息的含义，不要忽视这一细节。

（2）教师服装的款式。我觉得在学校生活中，教师的服装应该完整，不应随意暴露身体的某些隐私部位。衣不蔽体，不符合教师的职业角色；露脐装、性感装都不适合在学校中穿着。男教师夏天不应穿西装短裤上课，女教师在学校不应着超短裙、低腰裤。

（3）教师服装的结构完整。衣服的破损、纽扣的缺少、内衣外露等是极易忽略的细节。教师在着装时，要及时更换破损衣服，要检查纽扣是否完整，要保证衬衣或内衣不暴露在背后开衩的外套之外。

（4）服装的洁净。明显的油污、衣服上有块状的黑色、领带上有明显的污渍、领口和袖口的污点和破损，都有损教师的形象。

（5）服装的颜色。教师的服装应尽量做到明快艳丽而不夸张、色彩搭配合理。服装的颜色要考虑自己面部皮肤的黑白。尽量少穿冷色系的服装，因为灰色系和冷色系服装不能给学生振奋的感觉。与服装相搭配的装饰品不应过多，或过于复杂。女教师披着过大的披肩，不能发挥点缀的装饰作用。男教师戴着粗大的项链，难以使学生产生亲切感。（郭元祥《教师的20项修炼》）

> 美国形象大师罗伯特•庞德罗列的穿衣之忌：
>
> 1. 买廉价衣服，穿破旧、过时的衣服，穿非自然材料、寒酸的衣服。2. 看起来就是失败者；看起来很懒散，不修边幅。3. 展示一维空间形象，衣着传递的信息让人困惑。4. 加强你身体的缺陷（太胖、太瘦、太高、太矮）；减弱你身体的优势；突出你的劣势，而不是优势。5. 衣饰的搭配不合适；不适宜的装饰物，过分得耀眼而显得俗华。穿着无品位，过于平淡无奇，不让人感到振奋。6. 穿廉价的鞋，戴廉价的首饰。把昂贵和廉价的服饰搭配起来，整体看起来则劣质、廉价，因为廉价劣质服饰总是突出醒目。7. 穿着太伶俐，如同可爱的孩子，用过多的小玩意儿装饰。穿着与年龄不符，成熟的人穿着像个青少年，年轻者却穿得过于老成。8. 当你需要穿着雅致、精细时，却穿着随便、休闲。陪同你的人穿着随便、不当。9. 刻意让自己穿着随便，以为如此会让自己与大众融为一体，显得民主，但事与愿违，你在降低自己，也不尊重他人。10. 做了时尚的奴隶，毫无思想地服从时尚。其中很多服饰并不适合你。
>
> ——郭元祥《教师的 20 项修炼》

3.教师课堂管理的79个细节

（1）用心记住每一个学生的名字

如果我力图显示出自己对学生真正的爱，我就必须以最完美的形式去显示它。而这“最完美的形式”不一定要是多么激动人心的方式，更多的恰恰体现在一些似乎不经意的细节中，其中就包括新学年第一天能够叫出学生的名字。（苏联著名教育家、教育博士　阿莫纳什维利）

（2）第一印象很重要

第一节课，如果开头的一段话热情洋溢，板书的第一个字让学生为之赞叹，第一次朗读让学生为之感动，用丰富的表情和机灵的眼神吸引住学生，得体的幽默让孩子笑起来，充满爱意的一次抚摸让学生感到亲切，教学方法的变化让学生感到有趣，那你就成功了。如果这样，而且今后也不懈怠，我敢说，你绝对成功了。（著名特级教师　于永正）

（3）面带微笑进课堂——教师的微笑真的很重要

我们对学生微笑，生活就会对学生微笑，学生也会微笑着面对生活。对于教师来说，微笑就是一种欣赏、一种简单、一种坦荡、一种宽容、一种幸福的体验、一种诗意的享受……微笑就是一种激励、鼓励和关爱。微笑真的很重要，它能使我们教师达到最佳的教育效果。（美国密苏里州独立城高级中学英语教师　蒂莉·布朗）

（4）课前要“胸有成竹”

没有备课时的全面考虑与周密设计，哪有课堂上的有效引导与动态生成；没有上课前的胸有成竹，哪有课堂中的游刃有余。（著名特级教师　徐斌）

（5）提前三分钟进教室

老师要提前进教室，便于做好课前准备，同时也可以提醒学生安静下来。千万不要不管班级里怎么样乱七八糟，傻乎乎地开始上课，那样，你很难把课上下去。（于永正）

老师提前进教室，了解学生的情况，稳定学生的情绪，联络师生情感……有效提高课堂的效率。充分利用正式上课前的两三分钟的预备环节，指导学生做好上课准备。

（6）巧用上课的前三分钟，让学生快速进入学习状态

课间休息结束了，一节课开始了，老师应该尽快地让孩子静下来，兴致勃勃地迎接“智力体操”的开始。老师应该具备这种创设最佳的教学环境的本领，有效地用好上课的前三分钟，使学生对本堂课所要学习的问题产生浓厚的兴趣，将学习变成一种自我需要。（著名特级教师、北京实验二小校长　李烈）

（7）上课时要充满激情

没有了对教育的热爱，任你教师用再先进的现代教学手段，也只是徒具其形，任你教师用再华美的语言、再动听的语调上课，也不会打动学生的心灵、震撼学生的灵魂。只要热爱孩子，你的平静平和中藏着的只不过是含蓄的激情——你同样会对学生的需求和兴趣爱好产生欣赏，你也会把幽默带进课堂，你还会显得有人情味，更会细心、耐心……所有这些，为课堂气氛奠定的是深沉的激情曲。（著名特级教师　窦桂梅）

上课的激情主要表现在三个方面：一是语音和语调，语音语调充满感情，声音洪亮、清澈、高亢有力、抑扬顿挫、高低起伏、节奏适度；二是动作幅度，激情的动作是紧密相连、持续不断的；三是表情的变化，充满激情的表情，是可亲可近、和颜悦色和丰富多彩的。

> **教过我的老师很多，至今我都能记得他们的样子，他们教给我知识、教给我做人的道理，让我受益无穷。**
>
> **——习近平**

（8）要了解你的每一个学生

你了解了学生，就会体谅学生的苦衷；你更善良了，就会被学生从心底里接受，你就握着一把钥匙，一把让学生学业成功，也让你自己事业成功的钥匙。（著名高级教师　郑杰）

（9）给学生一定的自由空间

每一位学生都有与众不同的兴趣、特长，尊重了孩子的个性、特长，就意味着为孩子提供了自由广阔的发展空间，也就意味着孩子的精神生命能够自由呼吸。（北京十一学校校长、特级教师　李希贵）

（10）课堂要立规矩

儿童的天性是好动、好说、好问，有人一刻也坐不住，低年级的儿童不懂什么叫“权威”，什么叫“尊重”，什么叫“民主”，所以一定要给他们立规矩。是规矩，就要和学生约法三章——上课应该怎样做，不能怎样做，违反了，老师要怎样处分等。（于永正）

积极、向上、有序的课堂规则，会使师生之间目标一致，形成愉快和谐的课堂气氛，从而促进学生养成良好的课堂行为，激发学生的成就动机和进取心。

（11）给学生一个期望

教师热爱学生，对学生抱有期望，并把这种期望付诸思想教育的过程，经过一段时间的努力，这些学生常常会如教师所期望的那样不断进步。（著名特级教师　李元功）

（12）和学生有个约定

孩子的潜力是很大的，教师充满深情的眼神、笑貌，给孩子赞扬、肯定，滋润学生的心田，焕发他们的自尊、自信、自爱、自强，激荡起孩子幸福、欢乐、奋发、向上的激情，他们会显得特别活泼、开朗，与老师的感情也会特别相融，自然生发求知欲望。孩子一旦和老师有个约定，被老师寄托了期望，在他的身上就会产生“皮格马利翁效应”，他们的智力、情感，甚至个性都能顺利成长，学生个个都可雕琢的神话就变成了现实。（著名特级教师　詹明道）

（13）课堂管理要宽严有度

清代诗人冯班曾指出：“师太严，弟子多不令，柔弱者必愚，强者怼面严，鞭扑叱咄之下，使人不生好念也。”什么事过了头，都会走向反面。要像孔子说的那样，做到“温而厉，威而不猛，恭而安”。（于永正）

教育是一门爱的艺术，教育不能没有爱，就像池塘不能没有水一样，没有爱就没有教育，而“爱而不宠”就要求严之有情、严慈相济。

（14）要有一个平和的心态

经常听教师们说课堂教学效率不高，我觉得一个重要的原因就是教师的心态不平和。如果教师上课时满脸的不高兴，一开口就批评孩子，那么课堂上只有教师和学生紧张的、糟糕的情绪，这种情绪不利于学生展开积极有效的思维活动。（著名特级教师　张化万）

教师保持平和的心态是正确对待学生犯错误、帮助学生有效改正所犯错误的关键所在。

（15）要有一颗包容的心

作为教师，对待学生应严而有格、宽而有度，儿童尽管小，但是“冷暖自知”，在今后的日子里，他们会珍惜教师的这份信任和期盼，所以包容是引导学生走出困境的一帖良药。（著名特级教师　张化万）

（16）让每个学生都成为你的“最爱”

师爱是一种力量、一种品质，是教育成功的秘诀。如果没有爱，教师的工作就失去了意义和价值。当然，教育之爱未必非得那样轰轰烈烈。如果教师善于在日常教育中去播种这份爱，你就会发现，最伟大的爱其实往往产生在最平凡之处，最深的感动其实就在每一个平淡而平凡的教育细节中。（美国优秀教师　布莱恩）

教师要尊重每一位学生，关注每一位学生，满足并提升每一位学生的发展需要。用爱唤起每一位学生心底的学习热情是教师的重要责任。（著名特级教师　吴正宪）

（17）保持亲和力

教师的亲和力本质上是一种爱的情感，只有发自肺腑地去爱学生，才能真正地亲近学生，关心学生，也才能激发学生对知识的追求。只有把学生当成自己的孩子，当作自己的亲密朋友，才能容忍学生的缺点，尊重他们的话语权，才能控制自己的情绪，做到以理服人，以情动人。（著名特级教师　孙建锋）

“亲其师，信其道”，教师的亲和力，可以赢得学生的尊敬和信任，获得学生的宽容和理解。

（18）赏识你的学生

我的口袋里总是揣满了“高帽子”走进课堂，因为我知道赏识能使人愉悦，赏识能使人快活，赏识能激发人的潜能，赏识能使人心智开启，灵感涌动。（著名特级教师　孙双金）

（19）切记：爱的力量是无穷的

爱心贴近童心，它会让学生爱学、乐学、好学。（著名特级教师　丁谷怡）

美好的人生是为爱所唤起，并为知识所引导的，从这一角度讲，学生美好人生的开始掌握在我们教师手中，教师的爱心能使学生更健康地成长。

（20）让学生在幽默和笑声中学习——幽默是一种魅力

一个教师能娴熟地运用幽默的语言，可以使叙事更加具体、生动，说理更加深刻、透明，抒情更加真切、动人；可以随机应变地解决课堂教学过程中出现的各种情况，既加深了学生的印象，又达到寓教于乐的境界。（苏联优秀教师、著名生物学家和教育家　格瓦列夫）

课堂上学生的笑既是一种愉悦的享受，也是一种对知识理解的表露。教师在教学活动中恰如其分的、比较幽默的语言，常常会引发阵阵笑声，这种幽默往往会比清晰的讲述更有吸引力，它会使学生在这种轻松的氛围中理解概念，更会激发学生对学习的热爱。（全国著名特级教师　李烈）

（21）学会倾听孩子们的心声

教师要学会倾听学生的心声，设身处地地感受学生的喜怒哀乐，在解决问题的过程中享受师生友好相处的快乐。教师学会了倾听，就能够深入了解学生的内心世界，这样才能更好地教育学生，更好地帮助学生。（小林宗作——日本优秀教师。1937年他以有限的家资创办了巴学园——一所开放、自由、没有束缚的学校。他的教育理念主要体现在三个方面：其一是了解并理解孩子的心理，呵护孩子们的心灵；其二是充分尊重每一个孩子的个性，因材施教；其三是热爱关心每一个孩子，对每一位孩子的发展负责。）

课堂上，没有比倾听孩子们心灵的声音更幸福的了。（著名特级教师　李镇西）

（22）尽量多给学生发言的机会

教师要善于调动每一个学生的积极性，多给学生发言的机会，还可以把举手发言变成小组讨论，然后选代表汇报讨论结果，代表要经常更换，不要固定。有的学生发言占用时间过长，影响其他学生的发言，对此，要有时间上的规定，表述要简洁明了。如果有的学生说起来没完，教师就要提醒，甚至请其暂时停止发言。总之，要尽量多给每个学生发言的机会。（著名特级教师　程翔）

（23）让你的眼睛会说话

课堂上，我的眼睛不是盯在教案上，也不是盯着正前方，而是用来和学生进行情感交流，这样做，不仅是为了让学生学得轻松，而且可以在教风上为学生做个示范。（著名特级教师　聂在富）

眼神是一种丰富的无声语言，在教学过程中，有时一个恰当的眼神可胜过几多苦口婆心的长谈，收到“无声胜有声”的效果。

（24）请注意您的语调

我讲到主要的地方就重复一遍，讲到快乐的地方就露出微笑，讲到愤怒的地方就情绪高亢，讲到悲伤的地方声音就变得低沉。但是，这种“高低轻重的变化”是有要求的，即语调在其主旋律上应保持清新、平稳，在平稳之中再加以变化，做到“稳中有变”。（著名特级教师　斯霞）

（25）恰当地使用肢体语言

恰当地使用肢体语言，可以让学生感到你的真诚和亲昵，拉近师生的距离，如抚肩、握手、贴贴学生的脸蛋等。（于永正）

（26）身教重于言教

教师对学生不仅仅是传授知识，还时时刻刻在以自身的人格魅力、对工作的态度以及一点一滴的所作所为影响着学生。对学生而言，教师的人格力量的作用是无声的教育，对学生的影响比单纯的说教大得多。儿童以自己的视角在观察着社会，观察着老师，不但听老师怎么说，更在看老师怎么做。因此，身为人师必须严于律己，用自己的良好行为，给学生示以做人的榜样，永远留给学生一个美好的形象。（著名特级教师　李烈）

（27）把握好课堂提问的时机

教师通过精心设疑、提问，让学生思考、回答，能引发学生思维的强烈冲突，充分开启学生的心智，使学生的思维处于高度兴奋状态，学得的知识印象深刻、记忆牢固，还能调动学生学习的积极性，启发性极强。在学生精神涣散时，用提问的方法还可以集中学生的注意力。（江苏省著名特级教师　嵇明海）

（28）努力实现有效教学

对于孩子们的学习来说，第一是兴趣，第二是兴趣，第三还是兴趣。当孩子们兴味盎然地投入到学习中时，学习就变成了一种特殊的享受，变成了一种精神的需要。无论什么理由，一个老师让学生不喜欢自己所教的学科了，这个老师的教学就失败了。（于永正）

（29）走下讲台，到学生中去

老师站到学生中间，忘掉自己是老师，不是刻意在寻找一种感觉，而完全是以一颗童心在心理上和学生相容，这是师生之间全方位的信任，是一种真正的师生情。（李烈）

（30）让学生在课堂上有“问题”

教师要改变观念，培养学生敢于提问题、善于提问题的习惯和能力，这是教师肩负的责任之一，也是评价教学质量的标准之一。（李烈）

（31）让“生成”成为课堂的亮点

新课程倡导在互动中，教师、学生的思想和教学文本不断交汇碰撞，创造火花，不断迸发喷射；新的信息、新的学习需要不断涌动产生，通过讨论、辩论、争论，认识不断提高，体验不断加深，情感不断升华，这就是生成性的课堂。这样的课堂，学生拥有了创造的机会，获得了全面的发展，教师的劳动也闪耀着智慧的光辉，闪烁着五彩的生命原色，这才是课堂教学的理想境界。（于永正）

（32）控制好课堂的“活”的气氛

老师不要经不住课堂上的沉默，因为，只有活跃气氛而没有屏神思索和思维交锋的课堂不是健康的课堂。（李希贵）

评价课堂教学乱不乱，关键要看学生是否将注意力集中在有效的学习上，形散神不散，这样的课堂教学就不叫乱。

（33）让学生感到课堂有趣

教会学生读书、读人、读生活。教会学生在玩乐、游戏中发现真善美。（张化万）

游戏是少年儿童非常喜欢的一种趣味性活动，将这种活动引入课堂，不仅可以发展学生的形象思维，加深对教学内容的理解，而且更适合学生心理特点。

（34）经常梳理自己的课堂

自我反思是教学过程的一个必要环节，是提高教学效益的重要途径，又是教师积累教学经验的有效方法。不断进行教学反思，努力做一个反思型教师，可以获得宝贵的经验、教训，及时发现新问题，激发教师把教学实践提升到新的高度，实现教师的自我超越。（著名特级教师　王海平）

（35）给学生展示自我的机会

要帮助学生树立自信心，教师就必须在教学活动中为学生提供表现的机会，让学生在实践中体验自信；注意给每个学生表现自我的时间和空间，让学生们在自我表现、自我展示中强化自信。（李烈）

（36）教师要懂得尊重学生

在课堂上一定要尊重学生，建立和谐、平等、民主的师生关系；在课堂教学活动中，教师决不能“居高临下”，而要把自己看作是与学生在一起的参与者、探索者。（李烈）

教师不光是在教学生阅读和算术，还能给予学生知识以外的更多的东西。如果我们怀揣着一种爱走近每一个学生，去关心、了解学生，并不遗余力地尊重他们，懂得维护他们的自尊，相信他们一定会成为一个自信而有用的人！（充满慈爱的美国教师　汤姆森）

（37）别把孩子的特点当缺点

每个学生都具有自己的特点、个性，教育的真正的意义就是要发展人的个性。因此，教师需要尊重学生、发展其个性，最大限度地调动他们的积极性，激发其巨大的潜能，让每个学生都闪烁着个性的光芒。（美国优秀教师　多伦斯·斯莱顿）

（38）宽容地对待每一个学生——善待学生的错误

好奇是学生与生俱来的天性，它往往是发明创造的萌芽，保护学生的好奇心是教师的职责。只要我们用宽容之心去呵护学生的好奇心，给他们指出努力的方向，让每一个学生都能感受到进步的快乐，那么，他们就会接受和理解，并且获得健康的身心。（英国优秀的教师和校长　韦乐登）（校长惩罚麦克劳德画狗的解剖图的故事：在英国的亚皮丹博物馆里，有两幅藏画特别引人注目。其中一幅是成人的骨骼图，另一幅是人体血液循环图，说起这两幅画，还有一个动人的故事。原来，这两幅图画是当年一个叫麦克劳德的小学生画的。麦克劳德从小充满好奇心，因为想看狗的内脏长什么样，把校长的宠物狗给杀了，校长为了惩罚他，罚他完成了上述两幅画，后来他成了著名的解剖学家。）

在学习过程中出现错误是孩子的权利，出现错误后是孩子最容易丧失自信心的时候，老师一定要给予关注，并且给学生改正错误的机会。（李烈）

（39）让学生自己“认错”

学生犯错误不承认，是个棘手的问题，教师说服批评甚至训斥，往往收效不大，学生依然如故，有的甚至变本加厉。学生做错了事，有时还并非学生的错，我们应该允许学生犯错，也允许他沉默，可是我们老师为了维护自己的尊严，往往没有耐心听完学生的申辩，或不做调查就不分青红皂白、痛加训斥，直训得学生不声不响，才以为达到教育目的。其实，不允许学生申辩，非但不能奏效，还会带来一些负面的影响，产生一些不良心理。自尊心和耻辱感是促进学生产生自我教育愿望的直接情绪因素，是进行自我教育的前提条件，一个人有了自尊心和耻辱感才会自爱、自重，做了错事才会自责。因此，教师的职责也在于保护学生的自尊心，利用他们的耻辱感进行正面引导，这样既拉近了学生与教师的心理距离，又保证了教师在学生心目中的地位、价值，从而真正实现教育的目的。（著名特级教师　华应龙）

（40）善意“忽视”不良行为

心中藏着爱意和善意，有着民主和尊重，它一定会自然地流露，这种流露，便是一种非常简洁的教学风格，一种令人陶醉的教学艺术。（于永正）

在教师善意的“忽视”中流露出对孩子的爱和尊重。善意地“忽视”学生不良行为，有意识地关注其积极的行为，有利于学生健康发展。

（41）表扬和批评要适度

教师教育学生的方式是多种多样的，其中表扬与批评可能是最常用的两种方式了，我认为应该以表扬为主，这样可以增强孩子的上进心和自尊心，从而产生一种积极进取的动力。特别是当孩子犯了错误，在严厉批评的同时，还要鼓励孩子，肯定它的积极因素，增强孩子克服困难、改正错误的信心和勇气。表扬和批评看起来很简单，但在实际生活中很难掌握好，尤其是“适当”的尺度，需要在实践中不断地摸索。只有善用表扬与批评这两种手段，才能达到最佳的教学效果。（著名特级教师　刘永宽）

（42）要公正对待每一个学生

人们总是不自觉地喜欢一些美好的事物，老师也是一样，对成绩好或是守纪律的学生总是有些偏爱，这无可厚非，但是我们更要时刻提醒自己：不能戴上有色眼镜去看待成绩和表现不佳的学生，我们不应该在这些后进生表现不尽如人意的时候只是一味地指责，更不能在不问青红皂白的情况下将错误全部归于他们。老师的不公可能会引起学生之间的互相排斥，进而影响到一个集体的凝聚力，所以，一个老师要尽量做到公平，让每个学生都感觉到老师的关心，让每一个学生都在老师的带领下团结一致。（著名特级教师　于漪）

（43）善于委婉地劝诫

批评学生的过错，一定要事实确凿、批评得恰当中肯，孩子才能消除抵触情绪，才能体谅老师的良苦用心，从而认识错误，产生自责、内疚的心理，为改正错误打下思想基础。批评的言辞、态度一定要适度，要符合孩子的承受能力，如果违背适度原则，只凭主观愿望进行批评，很可能因超过孩子的承受能力而无法达到预期的目的。（著名特级教师　詹明道）

（44）尽量不当众批评学生

若是你当众宣布学生的过失，使其无地自容，他们便会失望，而制裁他们的工具也就没有了，他们愈是觉得自己的名誉已经受了打击，则他们设法维持别人对其好评的心思也就愈加淡薄。（詹明道）

尽量不当众批评学生，这样既保护了学生的自尊心，又尊重了学生的人格。

（45）正面教育效果好

学生犯错后，教师假如能对其进行耐心细致的正面说服教育，会取得比较明显的效果；反之，挖苦、嘲讽或者是压制，结果只能是适得其反，甚至会使教师在学

生中的威信丧失。（著名特级教师　刘德武）

（46）榜样的力量是无穷的

在课堂管理中，树立榜样，相当于在集体中确立了一个坐标系，使学生感觉到有压力，有动力，帮助他们明确努力的方向。榜样的力量是无穷的，对于模仿力比较强的学生来说，有榜样就能够给他们压力，给他们动力，只要在适当的时机推出适当的榜样，就能够激发同学们的动力，使得学生能够以积极竞争的心态去面对学习，不断取得进步。（华应龙）

（47）教育学生要相信自己

对学生进行自信心的教育，赏识教育是前提。它能激发学生的自尊心和自信心，让学生体验到成功，重塑他们的自信。面对激烈的竞争，教师要正确引导，让学生时刻保持一颗自信心，不要把他们一时的失利看成永远的失败。（美国小学体育教师　艾伦·布伦斯汀）

对学生来说，家长、老师无疑是权威人物，他们对孩子的期望或评价无论是积极的还是消极的，都会触及孩子的心灵，都会对孩子自信心的确立起着举足轻重的作用。自信是人追求成功的一种意念，是坚持走向成功的一种意志，是一种巨大的潜能，因此无论是教师还是家长，都要切记：孩子的自信是学好的关键。（全国优秀教师　金荷华）

（48）巧用个别谈话

有些学生，在师生良好的第一印象作用下，“装样儿”也能装十天半个月，之后，一些问题就开始暴露了。这时的谈话，我丝毫不流露出早已了解了他的过去，而是把他当作一个“很不错”的学生，现在出现了错误，我总是先诚恳地讲述他开学以来的种种优点，然后再指出他的问题，提出批评和希望。这样的谈话使学生感到“我在老师眼里并不是差生”，感到“开学以来的努为没有白费，我是个好孩子，克服了老师提出的缺点会更好”；这样的个别谈话起到了“加油”作用，并且在师生间建立起了信任感，孩子会更爱自己的老师，也会更爱听老师的话。（李烈）

（49）鼓励学生“一帮一，一对优”

尽量鼓励好的学生、优等生去帮助学习困难的学生，学生互帮互学，消除了学困生的畏惧情绪；用学生自己的语言讲解，又便于学困生及时提问；学生互教互学，有利于取长补短，增进友谊。（著名特级教师　宋运来）

（50）适度的惩罚是必要的

惩罚，是教育的一个重要组成部分，必要的惩罚，是让一个人健康成长必不可少的营养剂。孩子从小在一片赞扬中成长，固然对树立信心有好处，但是一个人如果没有受到过惩罚，他也会禁不起挫折，不能敢于承担责任。在孩子犯错的情况下，对其进行适当的惩罚是必要的，但一定要在尊重孩子人格、维护孩子自尊心的前提下进行。（于永正）

（51）小心呵护学生的自尊

学生的自尊心是很容易受伤的，一些学习较差的学生尤其如此。有时候，教师不恰当的一句话、一个动作，甚至只是一个眼神，都可能造成对学生的伤害，而学生一旦受到伤害，再要他们主动积极地参与到教学过程中来，就不大可能了，这时，教师往往要用十倍的努力才能弥补自己一时疏忽造成的损失。在这一点上，教师真该像保护自己的眼睛一样，小心翼翼才是。（著名特级教师　钱梦龙）

（52）学会真诚地赞美学生——尽量挖掘学生身上的优点

赞美永远都不是多余的，尤其是对于那些从未有人赞美过的学生来说，一次真诚的赞美，可以胜过一万次严厉的责备。有时，老师的鼓励与赞美虽然只是短短几个字，正是那几个字却能够给学生带来足够的信心和勇气。（苏联优秀教师　布劳斯）

经验表明：在批评中长大的学生，会养成自卑、指责、挑剔的习性；在表扬中长大的学生，则会养成自信、欣赏、合作的习性。作为新时代的教师，必须学会用放大镜看学生的优点，在充满宽容和鼓励的气氛中，让我们的学生少一点自卑多一些自信，少一点指责多一些欣赏，少一点挑剔多一些合作，从而走向人格独立、身心健康的理想彼岸。作为教师，无论何时何地，要想点燃每一个学生的心灵，就必须学会用放大镜看学生的优点。（著名特级教师　王勤）

老师要善于挖掘学生的闪光点，多鼓励表扬他们，将他们融于班集体这个温暖的大家庭中，感受到大家庭的温暖，从而使其正确地认识自己，努力学习。

无论在哪些方面，教师都要尽量去挖掘学生身上的优点，鼓励他们树立信心，并给以肯定。“优点单”记录着每一位学生的优点，使每个学生看到了老师与身边同学的评价，自己恍然大悟，原来自己还有这么多本事没有发挥出来，我一定能行。（美国优秀数学教师　海伦·康尔斯拉）

（53）善用学生喜欢的语气

服装能改变人的“面貌”，语气能改变言语的“面貌”。教学中的五种语气：（1）讲课时用自信的语气；（2）交流时用商量的语气；（3）授予任务时用肯定的语气；（4）赞扬时用惊讶的语气；（5）批评时用关心的语气。（全国优秀外语教师、《高效课堂101个细节》作者　王跃）

（54）把握激励的最佳时机

适时地赏识、激励学生，对其实施发展性评价，往往会收到意想不到的效果，会让很多不起眼的学生找到自信，看到宝贵的自我价值，从而点燃内心从未熄灭的希望之火，奋发努力。（著名特级教师　李吉林）

（55）慎用您的课堂语言

教师的语言必须以正面鼓励为主，任何时候都不能伤害学生，即使批评也要充满激励性。教师的语言应该像“雪中炭”“六月风”，应当把自尊、自爱、自我调整的权利留给学生，而教师自己则主要起点拨、引导和激励的作用。（于永正）

（56）用心对待“个别生”

学生总是有差异的，特别是一些智力稍差的学生，如何帮助他们成功，需要教师特别“用心”，找到突破口，有针对性地因材施教。（著名特级教师　刘永胜）

（57）签订课堂管理合同

以口头或书面的形式给学生规定应尽的义务，指出学生在执行或未能执行合同要求的具体行为时，应得的奖励或惩罚，这种方法在一定程度上可以有效地促进课堂管理。（宋运来）

（58）用好学生舆论监督

一个人从生下来，对他影响最大的就是周围的环境，而学生交往的圈子最多的就是班集体，学生犯错时他可能不怕给自己的处罚，但是他一定在意大家对他的看法，如果大家一致“攻击”他，都指责他的错误，那么学生受到的教育和制约就会远远大于老师的批评和说教。老师要抓住这一点，利用群众监督的力量，号召大家批评犯错同学，在“寡不敌众”中明白错误，进而修正自己的行为。（孙双金）

（59）给孩子认错的勇气

孩子年龄小，对自己的某些行为还不能很好地控制，甚至不知道会造成怎样的结果，当孩子出现问题时，只有找到孩子错误的根源，对孩子进行细致耐心理智的教育，给孩子认错的勇气，才能帮助孩子改正错误。孩子年龄虽小，但他们也有自尊，也有丰富的内在情感，对他们不能采取简单生硬的批评，伤害孩子的自尊心。为了达到教育的目的，既要心照不宣地保护好孩子的自尊心，又要给孩子认错的勇气，让他在宽容的气氛中接受教育。（于漪）

（60）教师要有慧心、恒心和耐心

对于学困生，说来我的做法也简单，首先就是要有爱心和恒心。（著名特级教师　王凌）

（61）放宽胸怀，学会等待

一个孩子的转变和成长需要一个过程，期待学生的成功要有耐心、有信心，教师要善于等待，善于寻找和挖掘孩子的闪光点。（著名特级教师　霍懋征）

（62）不要放大孩子的缺点

著名教育家陶行知说过：“你的教鞭下有瓦特，你的冷眼里有牛顿，你的讥笑中有爱迪生。”任何一个孩子都需要教育者积极的教育眼光，需要教育者一个个真诚的微笑和鼓励，那是他们成长的动力和源泉。

（63）尽量赢得家长的支持

对所有家长都要以礼相待，不要在家长面前指责学生。对任何学生要首先肯定他的长处，把优点放大，也要让学困生的家长树立信心。（于永正）

（64）学校里没有相同的课堂

世界上没有两片相同的树叶，学校里也不应该有一模一样的课堂，不同的班级要灵活地采用不同的管理策略，才能获得理想的课堂管理效果。

（65）关注课堂的秩序

为了保证教学工作的实施和教学目标的完成，必须有稳定的课堂秩序，把握课堂的走向，处理好学生与教学的关系。（于永正）

建立完善的课堂秩序，有效地把学生的注意力吸引到学习上来，把花费在维持纪律上的时间减少到最低限度，大大提高教学的效率。

（66）课堂的每一天都应该是新的

教师不能“老”，经验固然可贵，但课堂上学生的思想和行为都是“新”的，教师要以发展的眼光去看待学生。教育教学的每一天都应该是新的，教学需要创新，创新能给课堂注入活力，创造奇迹。（著名特级教师　薄俊生）

（67）“课堂”管理功夫在课外

东坡先生云：博观而约取，厚积而薄发。确实，老师们只有重视课外功夫的积累，时时注意自己知识的“厚积”，对有利于教育教学工作的学问，处处留心，兼收并蓄，才能得心应手地做好课堂管理工作。（著名特级教师　杨一青）

（68）不要过于注重学生的分数

求知是人世间最大的欢乐，只要给予合适的环境，运用正确的方法，每一个学生都能去快乐读书。对一个学生来说，最关键的是快乐地生活，而不是分数和名次，更重要的是得到这种快乐生活的能力，而学生的能力并不以考试的分数来衡量。

（69）捕捉学生的兴趣所在

兴趣是学习的良师益友，很好地激发学生的学习兴趣，能起到事半功倍的效果。一个人在学习兴趣的引导下学习，自觉性和创造性便会得到最大限度的激发，学习效率也会有大幅度的提高，进而就会更加热爱学习，形成一个良性循环。（日本静冈县小学优秀教师　原田）

（70）保持和发展学生的兴趣

我们的教学不是进行死板的、僵化的、俗套的课堂教学，而是让学生融入自然中去，从他们感兴趣的事物中寻找教育的机会。我的教学需要启发式的，而非灌输式的，首先从尊重孩子的天性出发，变被动学习为主动求知，激发他们的学习热情，使他们一直处在对知识的渴求状态中。（美国盲人女作家、教育家海伦·凯勒

的老师　安妮 · 莎莉文）

（71）让学生在快乐中学习

要尽量使学生在快乐中掌握知识，使求知成为快乐而非苦恼的事。教师应该引导学生进行探讨，自己去推论，让学生即使无人监督，也能自学不辍。教师给他们讲的应该尽量少些，而引导他们去发现的应该尽量多些。（英国优秀教师、著名教育家、哲学家和心理学家　赫伯特 · 斯宾塞）

（72）让学生的智慧在指尖灵动

培养学生的动手能力，既是对所学知识的巩固，又使学生的创新能力得到发展。因此，教师必须要给学生提供充足的操作时间，让他们既动手又动脑，这样学习的积极性和主动性便会大大提高。（法国优秀教师、教育专家　多美尼克）

（73）培养和保护学生的创造欲

艺术的真正意义在于使人幸福，使人得到鼓舞和力量。在艺术创作中，我们应该充分相信学生，不要轻易否定学生的创作成果，应最大限度为学生提供宽松的环境，释放出学生的“第三只手”，创造一个又一个生命奇迹。（奥地利优秀教师、著名作曲家、音乐教育家　海顿）

（74）给学生一个积极的心理暗示

作为教师，我们首先要明白：心理暗示的力量的确很强大……给予学生肯定、赞扬和积极的心理暗示，会使他们变得自尊、自爱、自信、自强。如果学生感受到了来自老师这种积极的暗示，也认为自己是最聪明的，从而提高了自信心，提高了对自己的要求标准，那么最终他们真的就成了优秀的学生。（美国优秀教师　安德森）

在安德森的教学实践中，她对每一个学生都抱有积极的希望，并通过自己暗含的期望来“剔除”学生心灵的“杂草”。当学生获得这种信息后，就会产生鼓励效应，最后学生就会像她所期望的那样进步、成才。

（75）给学生一个坚定的信念

每个学生都有自己的梦想和追求，都有自己的志向和憧憬，我们的教师，应该是他们实现梦想的推动者和帮助者。给学生一个坚定的信念，给每个学生足够的尊重、欣赏、赞誉、激励和动力，这会惠及学生的一生。（美国优秀小学教师　皮

尔·保罗）

（76）帮助学生远离“坏情绪”

教育需要爱，更需要无私的、理智的爱……没有无私的、理智的爱就不可能造就身心健康、人格健康的孩子。尤其是那些自卑的心灵，更希望得到温暖和呵护。我将会为他们付出更多，帮助学生远离“坏情绪”，并陪伴着他们健康成长。（美国优秀小学教师　马克西姆）

（77）将学生的“错误”视为一种教育契机

作为教师，我们应该懂得：孩子的人生才刚刚开始，以往的过错和耻辱只能代表过去，真正代表一个人一生的，是他现在和将来的所作所为。每个人都不是完人，连伟人也有过错。从过去的阴影里走出来吧，从现在开始，努力做自己想做的事情，你们都将成为了不起的优秀人才……（美国新泽西州市郊小学优秀教师　菲拉）

（78）教师要做一个真实的人

真实的遗憾比虚假的完美更加动人，更加具有生命力。（著名特级教师　张化万）

从教学的角度而言，真实更是必不可少的，很多优秀的教师都能很坦率地以“真实的人”的形象出现在学生面前，反而赢得了学生的尊重，学生也因此爱听他们的课。

（79）勇于向学生认错道歉

如果你犯了错误——比如问题处理不当，说话欠妥，甚至于体罚了学生，一定要当着全班学生的面认错，向学生道歉。老师向学生认错、道歉，错误就成了一种教育资源。（于永正）

> **教育是由细节组成的，教学细节最能体现一位教师的教学理念和教学行为，而对于教学细节的思考则是衡量一个教师专业素养底蕴是否深厚的标志。**
>
> **——窦桂梅**

4.班主任应该注意的33个问题

（1）角色意识——班主任是为班集体的专门管理而设计的角色，是对一个班级的全体学生全面负责的教师，是该集体的组织者、教育者和引导者，是沟通学生、家长和社会的协调者，是学生生命活动的推动者。班级是学习与成长的人生场所，是个有生命特征的群体，是师生共同的精神家园。当班主任把班级看作“生命共同体”的时候，他不仅关心学生学业上的进步，更加关心学生人格的发展与完善。

（2）学生为本——以人为本就是要求班主任以学生的发展为本，调动学生的积极性和创造性，充分挖掘和发展学生的心智和潜能，促进学生全面和谐发展。以人为本落实到班主任工作上，要求班主任重视学生人的因素，重视学生的个体差异和自身需要，时时处处以促进发展为目标。

（3）学生主体——人人都是管理者。随着时代的发展，尤其是多元化的取向使得人们越来越重视学生的主体作用。学生的自主性、能动性与创造性紧紧相连，主体作用的发挥更加显得重要。新课程提倡自主管理，新时期的班主任要致力于让每个学生都成为班级的主人。“主体性管理”的着眼点就是以学生个体为中心，尊重学生、关心学生，解决学生的思想、生活等各方面的问题。“主体性管理”的充分发挥有助于学生充分地实现“自我”。

（4）民主管理——把学生推向前台。把教育过程变成一种民主的生活方式，尊重学生的主体地位，使学生得以生动活泼、自由地发展，消除一切不平等地对待学生的现象，尊重学生的人格与权利，解放学生的主体性与创造性，让学生成长的空间更为广阔。民主管理，把学生推向了前台，提高了学生的民主意识和参与能力。民主，是为发挥学生的主体作用而创造的最好的教育条件和教育环境。

（5）师生平等——教育民主是班主任工作的重要理念，是班主任工作的基础。在以往的班级管理中，班主任常常以控制者的角色出现。这种控制有效地达到了对学生的一致性要求，但也抹杀了学生的多样化发展。新课程的实施让班主任不能再以控制者的角色出现。新的社会背景和教育要求，要求班主任立足于学校教育和学生的特点，着眼于学生自我管理，在班级管理中使自己成为班级中的一员。师生之间的平等关系，是教师职业特点蕴含的必然要求。教师的教育教学是双向互利的授受一体，而不是一种单向施与。教师要培养学生的平等观念，要通过教师本人心灵深处平等意识的自然流露，给学生以“润物无声”的影响。

（6）**全面发展**——让每一朵花都开放。全面发展是素质教育的理论基础和指导思想。班主任应全面关心学生，不仅要关心学生品德的成长，而且要关心学生的学习、身体健康和审美追求；不仅要关心学生在校内的活动，而且要关心学生在家庭和社会中的行为。班主任对班上的每一位学生，从课内到课外，从学习到娱乐，从思想到生活，凡是对学生身心发展有影响的方面和因素，班主任都要关注和研究。班主任要牢固树立“人人皆可成材，生生都有作为”的全面人才观念。

（7）**个性培养**——每个人都是天才。新课程强调学生是发展的人，是独特的人，是具有独立意义的人。教育要面向每一个学生，教师必须对每一个学生因材施教，班主任工作的最终归宿是对学生个性的培养。作为和学生接触最多的个体之一——班主任，对学生个性成长有非常大的影响。

（8）**生命教育**——追寻教育的生态。所谓生命教育，是帮助学生认识生命、欣赏生命、尊重生命、珍惜生命，提高生存技能和生命质量的教育活动。生命教育致力于帮助学生适应与处理人生四个重要的关系：一是**个人与自我的关系**。认识自我、悦纳自我、珍爱生命、发挥潜能、实现自我。二是**个人与他人的关系**。关心他人、同情弱者、尊重与珍爱他人的生命。三是**个人与环境的关系**。尊重生命的多样性，亲近自然、保护环境。四是**个人与社会的关系**。关注社会的呵护，关心人类的危机。生命教育的目标关系到学生成长的整个过程，具体而言主要是：生存与自我保护能力、健康的生活习惯、正常的性别意识、尊重和珍爱生命、理解生与死的意义，从而激发对生命的无比热爱。最复杂的科学是生命科学，最重要的教育是生命教育，最珍贵的文化是生命文化。

（9）**注重感情投资**。记住这样的名言：“学生并不在乎你知道多少，让他们知道你多么关心他们。”虽然，你并不需要和他们成为挚友。利用课前课后的时间，多和学生交流，显示出你对他们的生活真正感兴趣。当然，这可能会花时间，但是很多成功的教师非常清楚与学生维持良好的师生关系的重要性。

（10）遇事保持冷静。有时候，学生可能会试探你的底线以及你是否胜任。这种试探表现为各种违反纪律的行为（说悄悄话、开小差等），这是对你课堂管理能力的考验。你需要保持冷静，及时做出适宜的反应．但不要反应过度。

（11）正面陈述你的纪律和要求。有的教师习惯于要求学生不做什么，而很少考虑要求学生做什么。这种负面的要求方式往往效率不高，不要期望学生猜测你的意图。给学生提出较高的标准（包括学业和课堂行为），虽然学生很难超出你的要求，但一般也不会违反你的标准。

（12）规则并不是越多越好，关键在执行。你需要控制你的课堂，但也没有必要给学生处处设限。把班级规则张贴在教室的明显处。

（13）保护学生的自尊心。避免和学生公开对峙，从长远来看，这种对峙不会有胜利者。如果和学生有不同的意见，尽可能私下里交流。不要在其他学生面前批评犯错误的学生。

（14）让眼睛动起来。视线接触是维持教室秩序的最有力的武器。通过及时的目光接触，可以制止大约80%潜在的违反纪律的行为。至少每分钟扫视全班一遍，每次你只需要把视线集中在4—5个学生身上，保持四五秒钟之后，再把视线转移到另一组学生身上。大多数老师很少注意坐在教室远端的学生，而恰恰是不遵守纪律的学生喜欢坐在那里。

（15）避免背对你的学生。有的研究者提到，老师的脑后也要长一双眼睛，总是能知道教室正在发生的事情。避免背对你的学生，例如，当参与小组活动时，要面对教室的其他学生。一边坐着讲课，一边监管全班的学生是非常困难的，最好是围着教室一边走一边讲。优秀的老师似乎有特殊的第六感觉，可以随时预感到要出现的问题，并及时加以制止。

（16）采取管理措施时坚持逐步升级的原则。当最初的策略不起作用时，可采取更强有力的措施；如果更强有力的措施失效，再采取温和的方式已毫无意义。当然，这并不意味着你可以最终抄起棒球棒。如果你确实有一点情绪失控，请选择较小的工具。视线接触可以看作低水平对峙，如果学生不改正他（她）的行为，这时需要采取进一步的措施，可以走近他（她），站在他（她）的课桌旁边。这样做不会导致其他同学受影响，从而保持教学过程的连续性。

（17）借用沉默的力量。与学生视线接触时应保持沉默，沉默就是力量，学会有效地使用它。每次发出指令后，停顿片刻并深呼吸几下，这样做可以使你保持平静，并给学生留出时间反省并意识到自己的错误。如果感觉有必要采取进一步的升级行为，升级之前，请深呼吸并停顿片刻，考虑有没有升级的必要。避免大声训斥或者羞辱学生，这样做只会导致学生憎恨你，使其他学生产生对违反纪律的学生的同情。你并不需要学生对你的敌意和恐惧，也无须陷入强烈的冲突之中。

（18）不要反应过度。当你在全班学生面前失去镇定的时候，是他们而不是你在控制你的行为。有些学生会尝试发现你的热键——导致你失控的行为，要学会控制自己的行为。记住，学生大多数使我们恼怒的行为并非出于邪恶或怯懦，仅仅是不合适而已。当然，如果一个学生的不良行为有可能伤害到他人或有可能使集体财务受损失，应采取措施及时制止。这时候，你可能需要其他成年人的帮助。不要对学生过去的错误念念不忘，喋喋不休只会导致学生的疏远。

（19）有选择地做出反应。学会忽略一些轻微的违反纪律的行为，尤其是当你怀疑学生的动机在于诱惑你陷入一场对抗的时候。当然，蓄意伤害的行为以及恶意的起哄必须加以制止。轻微的问题以及当时不能确定如何处理的问题，可以稍后处理，这也为你赢得时间，考虑更好的解决方式。

（20）通过调座位来解决纪律问题。如果班上有几个学生坐在一起并经常串通起来破坏纪律，重新安排座位，并把违反纪律者分开。你可以做得很巧妙而没有暴露你的真实意图。例如，用报数的方法给学生重新分组，把违反纪律者分在不同的组里，然后安排不同的组坐在教室不同的区域，从而把麻烦制造者彼此远远分开。

（21）避免与学生在全班同学面前争论。如果与学生有不同的意见可以提议私下讨论。公开的争论不会有胜利者。

（22）不要大声吼叫。确实，有些研究表明：从长远来看，大声训斥学生弊大于利。避免对着学生喊叫，这意味着你的情绪失去了控制。你的语气和非语言信息应保持一致。如果你的身体语言不够正确，学生可能得到错误的信息，他们可能认为你并不是认真的。

（23）当谈及学生的不良行为时，就事论事。错误行为是不能接受的，但不要因此而否定学生。严厉而又充满爱心，学生做出良好行为时，应及时提出表扬，学生改正了不良行为后，应加以鼓励。

（24）正确理解学校的行为管理规范。包括：严重的违规行为（如打架、药物滥用、酗酒、逃学等）应采取什么管理措施？执行管理办法时应遵循哪些程序？有无必要采取停学或留校察看的处分？如果需要，如何实施？学生家长对学生的不良行为负有哪些责任？

（25）在学年初细化班级日常事务的管理程序。例如，出勤规定、补交作业的程序、分发和收集学习用品、午餐的管理等。

（26）不要给学生贴标签。要帮助他们认识到：我们每一个人都有可能犯错误，同时，我们也有义务从错误中吸取教训。

（27）不要因为某个学生的不良行为而惩罚全班学生。无辜的学生将受到不公正的待遇。这样做只能导致全班学生（可能还包括学生家长）站在你的对立面。

（28）在学生表现好时积极鼓励。学生的不良行为往往是为了寻求他人的关注与赏识。给学生提供机会，使他们可以通过适宜的行为表现而获得关注。

（29）准备一些“弹性”的作业活动。例如，小组的“头脑风暴”、字谜、复习游戏等，当发生突发事件时（如幻灯灯泡爆炸、客人来访、有学生生病、有的学生提前完成作业或考试等），让学生做这些作业。

（30）不要轻易带学生去校长室或把家长找到学校。如果你频繁这么做，只能表明你的课堂管理存在问题。这样做的结果只能招致更严重、更频繁的不良行为。

（31）把学生请到教室外面并不是有效的惩罚手段。你可能因此而承担相关责任。此外，很多学生发现教室外面的大厅是非常好玩的地方，尤其当学习内容非常枯燥的时候。

（32）对于严重而根深蒂固的学生问题，可以与学生签订契约。帮助学生分析问题的实质和原因，并允许学生发表个人见解。帮助学生制订计划，签订师生契约，逐步改正不良行为。避免言语攻击。

（33）遇到问题，学会求助。如果有些问题让你感到棘手，积极征求他人的建议，向你的校长、有经验的老师、学校心理学家、学校的顾问等咨询，他们可能曾经遇到过和你同样的问题。多方寻求不同的观点．从他们失败的经历中吸取教训，学习他们成功的经验。如果你能向他们讨教，他们也会有成就感。

5.关于教学卫生的10个细节

教学卫生是指“学校和教师在建立教学制度、安排上课和教学活动时，都要符合卫生学的要求，以提高教学效率，防止学生过度疲劳，增进学生健康”。但是由于种种原因，很多教师不太注意这个问题，这里，根据教育部、卫生部、财政部印发的《国家学校体育卫生条件试行基本标准》中提出的《教学卫生标准》，提出10个校长和教师应该特别关注的细节。请老师们从细节做起，全面关心学生的生命和健康成长。

（1）合理编制教学计划和合理安排学习时间。教学内容的规定要适合不同年龄学生的学习能力，不要使学生负担过重；课间操、大课间活动、课间休息要保证，不可随意占用。

（2）合理安排课业和选择教学方法。要根据学生心理活动规律，合理安排好抽象思维为主的学科、记忆为主的学科、形象性强和活动性多的学科，以调节脑力活动。要根据不同年龄、不同课程的特点选择教学方法,提高学习效率。按规定合理安排课内作业及课外作业。各科教师应精选作业，取消一切不必要的重复练习。

（3）保证有一个适合学生健康生存的空间。保证学生在教室人均使用面积上，小学生不低于1.15平方米,中学生不低于1.12平方米。保证每个学生教室内不少于3立方米的空间，以满足学生正常生存的需求。大班额和超大班额是最严重的违规办学，是最大的安全隐患，也是对学生的生命和健康的极大的不负责任。

（4）保证有一个适合学生室内活动的空间。教室前排课桌前缘与黑板应有2米以上距离。教室内各列课桌间应有不小于0.6米宽的纵向走道，教室后应设置不小于0.6米的横向走道。后排课桌后缘距黑板不超过9米。

（5）让学生有一套舒适的课桌椅。教室内在座学生应每人一席；每间教室内至少应设有2种不同高低型号的课桌椅；教师要指导或者帮助学生调整课桌椅到适合学生的高度，做到既不弓腰坐，又不悬脚坐。

（6）让学生有一块高度和角度适合的黑板。一是黑板应完整无破损、无眩光，挂笔性能好，便于擦拭。二是黑板下缘与讲台地面的垂直距离：小学为0.8—0.9米，中学为1—1.1米；讲台桌面距教室地面的高度一般为1.2米。三是如果使用电子白板和投影仪，在设计PPT课件时，要充分考虑有利于保护学生视力，譬如要有选择地适度使用、调整好对比度、使用深背景色等。

（7）让教室采光适合每一个学生学习。一是单侧采光的教室光线应从学生座位左侧射入，双侧采光的教室主采光窗应设在左侧。二是教室墙壁和顶棚为白色或浅色，窗户应采用无色透明玻璃。三是教室采光玻地比（窗的透光面积与室内地面面积之比）不得低于1∶6。

（8）让教室照明适合每一个学生学习。一是课桌面和黑板照度应分别不低于150LX和200LX，照度分布均匀。自然采光不足时应辅以人工照明，教师应及时打开照明灯。二是教室照明应配备40瓦荧光灯9盏以上，并符合节能环保要求。灯管宜垂直于黑板布置。教室照明应采用配有灯罩的灯具，不宜用裸灯，灯具距桌面的悬挂高度为1.7—1.9米。三是黑板照明应设2盏40瓦荧光灯，并配有灯罩。

（9）让室内有适合的温度和新鲜的空气。一是教室应设通气窗，寒冷地区应有采暖设备。二是新装修完的教室应进行室内空气检测，符合《室内空气质量标准》的可投入使用，并保持经常通风换气。三是教师应该经常关注教室内的温度和空气流通，特别是班额较大的班级，在课间提醒学生开窗通风透气。

（10）关注学生生命安全，及时消除安全隐患。教室前、后门及活动通道要保持畅通，更不能从外面落锁，上下楼梯时要预留安全紧急通道，保证紧

> 静能制动，沉能制浮，宽能制褊，缓能制急。
>
> 天地间真滋味，惟静者能尝得出。
>
> 天地间真机括，惟静者能看得透。
>
> ——《格言联璧》

急情况可以及时疏散。室内所有电器、电线、线路必须符合安全规定，问题一经发现及时报告和维修。

6.优秀教师每天应该做的事情

一个优秀教师每天要做的12件事：

（1）认真计划或思考一天要做的主要事情；

（2）课前了解学生，充分备课，上好一天的课；

（3）课堂注意观察和了解学生，善于发现每一个学生的优点；

（4）精心设计作业，认真地批改或讲评作业；

（5）在自习课或课余时间到自己所教的班级当面辅导一次；

（6）听一节其他老师的课，或者与同事交流一次；

（7）至少找一个学生谈心或书面交谈；

（8）要抽出时间阅读不少于一万字，汲取新知识，获得新信息；

（9）抽出时间参与不少于半小时的文体活动，保证体育锻炼或娱乐的时间；

（10）想想我今天为什么而感到自豪，我应对什么心存感激；用心体味一下今天的工作给你带来的美和乐趣；

（11）按时作息，起居有节，合理膳食，调节心境，为身心健康打好坚实的基础；

（12）勤于思考、善于小结，反思一天的工作，问自己“十个问题”（附后），抽出时间撰写一则读书笔记或教育日记（或随笔）。

附　教师每日“十问”自己：

一问：上课前还有哪些方面我没有准备好？

二问：课堂上我组织教学的情况怎么样？

三问：课堂上我充分调动学生主动参与的积极性了吗？

四问：课堂上我尊重、激发、引导学生的学习了吗？

五问：课堂上学生在知识能力、方法、情感等方面有什么收获？

六问：课堂上我恪尽职守、投入激情了吗？

七问：我的教学设计在课堂上落实得怎么样？

八问：今天我的“得”与“失”在哪里？

九问：明天我还有哪些工作和任务？

十问：今天我快乐吗？

——摘自杨骞《教师每日要“十问”》（《中国教育报》）

7.教师修养十忌

“君子中庸，小人反中庸。君子之中庸者也，君子而时中。小人之中庸者也，小人而无忌惮也。”（《中庸》）教师的做人做事应该有所顾忌，这样才能“为人师表，行为世范，学为楷模”。依据中外经典，经过整理，我们认为作为教师，应该有以下十个方面的禁忌：

一忌“虚”：“虚”即“虚假、虚伪、虚荣”；

二忌“躁”：“躁”即“浮躁、急躁、烦躁”；

三忌“轻”：“轻”即“轻率、轻浮、轻妄”；

四忌“奢”：“奢”即“奢侈、奢华、奢望”；

五忌“傲”：“傲”即“傲慢、骄傲、散漫”；

六忌“贪”：“贪”即“贪欲、贪婪、贪心”；

七忌“怒”：“怒”即“愤怒、恼怒、怨怒”；

八忌“妒”：“妒”即“嫉妒、妒忌、嫉恨”；

九忌“固”：“固”即“固执、顽固、固守”；

十忌“懒”：“懒”即“懒惰、懒散、慵懒”。

注：

（1）重为轻根，静为躁君，轻则失根，躁则失君。——老子《道德经》

（2）“无贪、无嗔、无痴，是三善根。”佛教中的三毒：贪，是对欲望的执着；天上地下，唯我独尊；嗔，是对于喜怒的偏执；痴，是对于喜好的偏执；是根本不明事理的实相而做出贪或者嗔的反应。

（3）取四重去四轻。——扬雄《法言·修身篇》（“四重”是“言重则有法，行重则有德，貌重则有威，好重则有观”。意思是：说话慎重，就有法度；行动持重，就有德行；外貌庄重，就有威严；爱好凝重，非礼不好，就有前途和希望。“四轻”是“言轻则招忧，行轻则招辜，貌轻则招辱，好轻则招淫”。意思是：说话轻率，易犯众怒，招来忧患；行动轻妄，犯禁必多，招来祸害；外貌轻浮，人们看不起你，招来侮辱；爱好轻薄，易嗜邪痞，招来淫荡。）

（4）“躁心浮气，浅衷狭量”，此八字是进德者之大忌也。去此八字，只用得一字，曰主静。静则凝重。静中境自是宽阔。——吕坤《呻吟语》

（5）致政的“四患”指“伪、私、放、奢”。《后汉书·荀悦传》载：“致政之术，先屏四患。一曰伪，二曰私，三曰放，四曰奢。伪乱俗，私坏法，放越轨，奢败制。”处事的“四患”指“叨、贪、很、矜”。《庄子·渔父》载：“所谓四患者：好经大事，变更易常，以挂功名，谓之叨；专知擅事，侵人自用，谓之贪；见过不更，闻谏愈甚，谓之很；人同于己，则可，不同于己，虽善不善，谓之矜。”

（6）四勿：“勿意、勿必、勿固、勿我。”非礼勿言，非礼勿动，非礼勿视，非礼勿听。——《论语》

（7）恭敬谦谨，此四字有心之善也；狎侮傲凌，此四字有心之恶也，人所易知也。至于怠忽惰慢，此四字乃无心之失耳，而丹书之戒怠胜敬者凶，论治忽者至分存亡。盖天下之祸患皆起于四字，一身之罪过皆生于四字。怠则一切苟且，忽则一切昏忘，惰则一切疏懒，慢则一切延迟，以之应事则万事皆废，以之接人则众心皆离。——吕坤《呻吟语》

（8）不自反者，看不出一身病痛。不耐烦者，做不成一件事业。——《格言联璧》

（9）宜静默，宜从容，宜谨严，宜俭约，四者切己良箴。忌多欲，忌妄动，忌坐驰，忌旁骛，四者切己大病。常操常存，得一恒字诀。勿忘勿助，得一渐字诀。——《格言联璧》

（10）心一松散，万事不可收拾。心一疏忽，万事不入耳目。心一执著，万事不得自然。——《格言联璧》

（11）君子之事上也，必忠以敬，其接下也，必谦以和。小人之事上也，必谄

以媚，其待下也，必傲以忽。小人专望人恩，恩过辄忘。君子不轻受人恩，受则必报。——《格言联璧》

（12）《圣经》中的“七宗罪”和“七美德”说：七宗罪恶——贪财、愤怒、嫉妒、淫荡、贪吃、傲慢、懒惰。七种美德——仁慈、希望、信念、力量、公正、谨慎、睿智。

对教师而言，享受生活有着天生的有利条件。只要我们打开自己的感官，每天给自己一小段闲暇，平素里再平凡不过的点点滴滴，只要你静下心来细细地品味，都有无限风光蕴含其中。妨碍教师享受生活的，是教师自己。如果不能阻止自己卷入纷争之中，如果不能时时去寻求生活的真谛，如果不能训练自己的感官以发现生活的美，那么我们只能被生活抛弃。

一旦我们作为教师被生活抛弃，那么，我们也必将被我们所教的孩子们鄙视。

——郑杰

8.教师应该戒掉的不良习惯

在教学、上课时，部分老师会形成一些不良的习惯，不知不觉中的一个动作、一句话，都可能对学生产生坏的影响，让教学效果大打折扣。根据《中国教育报》编辑的搜集整理，总结出老师在上课、教书时容易忽视的18个不良习惯，希望有这些习惯的老师努力戒掉。

（1）体罚或变相体罚学生。罚站、罚抄作业、罚跑步、把学生驱赶出教室等都是不尊重学生的表现，也是不能解决问题的，会使学生产生抵触情绪或造成伤害。

（2）敲打讲桌。不要常用敲打讲桌的方式平息教室内的喧闹声，这样会激起学生的反感。

（3）生气离开教室。不要因一点小事就生气地离开教室。你的离开会令个别学生幸灾乐祸，却使大部分学生感到冤屈。你的责任是教育学生，是规范学生行为，聪明地互动比匆忙地离开更好。

（4）大声吼叫。不要用大声吼叫的方式批评学生。吼叫不一定能增强批评的力度和效果，反而会让学生感到你的无奈。让学生服气的不是大嗓门，而是大胸怀，是智慧的思考和机智的回应。

（5）公开点名或羞辱学生。不要轻易在公开场合点名批评甚至羞辱学生。否则会使学生自尊心受到伤害，会让学生在同学中被孤立，甚至导致学生产生心理问题。

（6）有错立即请家长。不要在学生犯错误时立即就通知家长（如必须通知也不能耽误）。一旦将学生所犯的错误告知家长，学生的心理底线容易被冲破。一般来说，通知家长的频率和教育的效果不一定成正比。

（7）轻易在批评学生时翻旧账。成长中的学生犯错误在所难免。如果你的“账本”上老是记着他们的缺点和错误，并且时不时地翻出来，会极大地挫伤学生的自信心，让他们感觉自己一无是处，从而产生破罐子破摔的心理。

（8）夸大学生的缺点。不要用过激的言辞夸大学生的缺点和错误。过分夸大学生的缺点和错误，会让学生把握不准自己行为的尺度和标准，不能形成正确的自我评价和自我矫正意识。实事求是、客观公正的批评才最有说服力。

（9）因一个或少数学生犯错误，训斥全班学生。这是对所有学生的不尊重，会使学生反感，不利于学生成长，也不利于犯错误的同学认识和改正错误。

（10）在甲学生面前大谈乙学生的不是。因为甲学生极可能很快就把你的话传给乙学生，或者在其他地方散布，这既会对乙学生造成伤害，又会使乙学生对你产生抵触甚至反感情绪。

（11）轻易用轻蔑的言辞或表情对待学生。老师是学生的精神依靠，老师的态度对学生来说就是一把标尺。轻蔑不仅会伤害学生的感情，而且会使学生产生被抛弃的感觉。

（12）把学习成绩作为评判学生好坏的唯一标准。不能单凭学习成绩把学生分成三六九等，因为学生的发展是多方面的，影响学生成绩的因素也多种多样，不恰当地分等会挫伤学生的积极性和自信心，抑制学生的发展。

（13）**批评学生时涉及学生的生理缺陷或家庭背景**。尊重是教育的前提，也是教师最基本的职业道德。

（14）**把不良情绪带到课堂**。更不要因工作或生活上不顺心而把怨气迁怒到学生身上。学生不是你的出气筒，而是需要你关心、爱护的对象。

（15）**在学生面前指责甚至诋毁其他教师**。你的不当言论不仅会损毁其他教师的形象，也会损毁你自身的形象，还会对学生产生极为不良的影响。

（16）**在与学生谈话时目光游移、心不在焉**。这样做会让学生产生“老师并不在意我”“老师不尊重我”的失落感。

（17）**忽视学生的任何闪光点**。学生有进步或有优秀表现时，要及时予以表扬鼓励。在学生心目中，来自老师的表扬是自我价值的最佳体现。

（18）**迁就学习成绩好的学生的小过错**。因为品质的培养比学习成绩的提高更重要。成绩好的学生本来就有一种优越感，老师的迁就不仅不利于培养其良好习惯，还容易助长他们的一些不良习气。

> **“人有劣等的欲，如食欲、色欲。也有高等的欲，如美欲、道德欲。必有此高等的欲望，始有人的价值。”“智识欲的目的是真，道德欲的目的是善，美欲的目的是美。真善美，即人间理想。”**
>
> **——［日］黑田鹏信《艺术概论》**

歌诀篇

好的歌诀有很强的概括性、深刻性、启发性，不仅易于记忆，还可以让我们迅速抓住事物的本质，加深理解。本篇主要就教育理念、传统文化、教育原则、教学模式、教师幸福、教师成长、君子之道等内容编辑了20首歌诀，并附有注解，以便大家记忆和理解。

奢华和教养的分界点：

一个向外——求胜。一个向内——求安。无时无刻不在和他人相比，自然就倾慕奢华。无时无刻不在要求自己进步，自然就有了教养。

——梁文道

第十三章　教育歌诀

1. 立德树人

立功立言立德先（注1），
树谷树木树人难（注2）。
三爱三节人之本（注3），
知情意信行在前（注4）。

注1：“立德”为我国古代所谓“三不朽”之一，《左传》载有“太上有立德，其次有立功，其次有立言，虽久不废，此之谓不朽”。意思是，人生最高的境界是立德有德、实现道德理想，其次是事业追求、建功立业，再次是有知识有思想、著书立说。这三者是人生不朽的表现。把“立德”摆在第一位，是因为万事从做人开始。

注2：“一年之计，莫如树谷；十年之计，莫如树木；终身之计，莫如树人”，《管子》中的这段话说明我们的

> 世间事物有真善美三种不同的价值，人类心理有知情意三种不同的活动。真关于知，善关于意，美关于情。求知、想好、爱美都是人类的天性，教育的功用就是顺应人类求知想好爱美的天性，使一个人在这三方面得到最大限度的调和和发展以达到完美的生活。
>
> ——朱光潜

先贤已充分认识到培养人才是长远之计。“立德树人”是我国历代教育共同遵循的理念。

注3：“三爱”，一是指“爱祖国，爱学习，爱劳动”（三爱教育），二是指亲爱（亲情）、友爱（友情）、情爱（爱情）；“三节”，一是指“节水，节粮，节电”（三节活动），二是指“节俭、节制、节操”。“爱”是人性之本，“节”是理性之本。

注4：“知情意信行”，一指道德结构的系统性，道德认知、道德情感、道德意志、道德信念、道德行为；二指“知、情、意、信、行”相统一的心理活动过程。

2. 能力为重

知识技能要学习，
动手动脑更珍惜。
学会生存和生活，
做人做事奠好基。

注：“教育学生学会知识技能，学会动手动脑，学会生存生活，学会做事做人，促进学生主动适应社会，开创美好未来。”（《国家中长期教育和改革发展规划纲要（2010—2020年）》）

3. 全面发展

健康第一要牢记，
德智体美相统一。
求知向善又爱美，
主动发展有潜力。

注：“坚持德育为先”“坚持能力为重”“坚持全面发展”。（《国家中长期教育改革和发展规划纲要（2010—2020年）》）

4. 和谐成长

敬静净竞动（注1），

真善美慧能（注2）。

德智体艺劳（注3），

学问思辨行（注4）。

注1：第一句讲学习与发展的方式：“敬”，虔敬、尊敬、恭敬、感恩、敬畏。敬，德之聚也，能“敬”、会“敬”，敬生德；“静”，即安静、宁静，能“静”、会“静”，静生慧；“净”，清净、干净、清洁、整洁，爱“净”、会“净”，净生美；“竞”，竞争、争胜、竞赛、竞技，积极、向上，竞生技；“动”，运动、劳动、活动、主动，能“动”、会“动”、主“动”，动生能。

注2：第二句讲学习与发展的目标，“真”，求真、求知、好奇、求新；“善”，向善、想好、善良、择善、至善；“美”，爱美、求美、审美、欣赏美、心灵美；“慧”，智慧、敏锐、聪慧、机智；“能”，能力、智能、技能、体能。

注3；第三句讲教育内容，“德”，品德、德行、品质、品格；“智”，智力、智慧、心智、认知、知识；“体”，健康、身体、体质、体能；“艺”，艺术、审美、技艺；“劳”，劳动、劳作、劳苦、劳技。

注4；第四句讲学习的基本方法和顺序，博学之、审问之、慎思之、明辨之、笃行之，这是朱熹为白鹿洞书院订立的为学之序，出自《礼记· 中庸》。

> 当然，一个人不能做物质的奴隶，但他的人格性情或许却可以借着物质偶尔散发出来。简单地讲，这就是教养。
>
> ——梁文道

5. 教育五大工作方针

教育优先要发展，

育人为本德为先。

促进公平是国策，

改革创新是关键。

教育质量须提高，

全面和谐升内涵。

五大方针要落实，

真抓实干少空谈。

注：“工作方针：优先发展，育人为本，改革创新，促进公平，提高质量。”（《国家中长期教育改革和发展规划纲要（2010—2020年）》）

6. 优秀传统文化教育三个重点

（1）家国情怀（注1）

天下兴亡我有责，

拳拳之情系家国。

自信自尊和自强，

追求理想最执着。

注1：开展以天下兴亡、匹夫有责为重点的家国情怀教育。着力引导青少年学生深刻认识中国梦是每个人的梦，以祖国的繁荣为最大的光荣，以国家的衰落为最大的耻辱，增强国家认同，培养爱国情感，树立民族自信，形成为实现中华民族伟大复兴的中国梦而不懈努力的共同理想追求，培养青少年学生做有自信、懂自尊、能自强的中国人。（教育部《完善中华优秀传统文化教育指导纲要》）

奢华虽然需要重金，但却可以速成，所以并不真正矜贵。教养不行，需要一天一年，一点一滴，方成大器。

——梁文道

（2）社会关爱（注2）

立己达人仁爱共，

社会关爱讲文明。

心存善念高素养，

热心公益他人重。

注2：开展以仁爱共济、立己达人为重点的社会关爱教育。着力引导青少年学生正确处理个人与他人、个人与社会、个人与自然的关系，学会心存善念、理解他人、尊老爱幼、扶残济困、关心社会、尊重自然，培育集体主义精神和生态文明意识，形成乐于奉献、热心公益慈善的良好风尚，培养青少年学生做高素养、讲文明、有爱心的中国人。（教育部《完善中华优秀传统文化教育指导纲要》）

（3）人格修养（注3）

知荣辱笃志正心，

明崇德弘毅诚信。

思奋发坚韧豁达，

辨是非勇于创新。

注3：开展以正心笃志、崇德弘毅为重点的人格修养教育。着力引导青少年学生明辨是非、遵纪守法、坚韧豁达、奋发向上，自觉弘扬中华民族优秀道德思想，形成良好的道德品质和行为习惯，培养青少年学生做知荣辱、守诚信、敢创新的中国人。（教育部《完善中华优秀传统文化教育指导纲要》）

7. 教学原则歌

循序渐进趣在前，

深入浅出循循善。

有的放矢因材教，

文以载道形直观。

启发讨论贵参与，

教学相长举一反。

自主合作乐探究，

学思结合知行贯。

注：源于北京四中课堂教学十条基本要求，并结合新课程改革以来倡导的学生“自主式、合作式、探究式”三大学习方式，以及《国家中长期教育改革和发展规

> 一个人不能无“我”，无“我”便是无主见，无人格；一个人也不能执“我”，执“我”便是持成见，逞意气，做学问不能精进，做事业不能成功。
>
> ——朱光潜

划纲要（2010—2020年）》提出的“学思结合、知行统一、因材施教”三大基本原则和“启发式、探究式、讨论式、参与式”四大教学方式（北京四中课堂教学十条基本要求是：循序渐进、举一反三、深入浅出、直观形象、文以载道、温故知新、循循善诱、有的放矢、因材施教、教学相长）。

8. 教学模式歌（五种最基本的教学模式）

有问有答愤而启（问答模式）

系统授课强认知（授课模式）

自主学习扬个性（自学模式）

合作探究最有趣（合作、研究模式）

注：五种最基本的教学模式即问答模式、授课模式、自学模式、合作模式和研究模式（详见《模式篇》第14问）。

> 没有比脚更长的路，
>
> 没有比人更高的山。
>
> ——汪国真《山高路远》

第十四章　教师修养歌诀

> 同情生命是道德之本，
> 热爱生命是幸福之本，
> 敬畏生命是信仰之本。
> ——周国平

9．“6．24”幸福歌

智者无虑，
勇者无惧。
仁者无忧，
公者无私。
节者无贪，
超者无悲。

(1) 智者无虑

(智慧与知识：知识的获得和应用)

好奇心，求知欲，
思想开放创造力；
知识智慧是基础，
独特视角有意义。

(2) 勇者无惧

(勇气：面对内部、外部两种不同立场誓达目标的一致)

> **知、仁、勇三者，天下之达德也。所以行之者一也。子曰：“好学近乎知，力行近乎仁，知耻近乎勇。”**
>
> **——《礼记·中庸》**

果敢英武有勇气，
坚持不懈常努力。
实事求是不虚伪，
真诚正直最实际。

（3）**仁者无忧**

（仁慈和爱：人际交往的品质）

仁慈善良慨而慷，
宽宏容忍有大量。
爱与被爱皆有能，
关怀他人乐分享。

（4）**公者无私**

（正义：文明的品质）

尽职尽责贵忠诚，
团结合作方成功。
引领有方能力强，
公平正义和平等。

（5）**节者无贪**

（修养与节制：谨慎处世的品质）

节食慎言控情绪，
自理自制和自律。
小心谨慎少遗憾，
做事适度人谦虚。

(6) **超者无悲**

（心灵超越：个体与整体人类相联系的品质）

爱美敬美感恩长，
乐观向上性开朗。
风趣幽默好热情，
宽恕怜悯有信仰。

注：“6．24”即古今中外普遍认可的6大美德、24种优秀品质。其来源：一是孔子所说“仁、智、勇”，即“三达德”。二是孟子所说“仁、义、礼、智”，即“四端说”。三是董仲舒所说“仁、义、礼、智、信”，即“五常”。四是柏拉图所说“智、勇、敬、义”四者。五是亚里士多德所说“仁、智”二者。六是美国心理学家Alan Carr的《积极心理学》。自美国心理学家马丁·塞利格曼2000年提出积极心理学的理论以来，心理学家的研究视野开始从心理问题转向积极心理塑造，研究重心从变态心理学转向健康心理学，关注群体从少数心理问题严重的人转向全体的人。心理学研究的目标已不再仅仅满足于心理问题的应对，而是从积极心理学出发，致力于激发和培养积极心理品质，促进个体生活更加美好。为此，探讨人类积极心理品质的内容和结构，了解个体积极心理品质的现状和特点，进而促进积极心理品质的开发和成长，成为积极心理学关注的重点。积极心理学的研究对象是平均水平的普通人，它要求心理学家用一种更加开放的、欣赏性的眼光去看待人类的潜能、动机和能力等。近年来，以Seligman为核心的“价值在行动（Values in Action，VIA）”项目组，展开了“重要优势品质”的研究，着力研究哪些优势品质最有利于人类发展的最优化(Park,Peterson,2006a,2006b,2006c;Peterson,Seligman,2004)。经过多年研究，项目组首次对人类优良品质和美德的结构与类型进行了分析和划分。进而通过跨文化、跨年龄群体的比较研究，最终确立了24个为人们广泛认可的人

> **成熟了,却不世故,依然一颗童心。**
> **成功了,却不虚荣,依然一颗平常心。**
> **兼此二心者，我称之为慧心。**
> **——周国平《童心》**

格特质，并把它们划分为6大维度，命名为积极心理学6大美德力量、积极心理学的24种优秀品质。（积极心理学的六大美德：一是智慧与知识，二是勇气，三是仁慈与爱，四是正义，五是修养与节制，六是心灵的超越。积极心理学的二十四种优秀品质：①好奇心。你对世界的好奇和情趣，你对任何事都感到好奇。②喜好学习。③创造力。④开放的思想。⑤智慧和知识。⑥独特视角。⑦勇敢。英武、勇敢和勇气。⑧坚持不懈。⑨真实性。你是个实事求是的人，不虚伪，是个“真心”的人。⑩仁慈、善良、慷慨。⑪爱与被爱的能力。⑫精神。责任、团队精神和忠诚。你对自己分内工作负责，并为团队的成功而努力。⑬公平。⑭领导能力。⑮自我控制。⑯谨慎小心。⑰适度和谦虚。⑱欣赏美和完美。⑲感激、感恩。⑳希望、乐观。㉑心灵上的有目标和信仰。㉑宽恕、怜悯。㉒风趣、幽默。㉓热情。摘自美国Alan Carr《积极心理学》

10. 教师成长三字诀

该三字诀依据国家政策法规（如教育方针、“规划纲要”等），结合“中、小学教师专业标准”，参考《中小学教师职业道德规范》，源于经典语句（我国教育经典，如《论语》《学记》等），联系实际，简明扼要，短小精悍，押韵上口，便于记忆。

生为本，德为先，
能为重，学不厌。　　——基本理念（注1）
爱于心，责在肩，
教无类，诲不倦。　　——基本师德（注2）
为师表，行垂范，
学思合，知行贯。　　——基本途径（注3）
愤而启，趣在前，
因材教，循序渐。　　——基本方法（注4）
教学长，亲开颜，
慧心存，乐无限。　　——职业价值（注5）

注1：“生为本，德为先，能为重，学不厌。”——基本理念（“中、小学教

师专业标准”提出的四大基本理念是“学生为本、师德为先、能力为重、终身学习”。“生为本”，即学生为本，生命为本，强调孩子是主体，要尊重理解孩子，尊重生命，让孩子自主成长、主动发展，关注孩子的个性发展，关注学生学习的特点，珍惜童年生活的独特价值等；“德为先”，一是强调教师自身师德修养为先，二是强调学生的品德教育、人格成长为先；“能为重”，即能力为重，对老师和学生都适用，是对教师专业标准提出的能力，是指教师的教育实践能力、研究学生的能力、实践反思能力；“学不厌”，即“学而不厌”，学习而不知满足，一是强调教师自己要树立终身学习的理念，二是讲作为教师尤其要做到这一点，教师是学生学习的典范，我们希望学生做一个终身学习的人，首先，教师要做一个终身学习的人，其次，教学时，关注学生终身发展相关的知识、能力和习惯）。

> **肉体饥饿，靠粮食养气血；精神饥饿靠内敛养智慧。小富在治理，大富在德性。小病在休息和治疗；大病在休息、治疗外，还要剔除“贪嗔痴”。**
>
> **医药只能部分解决人肉体层面的问题，而更大的问题在于养心和养神。**
>
> **——曲黎敏**

注2：“爱于心，责在肩，教无类，诲不倦。”——职业道德（“爱于心，责在肩”，即爱心与责任心，铭记在心。爱心与责任心是师德的核心，爱心对人，责任心对事。有爱心，就会爱每一个学生，对学生有耐心，就没有教不好的学生；有责任心，就会对工作踏实认真、细心负责、精益求精，就没有干不好的工作。“教无类”，即“有教无类”,即公平、平等对待学生，尊重每一个学生，让每一个学生都进步。“诲不倦”，即“诲人不倦”，诲，教导，教导人特别有耐心，从不厌倦）。

注3：“为师表，行垂范，学思合，知行贯。”——基本途径（“为师表，行垂范”，即教师要为人师表，以身作则，率先垂范，即身教原则；“学思合”，“学而不思则罔，思而不学则殆”，即学和思结合原则；“知行贯”，即知行统一，理论与实践相统一、理念与行为相统一，思想与行动一贯，知行统一原则）。

注4：“愤而启，趣在前，因材教，循序渐。”——基本方法（“愤而启”，即

> 君子扬人之善，小人讦人之恶，闻恶必信，则小人之道长矣，闻善或疑，则君子之道消矣。
>
> ——魏征《贞观政要》

“不愤不启，不悱不发”，愤：心里想求通而又未通。悱：想说又不知道怎么说。说的是，学生如果不经过思考并有所体会，想说却说不出来时，就不去开导他；如果不是经过冥思苦想而又想不通时，就不去启发他。用来说明对学生要严格要求，先让学生主动探索、积极思考，再进行适时启发引导，即主动性和启发性原则。“趣在前”，激发兴趣在前，即从学生兴趣出发实施教育，即趣味性原则。“因材教”，即因材施教。因：根据；材：资质；施：施加；教：教育。指针对孩子的兴趣、爱好、能力等具体情况不同，进行不同的教育，即差异性原则。“循序渐”即循序渐进。循：按照；序：次序；渐：逐渐。指学生学习与发展按照一定的步骤逐渐深入或提高，不能拔苗助长，即渐进性原则）。

注5：“教学长，亲开颜，慧心存，乐无限。”——职业价值（“教学长”，即“教学相长”，意为教和学两方面互相影响和促进，都得到提高，老师和学生共同成长、共同进步。“亲开颜”，父母亲笑逐颜开，即家长满意。“慧心存”，此处“慧心”用周国平先生的解释，“成熟了，却不世故，依然一颗童心；成功了，却不虚荣，依然一颗平常心。兼此二心者，我称之为慧心”。老师童心和平常心兼有，故“乐无限”，快乐和幸福无限。孩子快乐成长，家长放心满意，老师感到快乐幸福，正是教师职业价值所在）。

11. 养生歌

顺应四时适寒暑，
和喜怒而安居处。
调节阴阳与刚柔，
辟邪不至病难入。（注）

注：《黄帝内经 · 灵枢 · 本神》中说“智者之养生也，必顺四时而适寒暑，和喜怒而安居处，节阴阳而调刚柔。如是则辟邪不至，长生久视”。这段话包含养生

的三个方面：一是要与自然和谐，四时起居、情志心态、性格气质。智者养生，就是能够让自己的衣食住行、生活起居顺应四季气候的冷暖变化。二是与社会和谐，与他人相处，要注意调节情绪，没有过分的喜怒波动，并安心于日常平淡的生活。三是与自我和谐，在性格上努力做到平和，既不刚愎自用，也不优柔寡断，刚柔自如，没有偏颇固执。做到这三点，就会五脏神安，六腑气调，经脉通畅，皮肤致密，而致病的邪气也就无从侵入，自然可以健康长寿了。

12. 君子成人之美

成人之美不成恶，（注1）
扬人之善不讦恶。（注2）
己所不欲勿施人，
与人为善不为恶。（注3）

注1：君子成人之美，不成人之恶。小人反是。——《论语·颜渊》

注2：孟子在《公孙丑》中所说的“君子莫大乎与人为善”。——《礼记·中庸》

注3：舜其大知也与！舜好问而好察迩言，隐恶而扬善，执其两端，用其中于民。——《礼记·中庸》

13. 君子坦荡荡

小人君子不一样，
小人戚戚君坦荡。（注1）
泰尔不骄不怨尤，（注2）
不忧不惧德高尚。（注3）

注1：君子坦荡荡，小人长戚戚。——《论语·述而》

注2：君子无入而不自得焉。上不怨天，下不尤人。——《礼记·中庸》

君子泰而不骄，小人骄而不泰。

——《论语·子路》

君子坦荡荡，小人长戚戚。

——《论语·述而》

君子之交淡若水，小人之交甘若醴；君子淡以亲，小人甘以绝。

——《庄子·山木》

注3：君子忧道不忧贫。——《论语·卫灵公》君子有终身之忧，无一日之患。——《孟子·离娄下》

14. 君子之交

君子之交淡如水，
小人之交甘若醴。（注1）
淡以亲而甘以绝，
简而文以温而理。（注2）

注1：且君子之交淡若水，小人之交甘若醴；君子淡以亲，小人甘以绝。——《庄子·山木》

注2：君子之道，淡而不厌，简而文，温而理，知远之近，知风之自，知微之显，可与人德矣。——《礼记·中庸》

15. 君子求诸己

君子责己不求人，
小人责人不求己。（注1）
反听内视是聪明，
知己知人方明智。（注2）

注1：君子求诸己，小人求诸人。——《论语·卫灵公》以责人之心责己，则寡过；以恕己之心恕人，则全交。——宋林逋《省心录》

注2：反听之谓聪，内视之谓明，自胜之谓强。——司马迁《史记·商君列传》不患人之不己知，患不知人也。——《论语·学而》知人者智，自知者明，自胜者强。——老子《道德经》

16. 中庸之道

尊德性而道问学，
致广大而尽精微。
极高明而道中庸，
上不骄而下不悖。
敦厚崇礼温故知新，
既明且哲以保其身。（注）

注：故君子尊德性而道问学，致广大而尽精微，极高明而道中庸。温故而知新，敦厚以崇礼。是故居上不骄，为下不倍。国有道其言足以兴，国无道其默足以容。《诗》曰："既明且哲，以保其身。"其此之谓欤？——《礼记·中庸》

一百多年前，中国的先进知识分子曾提出科技救国的口号，三十多年前，中国的政治家提出科技兴国的口号。但时至今日，我感到人类面临着的最大危险，就是日益先进的科技与日益膨胀的人类贪欲的结合。

——莫　言

17. 做人使命

对心担当讲德行，
为命负责求效能。（注1）
成己为仁成物智，（注2）
天之骄子地之灵。（注3）

注1："做人要讲道德，做事要讲效率。讲道德是为了对得起自己的良心，讲效率是为了对得起自己的生

以责人之心责己，以恕己之心恕人。

——《增广贤文》

知人者智，自知者明，胜人者有力，自胜者强。

——老子《道德经》

> 要控制人类的贪欲，最直接最有效的手段还是法律，法律如同笼子，欲望如同猛兽。人类社会千百年来所做的事，也就是法律、宗教、道德、文学与人的贪欲的搏斗。凡事总有限度，一旦过度，必受惩罚，这是朴素的人生哲学，也是自然界诸多事物的规律。
>
> ——莫　言

命。”“对自己人生的责任心是其余一切责任心的根源。”“一个人唯有对自己的人生负责，建立了真正属于自己的人生目标和生活信念，他才可能由之出发，自觉地选择和承担起对他人和社会的责任。”——周国平《对自己的人生负责》

注2：诚者，非自成己而已也，所以成物也。成已，仁也；成物，知也。性之德也，合外内之道也，故时措之宜也。——《礼记·中庸》

注3：把心安顿好，就是要积累灵魂的财富，注重内在生活。换句话说，人的使命就是尽好老天赋予的两个主要职责，好好做自然之子，好好做万物之灵。——周国平《把心安顿好》。

18. 生命使命教育

生存发展人之基，
适应超越教之理。
面向现代和未来，
继承创新循规律。（注）

注：查有梁提出“生命使命教育有三大原理：人权原理——生存与发展，教育原理——适应与超越，进化原理——继承与创新”。

生命使命教育的第一个原理是人权原理——生存与发展原理。生存与发展原理的简要表述是：生活在世界上的每一个人，都享有基本人权，即生存权和发展权。你自己想生存，也帮助别人生存；你自己想发展，也帮助别人发展；你自己想受教育，也帮助别人受教育。

生命使命教育的第二个原理是教育原理——适应与超越原理。适应与超越原理的简要表述是：教育一定要适应自然、适应社会、适应个性，才可能是面向现代的有效教育；同时，教育又要超越自然、超越社会、超越个性，才可能是面向未来的进步教育。教育要做到“适应与超越”的有机结合，适应是超越的基础，超越是适应的提高。

生命使命教育的第三个原理是进化原理——继承与创新原理。继承与创新原理的简要表述是：生命的进化依靠“遗传与变异”，社会的进步依靠“继承与改革”。社会的文明进化的基本过程是在继承基础上的创新。没有继承就没有创新，没有创新也就没有真正的继承。继承中有创新，创新中有继承。要领会前人的创新，自己才可能有创新。

19. 铭记与忘记（注1）

君子会忘记：
忘记恩怨，忘记仇恨，
忘记烦恼，忘记无意义。
君子会铭记：
铭记恩情，铭记教训。
铭记感动，铭记以往事。（注2）
善忘，是大智大慧。
铭记，是大悲大慈。

注1：源自查有梁《铭记与忘记》。

注2：“人分两种，一种人有往事，另一种人没有。有往事的人爱生命……”“由于这爱，一个人才会真正用心在看，在听，在生活。”“没有往事的人对时光流逝毫不在乎，这种麻木使他轻慢万物……”——周国平《时光村落里的往事》

20. 新“励学篇”（注1）

书中自有诗之境，祛蒙除弊真性情。
书中自有礼和仁，立己达人知本分。（注2）

书中自有乐和艺，知行合一真本事。（注3）

书中自有德与道，舍末求本撮其要。（注4）

注1：借鉴宋真宗赵恒《励学篇》“书中自有千钟粟”“书中自有黄金屋”“书中自有颜如玉”“书中车马多如簇”等诗句中提倡读书之义，但原文很多内容已不合时宜，故改之。

注2：夫仁者，己欲立而立人，己欲达而达人。——《论语·雍也》

注3：兴于诗，立于礼，成于乐。——《论语·泰伯》志于道，据于德，依于仁，游于艺。——《论语·述而》余秋雨先生曾用《论语》中这两句话高度概括中国文化：“中国文化，则归向于艺术。请你们注意孔子在《论语》中对于这个问题的两度概括。第一度概括为：‘志于道，据于德，依于仁，游于艺。’第二度概括为：‘兴于诗，立于礼，成于乐。’这就是通过修身的方式获得人格享受。李泽厚先生把‘游于艺，成于乐’，说成是‘人格的完成’，我很赞同。”——余秋雨《中华文化四十七堂课——从北大到台大》

注4：经既明，方读子，撮其要，记其事。——王应麟《三字经》

附录一

参考书目

1. 袁贵仁主编：《中小学校管理评价》，人民教育出版社，2014年。

2. 查有梁：《教育模式》，教育科学出版社，1999年。

3. 查有梁：《教育的生命怒放：科学与人文纵贯》，南京师范大学出版社，2010年。

4. 余文森：《有效教学十讲》，华东师范大学出版社，2009年。

5. 邱德乐：《课程教师论》，黑龙江教育出版社，2012年。

6. 赵新法主编：《现代教师素养导论》，天津教育出版社。

7. ［美］Marsha Weil, Emily Calhoun：《教学模式》，荆建华、宋富钢、花清亮译，中国轻工业出版社，2009年。

8. 郭景扬主编：《现代课堂教学与管理》，中国矿业大学出版社，2000年。

9. 朱永新：《我的教育理想》，南京师范大学出版社，2000年。

10. 王跃：《高效课堂的101个细节》，广东高等教育出版社，2009年。

11. ［日］佐藤学：《教师的挑战，宁静的课堂革命》，钟启泉、陈静静译，华东师范大学出版社，2012年。

12. ［美］雷内·罗森布拉-洛登：《让教师都爱上教学：307个好用的课堂管理策略》，罗兴娟译，中国轻工业出版社，2013年。

13. ［美］Dale Scott Ridley, Bill Walther：《自主课堂》，沈湘秦、张厚粲译，中国轻工业出版社，2001年。

14. ［英］贾奇·特布尔：《高效能教师的9个习惯》，罗怀宇译，中国青年出版社，2001年。

15. ［美］黛安·荷克丝编著：《差异教学——帮助每一个学生获得成功》，杨希洁译，中国轻工业出版社，2004年。

16. 郑金洲编著：《案例教学指南》，华东师范大学出版社，2000年。

17. 闫承利：《素质教育课堂优化策略》，教育科学出版社，2008年。

18. 夏慧贤：《当代中小学教学模式研究》，广西教育出版社，2001年。

19. 曲黎敏：《生命沉思录》，长江文艺出版社，2012年。

20. 冯友兰：《中国哲学史》，重庆出版社，2009年。

21. 余秋雨：《君子之道》，北京联合出版公司，2014年。

22. [苏] 苏霍姆林斯基：《给教师的100条建议》，教育科学出版社，1984年。

23. 郑杰：《给教师的一百条新建议》，华东师范大学出版社，2004年。

24. 李希贵：《36天，我的教育之旅》，华东师范大学出版社，2006年。

25. 马英志主编：《给教师最有用的建议》，东北师范大学出版社，2010年。

26. 李希贵：《学生第二》，华东师范大学出版社，2006年。

27. 李希贵：《为了自由呼吸的教育》，高等教育出版社，2005年。

28. 李镇西：《爱心与教育》，漓江出版社，2007年。

29. [美] 泰勒·本-沙哈尔：《幸福的方法》，汪冰、刘骏杰译，中信出版社，2013年。

30. 傅佩荣：《哲学与人生》，东方出版社，2012年。

31. 李泽厚：《论语今读》，生活·读书·新知三联书店，2015年。

32. 蔡元培：《中国人道德修养读本》，吉林人民出版社，2013年。

33. 朱光潜：《温和的修养》，东方出版中心，2008年。

34. 周国平：《人生哲思录》（生命感悟、人性观察），中国盲文出版社，2013年。

35. 周国平：《生命的品质》，长江文艺出版社，2010年。

36. 赵祥麟、王承绪编译：《杜威教育名篇》，教育科学出版社，2006年。

37. 徐世贵：《怎样听课评课》，辽宁民族出版社，2000年。

38. 王东华：《发现母亲》，江西人民出版社，2010年。

39. 张文质：《父母改变，孩子改变》，北京师范大学出版社，2013年。

40. 教育部基础教育质量监测中心编著：《如何开展中小学校督导评估》，教育科学出版社，2013年。

41. 晓楠：《智者的启迪：教育学经典名言的智慧》，新世界出版社，2011年。

42. 雷玲：《教师的幸福资本》，华东师范大学出版社，2011年。

43. ［法］卢梭：《爱弥儿》，成墨初、李彦芳译，武汉大学出版社，2014年。

44. ［美］杜威：《民主主义与教育》，人民教育出版社，2012年。

45. 廖之坤：《活着不是给别人看的》，中华工商联合出版社，2014年。

46. 黄济：《教育哲学通论》，山西教育出版社，2008年。

47. 陆有铨：《现代西方教育哲学》，北京大学出版社，2012年。

48. 石中英：《教育哲学导论》，北京师范大学出版社，2004年。

49. 郭元祥：《教师的20项修炼》，华东师范大学出版社，2008年。

50. 夏言：《尼克·胡哲：像雕塑一样活着》，新世界出版社，2014年。

51. 于娟：《……此生未完成》（于娟生命日记），湖南科技出版社，2011年。

附录二

参考文件

1.《国家中长期教育改革和发展规划纲要(2010—2020年)》（中共中央国务院2010年7月印发）

2.《义务教育学校校长专业标准》（教育部2013年2月4日印发）

3.《普通高中校长专业标准》（教育部2015年1月10日印发）

4.《小学教师专业标准（试行）》（教育部2012年2月10日印发）

5.《中学教师专业标准（试行）》（教育部2012年2月10日印发）

6.《义务教育学校管理标准（试行）》（教育部2014年8月2日印发）

7.《中小学教师教育技术能力标准（试行）》（教育部2004年12月15日印发）

8.《国家学校体育卫生条件试行基本标准》（教育部、卫生部、财政部2008年6月9日印发）

9.《教育部关于加强和改进普通高中学生综合素质评价的意见》教基二〔2014〕11号 （教育部2014年12月10日印发）

10.《关于在各级各类学校推动培育和践行社会主义核心价值观长效机制建设的意见》教党〔2014〕40号（中共教育部党组、共青团中央2014年10月17日印发）

11.《关于培育和践行社会主义核心价值观进一步加强中小学德育工作的意见》教基一〔2014〕4号(教育部2014年4月1日印发)

12.《关于全面深化课程改革落实立德树人根本任务的意见》教基二〔2014〕4号（教育部2014年3月30日印发）

13.《关于推进学校艺术教育发展的若干意见》〔2014〕1号（教育部2014年1月10日印发）

14.《关于推进中小学教育质量综合评价改革的意见》教基二〔2013〕2号(2013年6月18日印发)

15. 《完善中华优秀传统文化教育指导纲要》（教育部2014年3月26日印发）

16. 《中小学心理健康教育指导纲要（2012年修订）》教基一〔2012〕15号(教育部2012年12月7日刊发)

17. 《全面推进依法治校实施纲要》教政法〔2012〕9号（教育部2012年11月22日印发）

18. 《中小学文明礼仪教育指导纲要》教基一〔2010〕7号（教育部2010年12月30日印发）

19. 《关于深化考试招生制度改革的实施意见》国发〔2014〕35号（国务院2014年9月3日印发）

20. 《关于推进管办评分离促进政府职能转变的若干意见》教政法〔2015〕5号（教育部2015年5月印发）

21. 《学校体育运动风险防控暂行办法》教体艺〔2015〕3号（教育部2015年4月印发）

后　记

《校长成长　教师成长》十二易其稿，终于和大家见面了。在编写的过程中，很多专家、教授给予我们大力支持。十分感谢为本书提供参考资料文献的查有梁、于丹、魏书生、李希贵、郑杰、余文森、邱德乐、雷玲、赵新法、荆建华、宋富钢等各位教授、老师。其中“模式篇”重点参考了查有梁先生的《教育模式》一书，“教师篇”选用了余文森先生的《有效教学十讲》、邱德乐先生的《课程教师论》和赵新法先生主编的《现代教师素养导论》的部分观点和内容，“细节篇”选用了郭元祥先生《教师20项修炼》的部分观点及内容。

在编写的过程中，李一凡、张克勤、郭国聚、乔幼轩、翟元月、张兴明、申明展、冯东辉、刘曼曼、李克铖、张松林、王会奇、宋祥山、张高潮、李智慧、秦运峰、吕中伟、司英义、卢文平、凌巧红、闫宝珍、孙新建、韩银凯、张丽萍、李杰、石莹、田冠民、毛慧云、宋新爱、可灵超、张慧娟等老师，都为本书提出了很好的修改建议。修订过程中，张建华、刘宏丽、段欢欢、杨熠哲、黄贝宁、张得阳、孟维洋、袁强强等老师都参与了修订稿的编写，在此一并表示衷心的感谢！

编著者

2021年11月9日